David G. Benner
Kraftvolle Seelsorge

Für
Margaret Millicent Benner,
1920–1996;
eine Seelen-Baumeisterin

Der Autor

Dr. David G. Benner ist ein international bekannter Tiefenpsychologe, Autor und Referent. Zu den Stationen seiner Ausbildung gehören ein B.A. in Psychologie mit besonderer Auszeichnung (McMaster University), ein M.A. und Ph.D. in klinischer Psychologie (York University) und postdoktorale Studien am Chicago Institue for Psychoanalysis.
Benner hat es sich zur Lebensaufgabe gemacht, das Wohlergehen des Innen- und Seelenlebens der Menschen zu fördern. Dabei fokussiert er sich besonders auf das Zusammenspiel von psychologischen und spirituellen Dynamiken.
Schon immer hatte er eine Leidenschaft für das Thema der Transformation. Dabei ging es ihm um das Verstehen und Erreichen von Veränderungen – nicht nur im Sinne von Heilung oder Wachstum, sondern auch im Sinne einer Entfaltung des Selbst, verbunden mit einer Reise des religiösen Erwachens.
In den drei Jahrzehnten, in denen David Benner nun schon im Bereich der psychoanalytischen Psychotherapie arbeitet – und auch in seiner jüngsten Arbeit als Seelsorger für die, die Erweckung und Veränderung durch spirituelle Offenheit und die Praxis der kontemplativen Stille suchen –, ist dies sein Fokus geblieben.
Er ist der Autor/Herausgeber von mehr als 30 Büchern, die in 18 Sprachen übersetzt und weltweit über 400.000-mal verkauft wurden. In den letzten Jahren hat er in Nordamerika, Südafrika, England, Wales, Dänemark, Norwegen, Tschechien, der Slowakei, Rumänien, Hongkong, Singapur, Malaysia, Australien, Neuseeland, auf den Philippinen und in Indonesien Vorträge gehalten und Workshops und Einkehrtage geleitet.
David Benners Bücher und Lehrgänge zeugen von seinem christlichen Glauben und davon, dass er – in einem inspirierenden ökumenischen und interreligiösen Dialog und auf der Reise mit Anders- oder Nichtgläubigen – überzeugt, aber auch demütig an diesem festhält.
David Benner ist ein Fakultäts-Mitglied der «The Rohr Institute's Living School for Action and Contemplation» in Albuquerque, wo er Masterstudenten unterrichtet.

David G. Benner

Kraftvolle Seelsorge

*Die wichtigsten Wege,
um Gott zu erfahren
und Menschen zu begleiten*

*Mit einem Vorwort
von Dr. Samuel Pfeifer*

Bibliografische Information der Deutschen Nationalbibliothek
Die Deutsche Nationalbibliothek verzeichnet diese Publikation in der
Deutschen Nationalbibliografie; detaillierte bibliografische Daten sind im
Internet über www.dnb.de abrufbar.

Die Bibelzitate wurden, soweit nicht anders angegeben,
in der Regel folgender Bibelübersetzung entnommen:

Hoffnung für alle © 1983, 1996, 2002 Biblica Inc.™, Brunnen Verlag Basel

Originally published in the U.S.A. under the title:
«Care of Souls»
Copyright © by Dr. David G. Benner, Victoria, Canada.
Translated and printed by permission.
All rights reserved.

Übersetzung aus dem Amerikanischen:
Christian Rendel, Witzenhausen

Copyright der deutschen Ausgabe:
© 2014 by Brunnen Verlag Basel

Umschlag: Spoon Design, Olaf Johannson, Langgöns
Fotos Umschlag: dmvphotos/Shutterstock.com
Satz: InnoSet AG, Justin Messmer, Basel
Druck: Freiburger Graphische Betriebe fgb
Printed in Germany

ISBN 978-3-7655-1605-4

Inhalt

Vorwort von Dr. Samuel Pfeifer 7

Danksagungen 11

Einführung: Die Wiederentdeckung der Seele und die Wiederherstellung der Seelsorge 13

Teil 1:
Zum Verständnis der Seelsorge 21
1. Was ist Seelsorge? 23
2. Der Aufstieg der therapeutischen Seelsorge 40
3. Die Abgrenzungen der Seele 60
4. Psychologie und Spiritualität 77
5. Christliche Spiritualität 105
6. Der psychospirituelle Fokus der Seelsorge 133

Teil 2:
Seelsorge geben und empfangen 157
7. Dialog in der Seelsorge 159
8. Träume, das Unbewusste und die Sprache der Seele... 190
9. Formen christlicher Seelsorge 224
10. Herausforderungen christlicher Seelsorge 248
11. Seelsorge empfangen 271

Anmerkungen 291

Vorwort von Dr. Samuel Pfeifer

Seelsorge will immer neu bedacht werden. Auch wenn die menschliche Seele in ihren Grundbedürfnissen gleich geblieben ist, so gehen die rasanten Veränderungen unserer Kultur nicht spurlos an uns vorbei. Immer wieder stellt sich die Frage, wie wir eine Brücke schlagen können zwischen ewigen Weisheiten und den so volatilen Strömungen des Zeitgeistes. Als Arzt und Psychotherapeut, aber auch als theologisch interessierter Seelsorger kann ich mich nicht mit Worthülsen vergangener Jahrzehnte zufrieden geben. Oft wecken sie schlichtweg keine Resonanz mehr bei der neuen Generation.

In meiner Suche nach innovativen Ansätzen in Seelsorge und Beratung bin ich auf David G. Benner gestoßen, und bald habe ich gemerkt, dass er ein Geheimtipp für all diejenigen war, die wie ich eine Sehnsucht nach neuen Worten und Konzepten haben, die dennoch aus ewigen Weisheiten schöpfen. Umso mehr freut es mich, dass endlich das erste Buch von David Benner auf Deutsch vorliegt. Der etwa 65-jährige Kanadier nennt sich im Internet «Transformational architect & Cartographer of spirit and soul», zu Deutsch: «Architekt der Veränderung und Kartograph von Geist und Seele». Das sagt schon viel über sein Anliegen: Er möchte auf der einen Seite Pläne vorlegen, die eine Grundlage für Veränderung darstellen können. Und andererseits erlebt er sich als Fährtensucher in einer immer weniger übersichtlichen Welt der Spiritualität, in der Begriffe oft beliebig vermischt werden zu einem farbigen, multikulturellen und synkretistischen Nebel, der die christlichen Wurzeln der Seelsorge zunehmend aufzulösen scheint.

David G. Benner, Professor für Psychologie an verschiedenen amerikanischen und internationalen Universitäten, ist einer der bedeutendsten Vordenker der Integration von Psychotherapie und Seelsorge. Zum ersten Mal bin ich ihm begegnet, nicht als Person, sondern in diesem akademischen Schwergewicht von mehr als einem Kilogramm, der «Baker Encyclopedia of Psychology» (1985), die er herausgegeben hat. Das Autorenbild zeigt einen ernsthaften jüngeren Mann mit hellen, klaren Augen. In seinen Vorträgen erzählt er, dass er in einer sehr engen christlichen Familie aufgewachsen sei. Er war einer von jenen jungen Männern, die geprägt wurden durch eine tiefe Ehrfurcht vor Gottes Wort, die aber die Enge des Denkens nicht mehr ausgehalten haben, ständig auf der Suche nach einer lebendigeren Beziehung zu Gott und einem vertieften Verständnis des menschlichen Wesens. David Benner studierte an der York University in Toronto und absolvierte in späteren Jahren Studien an verschiedensten Universitäten der Welt.

Die «Encyclopedia» ist bis heute ein Nachschlagewerk für mich, wenn ich einen Begriff aus psychologischer und christlicher Sicht unter Berücksichtigung akademisch zitierfähiger Literatur vertieft betrachten möchte. Doch da ist nicht nur der enzyklopädisch gebildete David Benner; schon 1985 erscheint das Büchlein «Therapeutic Love: An Incarnational Interpretation of Counseling», 1988 das Buch «Psychotherapy and the Spiritual Quest» – das geistliche Ringen mit der Wissenschaft der Psychologie.

Immer stärker wendet sich Benner in den folgenden Jahren von der akademisch-intellektuellen Faktensammlung ab und beginnt eigenständig nachzudenken über das Wesen christlicher Seelsorge – nie oberflächlich, sondern immer mit dem Handwerkzeug einer wissenschaftlichen Literaturkenntnis. Die Titel «Healing Emotional Wounds» (1990) und «Counseling as a Spiritual Process» (1991) sowie «Understanding and Facilitating Forgiveness» (1996) zeigen etwas von diesem Anliegen. 1992 erscheint erstmals sein schmales und doch einflussreiches Grundlagenbuch mit dem Thema «Strategic Pastoral Counseling. A Short-Term Structured Model», das jedem Pastor als Pflichtlektüre zu empfehlen wäre (wenn es denn auf Deutsch übersetzt wäre!).

Einige Jahre verwendet er noch den Begriff «Counseling» – und dann taucht plötzlich ein neuer Begriff auf: «Care of Souls».

Dieser Begriffswandel ist dramatisch! David Benner begründet im Land des pragmatischen (und eingeengten) Beratungsbegriffs eine neue Terminologie – die «Sorge um die Seele», den die deutsche Sprache schon immer verwendet hat. Sein Buch «Care of Souls: Revisioning Christian Nurture and Counsel» (1998) hat mich elektrisiert und mich ein zweites Mal auf David Benner aufmerksam gemacht. Ganze Passagen habe ich mir persönlich ins Deutsche übersetzt, um die Worte und Gedanken noch besser auf mich einwirken zu lassen.

Im Unterschied zu den akademischen Seelsorgebüchern unserer theologischen Gefilde nimmt Benner bei aller Literaturkenntnis immer wieder direkt Bezug auf biblische Grundanliegen und beschreibt etwa den Seelsorgestil von Jesus. Doch er erschöpft sich nicht in ein paar dürren Bibelzitaten, sondern schmiedet, ja ziseliert neue Worte und Begrifflichkeiten, die eine Brücke schlagen zwischen den Erzählungen der Evangelien und den Worten und Werten unserer Zeit. David Benner ist wahrlich ein innovativer Denker, der uns dennoch immer wieder zurückführt auf das elementare Anliegen einer Seelsorge, die Bibelbezug hat *und* Menschen verändert.

Ein neuer Abschnitt im Schaffen David Benners hat sich in den letzten zehn Jahren aufgetan. Der belesene Akademiker und produktive Schriftsteller, der sorgfältige Analytiker der Begrifflichkeiten und Architekt von neuen Seelsorgemodellen wendet sich der Innerlichkeit zu. Auf seiner Homepage nennt er sich «Psychologist and Spiritual Guide» – eine Wende hin zur «Geistlichen Begleitung», die ihre Parallele im Trend der «Achtsamkeit» der säkularen Psychotherapie findet.

Das Resultat ist eine ganze Reihe von tiefgründigen Büchern zu dem vielschichtigen Gebiet der geistlichen Begleitung. «Sacred Companions: The Gift of Spiritual Friendship and Direction» (2002), «The Gift of Being Yourself: The Sacred Call to Self-Discovery» (2004), «Desiring God's Will: Aligning Our Hearts with the Heart of God» (2005) sowie ein Buch über das kontemplative Gebet, «Opening to God: Lectio Divina and Life as Prayer» (2010).

David Benner schöpft dabei aus den vielfältigen Quellen der Kontemplation, von den Kirchenvätern, den orthodoxen Starzen, Ignatius von Loyola, den Mystikern und den asiatischen Weisheiten – jedoch nicht in Beliebigkeit und unkritischer Vermischung der Weltbilder, sondern in einem sorgfältigen und doch innovativen Reflektieren darüber, was denn nun Spiritualität für das 21. Jahrhundert sein kann. Sein Buch «Soulful Spirituality: Becoming Fully Alive and Deeply Human» (2011) reflektiert sein Anliegen, nicht abzudriften in jenseitige Vergeistigung, sondern als Mensch in der Realität zu stehen und dennoch geistlich tiefe Wurzeln zu bilden.

Die moderne MP3-Technik ermöglicht es uns, Vorträge von David Benner aus dem Internet herunterzuladen und hineinzuhören in seine Vorträge an amerikanischen theologischen Seminaren und Universitäten – eine sanfte Stimme, nachdenklich, fast etwas verhalten, die zögernd aus dem sanften Licht der Verinnerlichung heraustritt und versucht, den Studenten etwas nahezubringen vom Anliegen der Spiritualität inmitten einer gleißend-blendenden Welt, die laut und fordernd die leisen Anrührungen des Geistes übertönt.

David Benners Bücher können ein Weg sein, in stillen Morgenstunden einzutauchen in das Anliegen geistlichen Lebens, akademisch redlich, ideenreich und inspirierend, und doch der Sehnsucht des Herzens folgend, dass da mehr sein muss als die Routine des Alltags.

Dr. med. Samuel Pfeifer, Facharzt für Psychiatrie und Psychotherapie, Leitender Arzt der Klinik Sonnenhalde, Kompetenzbereich Psychiatrie, Spiritualität und Ethik

Danksagungen

Dieses Buch repräsentiert die Gedankenentwicklung, die mit meinem inzwischen vergriffenen Buch *Psychotherapy and the Spiritual Quest* (1988) begann und seither in Vorträgen in Nordamerika, Europa, Südafrika und Südostasien ausgeweitet wurde.

Die Kapitel 4 und 6 basieren auf Material, das in meinem früheren Buch bereits veröffentlicht wurde. Andere Teile des Buches entstanden aus Vorträgen am Institute of Clinical Theology, Atlanta, Georgia (Kapitel 1), an der Karls-Universität Prag, Tschechien (Kapitel 2), am Institute for Christian Spirituality, Kapstadt, Südafrika (Kapitel 5), am Wesley Counselling Centre, Singapur (Kapitel 7), an der Rhodes-Universität, Port Elizabeth, Südafrika (Kapitel 8) und bei der Clinical Theology Association, Oxford, England (Kapitel 10).

Die Dankbarkeit treibt mich, den vielen Personen meine Anerkennung zu zollen, mit denen ich in diesen Zusammenhängen zu tun hatte und deren Beiträge dieses Buch mitgeprägt haben. Der reiche Ertrag aus Hunderten von Stunden im Gespräch lässt sich auf Papier nicht wiedergeben, doch dieses Buch spiegelt mehr als jedes meiner früheren die Mitwirkung einer großen Zahl von Menschen wider. Eigentlich sollte nicht nur mein Name auf dem Umschlag stehen.

Einige Personen sollte ich besonders erwähnen, weil sie sich mir auf eine Art und Weise mitgeteilt haben, die dieses Buch und mein Leben stark beeinflusst hat. Meine tiefste Dankbarkeit gilt Paul und Valmai Welsh, Judy Bassingwaite, Peter und Pat Van de Kastelle, Brenda Joscelyne, Peter Woods, Trevor und Debbie Hudson, Jaro Krivohlavy, Henry Madibo, George Malik, Merran Welsh, Bob und JoAnn Harvey, Gary Moon, Julie und Danny Ng, Tom und Trish Cunningham, Philip und Emilyn Wong, J. Harold Ellens und Harold Rhoades – allesamt Seelenhirten wie ich. Außerdem gilt mein tiefster Dank meiner Frau Juliet für die Seelengemeinschaft so vieler Jahre. Ohne diese Menschen wäre dieses Buch unmöglich gewesen – und mein Leben ärmer.

Einführung:
Die Wiederentdeckung der Seele und die Wiederherstellung der Seelsorge

Bis zum Beginn des zwanzigsten Jahrhunderts war der Begriff der Seele eine Säule im Verständnis des Menschen, die von Theologen wie Philosophen vorgebracht und von den meisten Leuten akzeptiert wurde, welche sich die Zeit nahmen, über diese Frage nachzudenken. Doch dies änderte sich rasch im frühen zwanzigsten Jahrhundert. Plötzlich kam die Seele aus der Mode. Die Gründe dafür sind komplex, und es würde den Rahmen dieses Buches sprengen, ihnen gründlich nachzugehen. Zwei von ihnen sind jedoch besonderer Erwähnung wert: die Reaktion der Theologen gegen die vorherrschende platonische Sicht der Seele und der Aufstieg der modernen Psychologie.

Platons Sicht der Seele war zwei Jahrtausende lang sowohl unter Philosophen als auch unter Theologen einzigartig einflussreich gewesen. Unter Verfälschung des früheren hebräischen Verständnisses von der Natur des Menschen betonte die platonische Sichtweise eine unsterbliche Seele, die in einem sterblichen Körper gefangen war und sich nach der Befreiung beim Tode sehnte. Als Theologen die ganzheitlichere alttestamentliche Sicht des Menschen wiederentdeckten, führte dies zur Diskreditierung des platonischen Seelenbegriffs und zur Ablehnung der damit verbundenen Dualität von Leib und Seele. Durch seine platonischen Assoziationen befleckt, wurde der Begriff der Seele ins hinterste Regal der theologischen Vorratskammer verbannt.[1]

Für die moderne Psychologie war jeder Gedanke an eine Seele überhaupt ein Gräuel – paradoxerweise, da ja das Wort *Psychologie* wörtlich «Seelenwissenschaft» bedeutet. Unter dem überragenden Einfluss der positivistischen Philosophie jedoch sollte diese Seelenwissenschaft zur Wissenschaft ohne Seele werden, da die Psychologen alles mieden, was man nicht beobachten konnte, und das Verhalten zum Gegenstand ihrer Untersuchungen machten.[2] Im Bestreben, sich an der Wissenschaft zu orientieren und von der Religion zu distanzieren, betrachtete die moderne Psychologie die Seele als unnützen Ballast aus ihrer Vergangenheit und bemühte sich, jede Berührung mit ihr zu vermeiden. Rasch wurde sie für die meisten anderen Menschen in einer zunehmend materialistischen, säkularen und psychologisch geprägten Kultur ebenso irrelevant.

Welche Überraschung also, als im letzten Jahrzehnt plötzlich der Begriff der Seele wieder auftauchte. Angeführt von Thomas Moores Bestseller *Care of the Soul* (dt. *Der Seele Raum geben*)[3], erkannten Verlage rasch einen neuen Markt und ließen eine Flut weiterer Titel zum Thema folgen. Noch überraschender ist die Tatsache, dass dieses neue Interesse an der Seele – und der Fürsorge für sie – sich im Kontext eines neuen Interesses an Spiritualität bewegt. Es ist begleitet von einem Interesse an Engeln, Channeling, Meditation und gregorianischen Gesängen. Die Seele, die da wiederentdeckt wurde, war somit nicht etwa eine ätherische, unsterbliche, platonische Essenz des Seins, sondern ein sehr lebendiger, verkörperter, spiritueller Kern der Persönlichkeit.

Die Bedeutung dieses Wiederaufkommens der Seele und der damit einhergehenden Offenheit gegenüber Spiritualität ist kaum zu überschätzen. Einerseits scheint es eine Gegenreaktion gegen den Materialismus darzustellen. Was immer die Seele sonst auch sein mag, sie ist unsichtbar und immateriell. Als solche hatte sie in einer Kultur, deren Schwerpunkt auf dem Streben nach Dingen lag, die man sehen, anfassen und auf Bankkonten einzahlen konnte, schlicht keine Existenzberechtigung.

Andererseits ist die Spiritualität, die mit dem anschwellenden Interesse an der Seele im letzten Jahrzehnt einherging, auch eine Gegenreaktion gegen die Religion, insbesondere gegen das Christentum. Viele von denen, die sich für die Rückgewinnung des Spirituellen interessieren, würden Wegweisung auf dieser Reise zuallerletzt in der Kirche suchen. Der Aufstieg der Spiritualität scheint nicht nur eine Reaktion auf den Bankrott des Materialismus, sondern auch auf die empfundene Irrelevanz der traditionellen westlichen Religionen zu sein.

Weil sie dies spürten, haben Christen diese Entwicklungen oft mit Argwohn und Feindseligkeit betrachtet. Indem wir diese Spiritualitäten abfällig «New Age» nannten und uns auf die offensichtlichen Unterschiede zu den historischen christlichen Sichtweisen des spirituellen Lebens stürzten, haben wir es oft versäumt, den geistlichen Hunger zu würdigen, der sich in denen widerspiegelt, die sich für die nicht christlichen Spiritualitäten des späten zwanzigsten Jahrhunderts öffneten.

Zudem haben wir es versäumt, die Verschiebung der vorherrschenden Weltsicht zu verstehen, die mit dem gegenwärtigen Niedergang der Moderne einhergeht. Wie viele Beobachter dieser Verschiebung bemerkt haben, ist der Westen nicht mehr nur postchristlich; er ist jetzt auch postmodern. Beides, die Wiederentdeckung der Seele und das neue Interesse am Spirituellen, sind grundlegende Bestandteile dieser Entwicklung.

Ohne die wichtigen Herausforderungen zu unterschätzen, die diese Entwicklungen dem Christentum stellen, sollten die beiden Personengruppen, aus denen sich die primäre Leserschaft dieses Buches zusammensetzt – Pastoren und christliche Fachleute für psychische Gesundheit –, auch die ungemein wichtigen Möglichkeiten erkennen, die darin liegen. Die Seele ist der Punkt, an dem sich das Psychische und das Spirituelle begegnen. Das heißt: Seelsorge, die sich sowohl der besten Einsichten der modernen therapeutischen Psychologie als auch der historischen christlichen Herangehensweisen an die Betreuung und Heilung von Menschen bedient, wird nie wieder die künstliche Scheidung zwischen dem Psychischen und dem Spirituellen akzeptieren können. Ein richtiges Verständnis der Seele führt das Psychische und das Spirituelle wieder zusammen und leitet das Handeln derer, die auf eine Weise für die Seelen anderer sorgen, welche das innere Leben der Menschen auf den tiefsten Ebenen berührt.

Für christliche Geistliche liegt darin die Möglichkeit, die ihnen abgestrittene Kompetenz in Seelen-Angelegenheiten zurückzuerlangen. Indem man die Unterscheidung zwischen den psychischen und den spirituellen Aspekten der Menschen akzeptierte, die durch den Aufstieg der modernen therapeutischen Psychologie nahegelegt wurde, lieferte man die Kirche dem Urteil aus, nur für den spirituellen Teil eines Menschen relevant zu sein. Nachdem die Innenwelt nun solchermaßen fragmentiert war und man meinte, Gott interessiere sich vor allem für religiöse Dinge, gab die Kirche weitgehend alle Anstrengungen auf, im Blick auf das innere Leben in seiner Gesamtheit Orientierung oder Wegweisung zu bieten. Dies führte letzten Endes zur Verdrängung der Geistlichen als Hüter der Seele durch die Psychotherapeuten. Wenn Geistliche ihren rechtmäßigen Platz der Verantwortung für die heilende Seelenfürsorge zurückerhalten sollen, ist es unumgänglich, dass sie die psychospirituelle Natur der Seele klar begreifen.

Bei christlichen Fachleuten für psychische Gesundheit besteht womöglich ein noch größerer Bedarf danach, ein Verständnis der Seele und der Seelsorge zurückzugewinnen. Diese Therapeuten, die typischerweise eine Form der Hilfe anbieten, die ihre Energie und Richtung ausschließlich aus einem modernen psychotherapeutischen Heilungsverständnis bezieht, haben oft ihre liebe Not damit, wie sie ihren persönlichen christlichen Glauben in ihre Praxis integrieren können. Einer der Mängel dieser Integrationsmetapher ist, dass sie davon ausgeht, dass zwei im Grunde separate Dinge sich mit etwas Kreativität und Mühe miteinander verbinden lassen. Somit geht sie an der Tatsache vorbei, dass sie in Wirklichkeit bereits miteinander verbunden sind. Die Seele ist der Punkt, an dem sich das Psychische und das Spirituelle begegnen. Seelsorge muss also notwendigerweise sowohl spirituelle als auch psychologische Aspekte beinhalten. Christliche Therapeuten, die den Mut haben, sich auf die Paradigmenverschiebung einzulassen, die damit einhergeht, wenn Beratung und Psychotherapie als Seelsorge repositioniert werden, gewinnen dadurch die Möglichkeit zu einer heilenden Seelenfürsorge, die lebendiger, geistlicher und unverwechselbarer christlich ist.

Sowohl den Geistlichen als auch den christlichen Therapeuten bietet das Wiederaufkommen der Seele und das erneuerte Interesse an der Fürsorge für sie die Möglichkeit zu einem ganzheitlicheren christlichen Dienst. Christliche Seelsorge, der es gelingt, die psychischen und spirituellen Aspekte der Menschen wieder miteinander zu vereinen, bietet uns die Aussicht auf eine Relevanz und Kraft, die bislang in den Tätigkeiten von Geistlichen wie auch Therapeuten oft fehlte.

Zugleich verspricht ein richtiges Verständnis der Seele auch eine Neubelebung christlicher Spiritualität. Eine weitere Konsequenz der Übernahme der künstlichen Unterscheidung zwischen psychischen und spirituellen Aspekten war ein Ausüben christlicher Spiritualität, das die Beziehung zu Gott betonte, dabei aber die Beziehung zu sich selbst vernachlässigte. Tragischerweise hat das oft zu einer Spiritualität geführt, die im Gewebe der gesamten Persönlichkeit weder geerdet noch lebendig integriert war. Eine solche Spiritualität aber ist nicht nur unfähig, uns in den Tiefen unseres Wesens zu verändern, sondern sie bringt auch alle Gefahren mit sich, die mit einem Mangel an Integrität einhergehen. Eine Spiritualität, die nicht die Gesamtheit unseres Wesens miteinbezieht, wird unsere Fragmentierung nur noch verschlimmern. Andererseits integriert uns ein Verständnis christlicher Spiritualität, das die gegenseitige Abhängigkeit tiefer Gotteserkenntnis und Selbsterkenntnis bejaht, bis in unsere Tiefen hinein und macht uns zugleich heil und heilig.

Der Schlüssel zu diesen Chancen liegt im Anknüpfen an die reiche Tradition der historischen christlichen Seelsorge, bereichert durch die besten Einsichten der modernen therapeutischen Psychologie. Selbst wenn es möglich wäre, die Geschichte umzukehren, ist es doch niemals wünschenswert. Lebendige christliche Seelsorge findet man nicht, indem man versucht, die Vergangenheit wiederherzustellen. Das christliche Leben soll erlösend sein, nicht regressiv. Die Herausforderung lautet, das Gute aus der Vergangenheit zurückzugewinnen und dann dieses Gute durch die besten Einsichten der Gegenwart befruchten zu lassen.

Kirchen und Gemeinden, die sich um Relevanz für das Leben von Männern und Frauen bemühen, die auf die eine oder andere Weise im Schatten des dritten Jahrtausends leben, müssen dringend die Dynamik der Seele und der Seelsorge verstehen lernen. Die klinischen Therapeuten, die in den letzten Jahrzehnten einen Großteil der Verantwortung für diese Fürsorge übernommen haben, müssen begreifen, dass sich hinter den psychischen Problemen, mit denen die Leute zu ihnen kommen, tiefer liegende spirituelle Nöte verbergen. Darüber hinaus müssen alle, die anderen helfen wollen, als Menschen und als Christen zu wachsen, besser verstehen lernen, was alles zu solchem Wachstum gehört. Eltern, Lehrer, Freunde ebenso wie Ratgeber, Pastoren und geistliche Leiter brauchen Landkarten des Terrains, das wir durchqueren, wenn wir andere auf ihrem Weg als Menschen, die Christus nachfolgen wollen, begleiten. Davon soll im Folgenden die Rede sein.

Zuvor jedoch ist es wichtig, sich bewusst zu machen, dass die Natur der Seele sich einer präzisen Kartografie entzieht. Wenn Landkarten der Seele das Mysterium beseitigen, beseitigen sie zugleich die Seele selbst. Wir müssen uns daher gefasst machen auf Definitionen, die vage erscheinen mögen, und auf Abgrenzungen, die verschwommen aussehen. Wie wir sehen werden, besteht ein enger Zusammenhang zwischen Geist und Mysterium. Zwar ist nicht alles spirituell, was mysteriös ist, aber dem wahrhaft Spirituellen haftet immer ein Element des Mysteriums an. Darum sollte man nicht erwarten, dass Landkarten der Seele das Mysterium beseitigen, das unvermeidlich zur psychospirituellen Natur des Menschen gehört.

Unser Weg zu einem Verständnis der Seele und der Seelsorge beginnt mit einer Erkundung der Geschichte der christlichen

Seelsorge. Dabei werden die wichtigsten Elemente eines christlichen Seelenverständnisses und die wesentlichen Komponenten der Seelsorge identifiziert. Sodann werden wir den Gründen für den Niedergang der religiösen Seelsorge und den Aufstieg der therapeutischen Seelsorge im zwanzigsten Jahrhundert nachgehen und Gewinn und Verlust betrachten, die mit dieser Entwicklung einhergehen. Dies führt uns weiter zu einer Untersuchung der Beziehung zwischen den psychischen und den spirituellen Aspekten des Menschen und der Art und Weise, wie beide an der speziellen Form der Spiritualität, die mit der Nachfolge Christi einhergeht, beteiligt sind. Eine Betrachtung des psychospirituellen Schwerpunktes christlicher Seelsorge wird diesen ersten Abschnitt des Buches beschließen.

Teil 2 des Buches wendet sich von der Theorie der Praxis zu, beginnend mit einer Betrachtung des Dialogs als des Kerns der Seelsorge. Hier werden wir darüber nachdenken, was wir sowohl vom therapeutischen als auch vom pastoralen Dialog lernen können, und wir werden die Ideale und Herausforderungen dieser anspruchsvollen Form der zwischenmenschlichen Begegnung benennen. Sodann werden wir der Rolle des Unbewussten in der christlichen Spiritualität und bezüglich des Heilwerdens nachgehen. Besonderes Augenmerk liegt dabei auf Möglichkeiten der Arbeit mit Träumen, die dieses Wachstum fördern. Es folgen Überlegungen zu den verschiedenen Formen christlicher Seelsorge und der Frage, wie sie sich gegenseitig am besten unterstützen können. Zum Abschluss werden wir dann die praktischen Herausforderungen beim Geben und Empfangen von Seelsorge erörtern.

Das einende Motiv alles Folgenden sind die Zusammenhänge zwischen dem Psychischen und dem Spirituellen. Diese Zusammenhänge werden wir in der Geschichte der christlichen Seelsorge ebenso entdecken wie im innersten Kern der christlichen Spiritualität. Indem wir diese Spur verfolgen, werden wir feststellen, dass Psychisches und Spirituelles im Unbewussten, in unseren Träumen und Symptomen und in Gesundheit und Pathologie unauflöslich miteinander verbunden sind. Dies wiederum wird uns zu dem psychospirituellen Fokus des «Seelsorgedialogs» führen, wie wir es nennen werden.

Ziel unserer Reise ist es, einen Beitrag zur Wiederherstellung einer unverwechselbar christlichen Seelsorge zu leisten, indem wir ein Verständnis dieser Seelsorge entwickeln, das denen, die sie anderen anbieten, von praktischem Nutzen sein kann. Wie wir sehen werden, umfasst das eine weit größere Gruppe von Menschen als nur Pastoren und Therapeuten. Eltern, Erzieher, Freunde, christliche Mitarbeiter in jeglicher Funktion, therapeutisches Fachpersonal, Lebensberater und alle, die sich bemühen, anderen Menschen christliche Fürsorge und Heilung anzubieten, stehen in der Arbeit der Seelsorge. Ihnen allen und noch vielen anderen mehr kann es von großem Nutzen sein, zu verstehen, was Seelsorge ausmacht, und sie alle spielen eine entscheidende Rolle dabei, die Seelsorge als wesentliche Komponente des Dienstes der Kirche zurückzugewinnen. Zu diesem Zweck wurde dieses Buch geschrieben.

Teil 1:
Zum Verständnis der Seelsorge

1. Was ist Seelsorge?

Der Gedanke, für Seelen zu sorgen, mag sich für moderne Ohren etwas altbacken anhören. Die damit beschriebene Tätigkeit jedoch hatte lange Zeit eine zentrale Stellung im Christentum und schon zuvor im Judentum. Der deutsche Ausdruck «Seelsorge» hat seinen Ursprung in der lateinischen Wendung *cura animarum*. Während *cura* meist mit *Fürsorge* oder *Pflege* übersetzt wird, bedeutet das Wort in Wirklichkeit sowohl *Pflege* als auch *Heilung*. *Fürsorge* bezeichnet Handlungen, die auf das Wohlergehen einer Sache oder eines Menschen zielen. *Heilung* bezieht sich auf Handlungen, die darauf zielen, ein verloren gegangenes Wohlergehen wiederherzustellen. In den christlichen Kirchen wurden traditionell beide Bedeutungen von *cura* berücksichtigt. Somit wurden unter Seelsorge sowohl Stärkung und Unterstützung als auch Heilung und Wiederherstellung verstanden.

Der Begriff *cura* ist relativ leicht zu verstehen, verglichen mit dem Begriff *animarum*. Die Philosophen debattieren schon seit Jahrtausenden über das Wesen der Seele und sind nach wie vor weit von jedem Konsens entfernt. Auch den Theologen fällt die Definition des Wortes *Seele* schwer, zumal die ursprünglichen hebräischen und griechischen Wörter in der Bibel auf unterschiedliche Weise übersetzt wurden.

Seele ist die häufigste Übersetzung des hebräischen Wortes *nephesch* und des griechischen Wortes *psyche*. Die biblischen Bedeutungen dieser Begriffe sind äußerst vielfältig. Im Alten Testament zum Beispiel erstrecken sich die Bedeutungen von *nephesch* vom Leben über den inneren Menschen (insbesondere Gedanken, Gefühle und Leidenschaften) bis hin zur gesamten Persönlichkeit einschließlich des Körpers. Seele wird als das verstanden, was Menschen von Tieren und Lebende von Toten unterscheidet. Außerdem ist sie die Quelle der Emotionen, des Willens und des moralischen Verhaltens. Ähnlich beinhaltet *psyche* im Neuen Testament Bedeutungen wie die Gesamtheit einer Persönlichkeit, das physische Leben, den Verstand und das

Herz. Hier wird die Seele zugleich als das religiöse Zentrum des Lebens und als Sitz von Wünschen, Emotionen und Identität dargestellt.

Viele Bibelwissenschaftler meinen, das beste einzelne Wort für *nephesch* wie auch für *psyche* sei *Person* oder *Selbst*. Der große Vorzug eines solchen Verständnisses ist, dass beide Wörter ein umfassendes Ganzes bezeichnen. Das Selbst ist nicht Teil einer Person, sondern ihre Gesamtheit. Ebenso ist die Persönlichkeit nicht irgendein Teil von uns; sie verweist auf die Gesamtheit unseres Wesens. George Eldon Ladd argumentiert: «Die neuere Forschung erkennt, dass Begriffe wie Körper, Seele und Geist keine verschiedenen, voneinander trennbaren Eigenschaften des Menschen sind, sondern unterschiedliche Blickwinkel auf die ganze Person.»[4] Dieses Verständnis wird von der überwiegenden Mehrzahl heutiger Bibelwissenschaftler geteilt.

So gesehen, haben wir keine Seele, wir *sind* Seele. Ebenso haben wir keinen Geist, wir *sind* Geist. Und wir haben auch keinen Körper, wir *sind* Körper. Menschen sind ein lebendiges Ganzes. Einig und ganz bedeutet freilich nicht, dass die Komponenten keine unabhängige Existenz haben können.[5] Die Bibel spricht davon, dass Körper und Seele beim Tode getrennt werden und bis zur Auferstehung des Leibes getrennt bleiben. Allerdings ist diese Trennung vorübergehend und stellt einen künstlichen Zustand des Menschseins dar. In der Ewigkeit werden wir wieder verkörperte Seelen und begeistete Körper sein. Das ist der normale Zustand des Menschen.

Lassen Sie uns als vorläufige Definition unter *Seele* die ganze Person verstehen, einschließlich des Körpers, aber mit besonderem Augenmerk auf die innere Welt des Denkens, Fühlens und Wollens. Seelsorge kann somit verstanden werden als Fürsorge für Personen in ihrer Ganzheit mit besonderem Augenmerk auf ihr Innenleben.[6] Dies kann nie bewerkstelligt werden, indem man die physische Existenz oder die äußere Welt des Verhaltens einer Person ignoriert. Richtig verstanden, stärkt Seelsorge das innere Leben und leitet den Ausdruck dieses inneren Lebens durch den Körper ins äußere Verhalten. Das verbirgt sich dahinter, wenn wir von Seelsorge als Fürsorge für Personen in ihrer Ganzheit sprechen. Leibliche Fürsorge kann die Fürsorge für die innere Person einbeziehen, tut es aber leider nicht immer. Seelsorge dagegen darf die Fürsorge für die ganze Person – mit Leib, Seele und Geist – niemals vernachlässigen.

Seelsorge ist Fürsorge für Menschen auf eine Art und Weise, die sie nicht nur als Personen wahrnimmt, sondern sie auch in den tiefsten und zutiefst menschlichen Aspekten ihres Lebens berührt und anspricht. Dies ist der Grund für den Vorrang der spirituellen und psychischen Aspekte der Innenwelt einer Person bei der Seelsorge. Denn es sind diese Aspekte unseres Lebens, die uns aufs Unverwechselbarste als Menschen kennzeichnen. Echte Seelsorge jedoch richtet sich niemals ausschließlich auf einen Aspekt des Wesens einer Person (den spirituellen, psychischen oder physischen) auf Kosten der anderen. Wenn Fürsorge den Namen Seelsorge verdient, darf sie nicht nur Teile der Person ansprechen oder sich auf einzelne Probleme konzentrieren, sondern sie muss zwei oder mehr Menschen mit dem Ziel der Stärkung und des Wachstums der ganzen Person zusammenbringen.

Zusammenfassend können wir also Seelsorge als die Unterstützung und Wiederherstellung des Wohlergehens von Personen in ihrer Tiefe und Ganzheit mit besonderem Augenmerk auf ihr inneres Leben definieren. Um eine Begrifflichkeit zu gebrauchen, die wir später noch ausführlicher entwickeln werden, kann das Ziel solcher Seelsorge als Förderung des psychospirituellen Wachstums und Wohlergehens dieser inneren Person bezeichnet werden.

Seelsorge im alten Griechenland

In seinem Buch *The Therapy of the Word in Classical Antiquity* führt Pedro Laín Entralgo die Wurzeln der Seelsorge im Westen auf die altgriechischen Rhetoriker des fünften Jahrhunderts v. Chr. zurück.[7] Dies war zwar wahrscheinlich in Wirklichkeit nicht das früheste Auftreten organisierter Seelsorge, aber dennoch ein bedeutendes. Denn es waren die alten Griechen, die erstmals zwischen der Sorge für den Körper und der Sorge für die Seele unterschieden. Platon bemerkte, die Aufgabe des Leibesarztes sei es, mit physischen Mitteln zu heilen, während es die Aufgabe des Seelenarztes sei, mit verbalen Mitteln zu heilen. Die Rhetorik betrachtete er als den Zauber sorgfältig gewählter Worte. Als er ihre heilenden Kräfte für die Krankheiten der Seele beschrieb, erkannte er sogar den entscheidenden Wert der Katharsis (der seelischen Läuterung) für die Seelenheilung. Diese Unterscheidung zwischen der Sorge für den Körper und der Sorge für die Seele hatte zwar den nicht wünschenswerten Effekt, beides voneinander zu distanzieren, doch Platons Benennung des Dialogs als vorrangiger Vorgehensweise bei der Seelsorge sollte beträchtliche Auswirkungen auf die weitere Entwicklung der Seelsorge haben.

Keiner der altgriechischen Rhetoriker freilich übertraf Sokrates in seiner Klarsichtigkeit und seinem leidenschaftlichen Handeln als Seelenarzt. Sokrates nannte sich einen Heiler der Seele, und aus dem griechischen *iatros tes psyches* haben wir das Wort *Psychiater* abgeleitet. In der *Apologie* bezeugt Sokrates, nachdem er in seiner Jugend die Gefahren des Krieges überlebt habe, sei er von Gott für das Leben der Philosophie ausgesondert worden. Dies war jedoch kein Elfenbeinturm akademischer Beschaulichkeit. Im Zuge der Schilderung seines Lebens sagt er: «Denn nichts anderes tue ich, als dass ich umhergehe, um Jung und Alt unter euch zu überreden, ja nicht für den Leib und für das Vermögen zuvor noch überall so sehr zu sorgen als für die Seele.»[8] Sokrates sah seine Aufgabe darin, mithilfe von wohldurchdachten Worten, die überzeugen, herausfordern und leiten, Menschen von einem Zustand der Verwirrung hin zum letzten Ziel der Vollkommenheit zu führen. Des Weiteren stellte er uns ein äußerst umfassendes Verständnis des therapeutischen Potenzials des Seelsorgedialogs vor. Er formulierte es fast 25 Jahrhunderte, bevor Freud die Entwicklung seiner sogenannten «Sprechkur» zugeschrieben wurde.

Abgesehen von den Griechen und den frühen Römern haben die meisten Zivilisationen in der Geschichte bis in die Gegenwart die Seelsorge zu einem Spezialgebiet der Religion gemacht. In der Tat offenbart die Geschichte der Seelsorge, dass eine solche Funktion bei den alten semitischen Kulturen bis hinein in die jetzige Zeit stets vorhanden war. Jede Kultur und jede Religion hat Seelsorge etwas anders verstanden und angewendet. Dennoch gehörte dazu in allen Fällen ein Handeln, das als «die unterstützende und heilende Behandlung von Personen in solchen Angelegenheiten, die über die Erfordernisse des tierischen Lebens hinausgehen»,[9] beschrieben werden kann.

Seelsorge im Judentum

Die Wurzeln der christlichen Seelsorge reichen in Wirklichkeit um mehrere Jahrhunderte hinter die griechische Zivilisation zurück und liegen im alten Israel. Jüdische Seelsorge bewegte sich in einem ausdrücklich moralischen Rahmen und hing eng mit der Unterweisung im Gesetz zusammen. Vier Klassen von heiligen Männern – Priester, Schriftgelehrte, Propheten und Weise – kümmerten sich um die Seelen, indem sie die Thora auslegten und aufs Leben anwendeten.[10]

Die seelsorgerlichen Aufgaben der Priester umfassten vor allem das Tilgen der Schuld, wenn das Bundesgesetz gebrochen wurde. Obwohl man sich meist vorstellt, sie seien in erster Linie damit befasst gewesen, im Namen derer, die das Gesetz gebrochen hatten, Opfer darzubringen, verbrachten sie auch viel Zeit damit, das Gesetz zu lehren.

Die Schriftgelehrten und später die Pharisäer spezialisierten sich darauf, das Gesetz aufs alltägliche Leben anzuwenden. Mit ihrem Lebensstil, der sich nicht sehr von dem eines Durchschnittsbürgers unterschied, konnten sie aus der Thora Rat zu den Problemen des Lebens geben, mit denen gewöhnliche Leute konfrontiert wurden.

Die Propheten befassten sich nicht mit der Anleitung Einzelner, sondern ihre Seelsorge richtete den Fokus auf das gesamte Volk. Auch sie stützten sich ausdrücklich auf den durch das Gesetz gegebenen moralischen Kontext. Während die Propheten die Emotionen der Menschen ansprachen, um sie zur Buße zu führen, stützten sich weise Männer mehr auf Argumente und wohlbedachte Ermahnungen.

Die Weisen berieten ihre Mitmenschen darin, wie man ein gutes Leben führe. Dabei stützten sie sich oft nicht nur auf die Thora, sondern auch auf alte Weisheiten aus Ägypten, Mesopotamien und möglicherweise Griechenland.[11] Später übernahmen die Rabbiner die Rolle der Weisen als geistliche Leiter.

Eines der eindrücklichsten biblischen Bilder für einen Menschen, der sich um die Seelen anderer kümmert, ist das alttestamentliche Bild des Hirten. Hirten führen ihre Schafe an Orte, wo sie Nahrung und Sicherheit finden. Sie schützen sie vor Gefahren, und ihnen werden regelmäßig große persönliche Opfer abverlangt. Ihre Merkmale sind Barmherzigkeit, Mut und eine Mischung aus Zärtlichkeit und Härte. Der Prophet Hesekiel beschreibt den Seelenhirten als jemanden, der die Schafe führt und leitet, ihnen Nahrung beschafft, für ihre Sicherheit sorgt, die Kranken heilt, die Verwundeten verbindet und die Verirrten sucht und findet (Hesekiel 34,2–16). Wenn die von Gott eingesetzten Seelenhirten diese Aufgaben nicht angemessen wahrnahmen, wurde Gott selbst als der beschrieben, der seine Schafe weidet (Hesekiel 34,15), die Lämmer in seinen Arm nimmt (Jesaja 40,11) und sein Volk behutsam dorthin führt, wo sie Ruhe und Nahrung finden (Psalm 23,2). Diese Bildsprache greift über ins Neue Testament, wo Christus als der Gute Hirte dargestellt wird, der seine Schafe führt und beschützt und sein Leben für sie hingibt.

Jesus als der vorbildliche Seelenhirte

In der Geschichte der Seelsorge nimmt Jesus einen einzigartigen Platz ein. Auf einer Ebene könnte man ihn als einen Morallehrer

1. Was ist Seelsorge?

auffassen, ganz in der Tradition der Priester, Schriftgelehrten, Propheten und Weisen des Judentums. Zweifellos sah er sein Tun als Fortsetzung dessen an, was sie seit Jahrhunderten vor ihm getan hatten. So kritisch er gegenüber den Schriftgelehrten und Pharisäern war, betätigte er sich doch häufig auf ähnliche Weise wie sie. Er wurde oft «Rabbi» genannt und sagte, er sei gekommen, um das Gesetz zu erfüllen, nicht, um es abzuschaffen. Wohin immer er kam, verkündete er die ethischen Forderungen des Willens Gottes und rief Einzelne und Gemeinschaften dazu auf, umzukehren und die höchste Wichtigkeit des Wirkens für das Kommen seines Reiches auf Erden zu erkennen.

Jedoch war Jesus viel mehr als ein Morallehrer. Ihm ging es nicht nur um Gottes Gesetz. Sein tieferes Anliegen war Gottes Volk. Wie sich in den Evangelien zeigt, war seine vorrangige seelsorgerliche Methode der Dialog. Jesus war bestrebt, Menschen zur Buße und zu einer Umkehr zu führen, die aus dem Herzen in alle Bereiche des Lebens übergehen sollte. Seine Botschaft war eine Botschaft vom Heil, von einem neuen und überfließenden Leben. Diese Botschaft verkündete er durch Wort und Tat allen, denen er begegnete. Während verbale Belehrung dabei zweifellos mit im Spiel war, zeigen seine häufig indirekten und sogar paradoxen Lehrmethoden, dass er nicht nur auf eine kognitive Zustimmung zu seiner Lehre aus war, sondern auf eine völlige Neuausrichtung des Lebens.

Der Ansatz Jesu in der Seelsorge beruhte auf seiner Überzeugung von dem unendlichen Wert der Menschen. Wie wichtig schon die Umkehr eines einzigen Menschen ist, ist das Thema seiner Gleichnisse in Lukas 15. Hier wird uns die große Freude vor Augen geführt, die mit der Erlösung einhergeht: die Freude des Hirten über das Auffinden des einen verirrten Schafs, die Fröhlichkeit der Frau, die ihre eine verlorene Münze wiederfand, und schließlich der Jubel der Engel im Himmel über die Umkehr eines einzigen Sünders. Auch Jesu Lehre über diejenigen, die der Seele eines Neubekehrten Anstoß geben, betont die Wichtigkeit der Seele. Es sei besser, sagt er, mit einem Mühlstein um den Hals im Meer versenkt zu werden, als einen Neubekehrten zum Abfall zu verführen (Markus 9,42).

McNeill führt aus, Jesus mache uns zwei große Geschenke, die Gegenstand unseres tiefsten Strebens seien: geistliche Erneuerung und geistliche Ruhe.[12] Geistliche Erneuerung wird uns in der Wiedergeburt zuteil – ein Kernbegriff der Lehre Jesu. Hier wird uns die Möglichkeit eines Neuanfangs geschenkt, der so radikal und umfassend ist, dass er sich am besten mit der Analogie einer Geburt beschreiben lässt. Das Geschenk der geistlichen Ruhe wird beschrieben als Ruhe für die Seelen derer, die mühselig und beladen sind (Matthäus 11,28–30). Mühsal wird nicht abgeschafft, sondern Jesus bietet an, ein hartes Joch gegen ein sanftes auszutauschen und uns neue Kraft für unsere Aufgabe zu geben.

Es ist äußerst lehrreich, die Evangelien mit einem besonderen Augenmerk auf die Eigenschaften des vorbildlichen Seelenhirten Jesus durchzulesen. Eine solche Übung wird zeigen, dass Jesus in seinem Umgang mit Menschen

- ihnen dort begegnete, wo sie waren
- barmherzig war
- aus einem ausdrücklich moralischen Kontext heraus handelte, aber nie verdammte
- mit Vollmacht sprach
- dazu einlud, sich zu entscheiden
- tiefschürfende Fragen stellte
- jede Glaubensregung lobte
- keinerlei Berührungsängste hatte
- Grenzen setzte und auf sich selbst achtete
- jedem Menschen auf einzigartige, individuelle Weise begegnete
- den Menschen mit Wertschätzung begegnete
- niemals Zwang ausübte oder manipulierte
- sich einer alltäglichen Sprache bediente
- die Kosten der Nachfolge nicht herunterspielte

1. Was ist Seelsorge?

- die Ebene der Motive ansprach, nicht nur die des Verhaltens
- lieber Dialoge statt Monologe führte
- kulturelle Normen respektierte, aber sich nicht davon eingrenzen ließ
- eine ganzheitliche Einschätzung der engen Beziehung zwischen Körper und Seele zeigte
- sich nie durch seine eigenen Bedürfnisse davon abhalten ließ, auf die Bedürfnisse anderer einzugehen
- Menschen herausforderte, sich nie mit weniger als dem Besten zufriedenzugeben, das Gott ihnen zudachte
- je nach der Empfänglichkeit und dem geistlichen Hunger austeilte
- zu aktiver Beteiligung statt passivem Empfangen einlud
- den Leuten gab, was sie brauchten, und nicht, worum sie ihn baten
- tiefer liegende geistliche Probleme erkannte
- es zuließ, dass Leute seine Hilfe ignorierten oder ablehnten
- nicht nur Ratschläge gab, sondern: sich selbst
- das Vertrauen annahm, das Leute in ihn setzten

Seelsorge im Christentum

Zwei Komponenten waren stets zentral für die Seelsorge im Christentum: das Eingehen auf das Bedürfnis nach einem Heilmittel für die Sünde und die Unterstützung im geistlichen Wachstum. Interessanterweise hängen diese beiden Komponenten eng mit den beiden Bedeutungen des lateinischen Ausdrucks *cura animarum* zusammen, von dem schon die Rede war. Die *Heilung* der Seelen kann als Eingehen auf unser Bedürfnis nach einem Heilmittel für die Sünde verstanden werden, während die *Fürsorge* für die Seele auf unser Bedürfnis nach geistlichem Wachstum eingeht. Christliche Seelsorge hat sich traditionell bemüht, beides miteinander zu verbinden.

Sünde wurde zwar in den großen christlichen Traditionen unterschiedlich verstanden, doch das Heilmittel gegen sie bestand zumeist aus Bekenntnis und Buße. Katholiken konzentrierten sich hauptsächlich auf bestimmte Sünden. Sie begannen mit der Erinnerung an sie und gingen dann dazu über, sie in der Beichte aufzuzählen. Als Luther 1520 seine Kritik an der römisch-katholischen Seelsorge veröffentlichte, räumte er zwar der Aufzählung und Betrachtung konkreter Sünden einen gewissen Wert ein, aber er legte mehr Gewicht auf das Eingeständnis der Sündhaftigkeit als Zustand des Herzens.[13] Puritaner, lutherische Pietisten und calvinistische Erweckungsprediger übernahmen diese Schwerpunktsetzung und betonten darüber hinaus das *Gefühl* der Reue sowie die *Erfahrung* der Vergebung und Neugeburt. Dieser mehr erfahrungsorientierte Ansatz im Umgang mit Sünde ist seither ein vorherrschendes Element in vielen protestantischen Glaubensgemeinschaften.

Das zweite Element christlicher Seelsorge bestand darin, die geistliche Entwicklung des Einzelnen zu unterstützen. Oft wurde das als eine Bewegung durch eine Reihe von Stadien zwischen Verderbtheit und Heiligkeit gesehen. Die Rede von Stadien geistlicher Entwicklung wird zwar oft in Zusammenhang mit römisch-katholischer Theologie gebracht, doch in Wirklichkeit nahm eine solche Entwicklungsperspektive auf das geistliche Leben auch im Protestantismus stets eine wichtige Stellung ein. Ihr Höhepunkt ist vielleicht bei den puritanischen Theologen zu sehen. Im sechzehnten Jahrhundert beschrieb William Perkins zehn Stufen des geistlichen Wachstums, und andere Puritaner setzten dieses Bemühen um eine geistliche Morphologie fort. Doch ungeachtet der jeweils zugrunde gelegten Theorie geistlicher Entwicklung war christliche Seelsorge zumeist bestrebt, Menschen zu geistlicher Reife zu führen, indem sie ihren Weg durch irgendeine Stufenfolge des geistlichen Lebens unterstützte.

Die christliche Gemeinde hat die Seelsorge seit der Zeit Christi zu einer ihrer Hauptfunktionen gemacht. Das können wir schon im ersten Jahrhundert beobachten, aus dem uns Briefe mit geistlicher Wegweisung – durchaus vergleichbar mit

1. Was ist Seelsorge?

den Briefen, die Luther und die anderen Reformatoren als Hauptwerkzeuge der Seelsorge einsetzten – im Neuen Testament überliefert wurden. Darin spiegelt sich der Wunsch der frühen Christen, die geistliche Entwicklung anderer, die Christus nachfolgen wollten, führend zu begleiten.

Das erste Anzeichen einer Seelsorge in nennenswertem Maßstab findet sich unter den Wüstenvätern des vierten und fünften Jahrhunderts in Ägypten, Syrien und Palästina. Schüler suchten bei diesen heiligen Männern Hilfe, um ihre persönliche Heiligung voranzubringen. Deren Aufgabe bestand darin, ihren geistlichen Kindern durch Gebet, Anteilnahme und Wegweisung wie Väter zur Seite zu stehen. Die Wüstenväter betonten die Gefahren, die damit verbunden sind, auf der geistlichen Straße ohne Führung unterwegs zu sein. Doch ihre Führung war nicht autoritär. Geistliche Väter sollten zuerst durch ihr Beispiel lehren und erst in zweiter Linie durch das Wort. Zwei große Vertreter dieser Tradition der Wüstenspiritualität waren Evagrius Ponticus (345–399) und Johannes Cassianus (360–435).

Auch in der Tradition der orthodoxen Kirchen war die Rolle des geistlichen Anleiters sehr geschätzt. Der hl. Dorotheus von Gaza, ein geistlicher Leiter aus dem sechsten Jahrhundert, schreibt in seinen *Doctrinae diversae:* «Niemand ist unglücklicher oder der Verlorenheit näher als jene, die auf dem Weg zu Gott keine Lehrer haben.»[14] Diese Aussage findet sich auch im elften Jahrhundert bei dem hl. Simeon von Trier, der die Auffassung vertrat, es sei unmöglich für einen Menschen, ohne Hilfe die «Kunst der Tugend», wie er es nannte, zu erlernen. Deshalb ermahnte er alle, die nach geistlichem Wachstum strebten, sich einen geistlichen Anleiter zu suchen.

Interessanterweise hat dieser Gedanke, Tugend zu lehren, große Ähnlichkeit mit der Seelsorgeauffassung der griechischen Rhetoriker und Philosophen. In der Tat findet sich eine der frühesten Formulierungen der Ansicht, die Heilung der Seele erfordere die Mitwirkung eines anderen Menschen, in den Schriften des römischen Philosophen Cicero (106–43 v. Chr.), der schrieb, eine kranke Seele könne sich nicht selbst heilen, es sei denn, sie folge den Weisungen anderer weiser Menschen.

Im fünfzehnten Jahrhundert hatte die christliche Seelsorge sich bis nach Russland ausgebreitet, wo man den geistlichen Anleiter als den *Starez* kannte (russisch für «alter Mann»). Der *Starez* hatte Christus als den Guten Hirten zum Vorbild. Als vorrangige Funktion des Hirten galt die Bereitschaft, für und mit den Schafen zu leiden. Somit musste der *Starez* jemand sein, der imstande war, andere zu lieben und sich die Leiden anderer zu eigen zu machen. Diese Vorstellung des stellvertretenden Leidens durch den Seelenhirten hat gewaltige Konsequenzen für diejenigen, die Seelsorge anbieten. Seelenhirten können sich nicht in sicherer Entfernung von dem Leiden derer halten, denen sie ihre Fürsorge anbieten. Stattdessen müssen sie sich identifizieren und, indem sie sich in die Innenwelt ihres Gegenübers hineinbegeben, oftmals deren Leiden stellvertretend erfahren und absorbieren.[15]

Während die ersten geistlichen Anleiter meistens Geistliche und oft Mönche waren, übernahmen im Lauf der Zeit in der vorreformatorischen Westkirche immer mehr Laien dieses Amt. In der keltischen Kirche Großbritanniens waren einige der berühmtesten geistlichen Anleiter Frauen. Ähnlich waren im dreizehnten Jahrhundert bei den Dominikanern Nonnen an der Aufgabe der geistlichen Führung beteiligt. Die Qualifikationen blieben dieselben: Anleiter mussten Personen mit Einsicht und Urteilsvermögen sein, die auf ihrer eigenen geistlichen Pilgerreise schon fortgeschritten waren und andere liebevoll zum geistlichen Wachstum führen konnten.

In den protestantischen Traditionen hat die Praxis der geistlichen Anleitung nicht viel Aufmerksamkeit erfahren. Dies hängt vermutlich mit dem protestantischen Argwohn gegen alles zusammen, was die Stellung Christi als einzigem Mittler zwischen Menschen und Gott zu unterminieren scheint. Diese Vernachlässigung war jedoch von den frühen Reformatoren nicht beabsichtigt. Luther selbst betätigte sich als geistlicher Anleiter einer Reihe von Personen, und seine seelsorgerlichen Briefe gehören bis heute zu den Klassikern der geistlichen Literatur.[16]

Zwingli empfahl zwar das Sündenbekenntnis allein vor Gott, hielt es aber auch für angemessen, sich im geistlichen Leben von einem weisen christlichen Ratgeber helfen zu lassen.

Auch Calvin diente einer Reihe von Menschen als geistlicher Anleiter. Er betonte zwar, der einzelne Christ dürfe nur Gott untertan sein, doch er anerkannte die wichtige Rolle des geistlichen Anleiters.

Auch die Entwicklungen im Pietismus und Puritanismus des siebzehnten Jahrhunderts machen deutlich, dass die Reformation die Rolle des geistlichen Anleiters keineswegs abgeschafft hatte. Philipp Jakob Spener, bekannt als Vater des Pietismus, führte eine so weitgespannte Korrespondenz voller geistlicher Ratschläge, dass er als «Seelsorger Deutschlands» bekannt wurde.

Ähnlich weisen die Schriften von Puritanern wie William Perkins, Immanuel Bourne und Richard Baxter deutlich auf den hohen Rang hin, den geistliche Anleitung im Puritanismus hatte.

Auch die anglikanische Kirche bewahrte ein lebhaftes Interesse an der Seelsorge. Eine Reihe neuerer Bücher über geistliche Anleitung, etwa Kenneth Leechs *Soul Friend* und Tilden Edwards' *Spiritual Friend*, sind aus dieser Tradition hervorgegangen.[17]

Das christliche Verständnis der Seelsorge

Im Rückblick auf die lange Geschichte der christlichen Seelsorge kommen William Clebsch und Charles Jaekle zu dem Schluss, dass zur christlichen Seelsorge vier Elemente gehörten, die jeweils zu gewissen Zeiten der Kirchengeschichte Vorrang vor den anderen erlangten. Diese vier Elemente sind Heilen, Stützen, Versöhnen und Anleiten.[18]

Heilen bezeichnet Bemühungen, anderen dabei zu helfen, irgendeine Beeinträchtigung zu überwinden und einem Zustand des Heil-Seins näher zu kommen. Zu dieser Tätigkeit können physische ebenso wie psychische Heilungen gehören. Im Fokus steht jedoch immer die gesamte Person, heil und heilig.

Stützen steht für Akte der Fürsorge, die dazu dienen, einem leidenden Menschen beim Ertragen und Überstehen einer Situation zu helfen, in der eine Wiederherstellung oder Genesung unmöglich oder unwahrscheinlich ist.

Versöhnen bezeichnet Bemühungen, zerbrochene Beziehungen wiederherzustellen. Das Vorhandensein dieser Komponente der Fürsorge zeigt, dass christliche Seelsorge nicht nur individueller, sondern gemeinschaftlicher Natur ist.

Anleiten schließlich heißt, Menschen zu helfen, weise Entscheidungen zu treffen und so in der geistlichen Reife zu wachsen.

Zu allen Zeiten haben christliche Seelenhirten Sündenbekenntnisse gehört, Ermutigung und Rat ausgesprochen, Trost gespendet, Maßnahmen ergriffen, um die Gemeinschaft vor äußeren und inneren Bedrohungen zu schützen, Predigten gehalten, Bücher und Briefe geschrieben, Menschen besucht, Krankenhäuser aufgebaut und betrieben, Schulen gegründet, Bildung angeboten und sich sozial und politisch engagiert. All diese und viele weitere Aktivitäten wurden mit dem Ziel unternommen, «Sünde und Trauer zu beseitigen und zurückzudrängen und alle Menschen in Christus vollkommen vor Gott zu stellen».[19] Insofern können wir Charakterbildung als das übergreifende Ziel der christlichen Seelsorge betrachten: die Ausbildung des Charakters Christi in seinen Menschen.

Wenn wir den Begriff «Disziplin» weit genug auslegen, kann auch er dazu dienen, das große Ziel christlicher Seelsorge zu beschreiben. Disziplin ist nicht nur Strafe, sondern eine Hilfe, die darauf zielt, «die grundlegenden Normen, Muster und Empfindungen, die die Kultur der Gruppe beherrschen, tief im Charakter eines Volkes einzupflanzen».[20] Somit können wir Disziplin als individuelle und kollektive Erfahrungen betrachten, die dazu dienen, Christen zu helfen, den Charakter Christi zu entwickeln und dadurch heil und heilig zu werden. So verstanden, gehörte Disziplin durchaus über weiteste Strecken ihrer Geschichte zum Kern christlicher Seelsorge.

Was können wir aus dem bisher Gesagten schließen? Was heißt es, aus christlicher Perspektive für die Seelen der Menschen zu sorgen? Wir sind zwar noch weit davon entfernt, diese Frage auch nur in annähernd endgültiger Form zu beantworten, aber wir können schon an dieser Stelle einige vorläufige Schlussfolgerungen ziehen:

1. *Christliche Seelsorge ist etwas, was wir füreinander tun, nicht für uns selbst.* Wir haben zwar auch die Verantwortung, auf uns selbst zu achten und uns dazu mit den tiefsten Schichten unseres inneren Lebens zu befassen, aber dies als Seelsorge zu beschreiben, würde dem Verständnis der uralten Aufgaben der *cura animarum* nicht gerecht. Die Geschichte der christlichen Seelsorge macht überaus deutlich, dass die Seelsorge ein christlicher Akt der Nächstenliebe ist. Als Jesus lehrte, wir sollten unseren Nächsten lieben wie uns selbst, sprach er von der Sorge für andere, nicht von der Sorge um uns selbst. Das Prinzip des Sorgens für sich selbst ist darin impliziert, aber darum geht es nicht im Kern. Sorgfältige Aufmerksamkeit gegenüber dem eigenen inneren Leben ist eine unverzichtbare Vorbedingung, um für die Seelen anderer sorgen zu können. Aus diesem Grund werden wir uns in Kapitel 11 näher mit diesem Punkt beschäftigen. Doch das war nicht gemeint, wenn die Kirche Christen zur Seelsorge aufrief. Wenn wir das umdeuten, banalisieren wir einen Begriff, der zum Kernauftrag der christlichen Gemeinde gehört.

2. *Christliche Seelsorge bewegt sich in einem moralischen Kontext.* Sie sollte nicht nur mit Liebe, Vergebung und Gnade zu tun haben, sondern auch die Gelegenheit dazu bieten, die moralische Frage nach der richtigen Lebensführung zu stellen. Das heißt nicht, dass Seelsorge dasselbe sei wie moralische Unterweisung, und

es stellt sie auch keineswegs der moralischen Überredung gleich. Wer jedoch christliche Seelsorge üben will, sollte sich bewusst machen, dass solche Seelsorge die Gelegenheit zur moralischen Reflexion beinhalten muss. Moral ist ein tief verwurzelter Bestandteil allen menschlichen Lebens. Darum gehören moralische Überlegungen ins Zentrum der Fürsorge für andere, die darauf aus ist, das Leben besser zu machen. Wie man eine solche moralische Komponente in die Seelsorge einführt, ohne moralistisch zu werden, ist eine große Herausforderung, auf die wir in Kapitel 7 zurückkommen werden.

3. *Christliche Seelsorge wendet sich an die Gemeinschaft, nicht nur an Einzelne.* Disziplin als Komponente christlicher Seelsorge ist dazu da, Christen zu helfen, den Charakter Christi zu entwickeln, sowohl individuell als auch kollektiv. Zum Ziel christlicher Seelsorge gehört auch, Menschen darauf vorzubereiten, ihre Verantwortung innerhalb der Gemeinschaft wahrzunehmen und ihr Leben in diesem Kontext auszuleben. Christliche Seelsorge spricht den Einzelnen als Teil eines Netzes von Beziehungen an. Der Einzelne ist von höchster Wichtigkeit; doch er ist nur in der Beziehung fähig, ganz und gar und einzigartig er selbst zu sein. Christliche Seelsorge nimmt diesen sozialen und gemeinschaftlichen Rahmen ernst.

4. *Christliche Seelsorge wird normalerweise durch das Mittel des Dialogs im Kontext einer Beziehung geübt.* Insofern ist christliche Seelsorge nicht etwas, was wir an Menschen machen. Sondern sie ist etwas, was wir *mit* ihnen machen. Wenn ein solcher Dialog dem Vorbild Jesu folgt, ist er niemals Zwang ausübend oder manipulativ und stets ganz auf den Einzelnen zugeschnitten. Auf die Herausforderungen, die damit verbunden sind, solche Dialoge zu führen, kommen wir ebenfalls in Kapitel 7 zurück.

5. *Christliche Seelsorge konzentriert sich nicht nur auf einen eng gefassten geistlichen Aspekt der Persönlichkeit, sondern spricht den ganzen*

Menschen an. Zwar liegt die Priorität auf der Pflege des vielfältig verwobenen psychospirituellen Bildteppichs aus Fühlen, Denken und Wollen, der das innere Leben ausmacht, aber der christlichen Seelsorge geht es ebenfalls sehr stark darum, wie dieses innere Leben durch das Verhalten nach außen dringt.

6. *Schließlich ist christliche Seelsorge viel zu wichtig, als dass sie auf Geistliche oder irgendeine andere einzelne Gruppe von Leuten beschränkt bleiben dürfte.* Wie wir später sehen werden, gehören zum Spektrum heutiger christlicher Seelsorge Eltern, Pädagogen, Freunde, Geistliche, geistliche Leiter, Berater und Psychotherapeuten sowie eine breite Palette anderer Leute. Letztlich sind *alle* Christen zu der Aufgabe berufen, für die Seelen anderer zu sorgen.

2. Der Aufstieg der therapeutischen Seelsorge

Wie im ersten Kapitel dargestellt, ist *cura animarum* eine religiös fundierte Form der Fürsorge für Menschen, die besonders mit dem Christentum assoziiert wird, deren Wurzeln aber bis ins Judentum zurückreichen. Dies trifft zwar zu, ist aber nur ein Teil der Geschichte, denn es führt uns nur bis zum Beginn des zwanzigsten Jahrhunderts und den ersten Entwicklungen der therapeutischen Seelsorge. Der Aufstieg der therapeutischen Psychologie im letzten Jahrhundert hatte tief greifende Auswirkungen auf die Seelsorge und muss daher kritisch beleuchtet werden. Zuvor jedoch sollten wir uns mit den Vorläufern dieser Verschiebung beschäftigen – mit früheren Entwicklungen, die sich in der christlichen Seelsorge selbst vollzogen und den Weg für den Aufstieg der therapeutischen Seelsorge ebneten.

Von der Fürsorge für die Seele zur Heilung des Geistes
Die Verschiebung von der Fürsorge für die Seele zur Heilung des Geistes wird zwar vor allem in Verbindung mit dem Aufstieg der modernen Psychologie im frühen zwanzigsten Jahrhundert gesehen, doch der Weg für diese Entwicklung wurde bereits durch frühere Veränderungen sowohl in der katholischen als auch in der protestantischen Seelsorge geebnet. Nach dem Konzil von Trient (1545–1563) erlebte die katholische Seelsorgepraxis eine erhebliche Fokusverengung und begann, sich vorrangig mit Entscheidungen über religiöse Berufungen zu befassen. Seelsorger sahen ihre wichtigste Rolle zunehmend darin, Hüter des rechten Glaubens zu sein, und ihr größtes Augenmerk galt dem Vermeiden von Irrlehren und fragwürdigen Formen der Mystik.

Protestanten veränderten ihr Verständnis und ihre Praxis der Seelsorge noch radikaler. Dies hing vor allem mit ihrer Betonung des Priestertums aller Gläubigen und der zentralen Stellung der Bibel für das persönliche Heil und das geistliche Wachstum zusammen. Beispielhaft für das Seelsorgeverständnis, das zunehmend als die protestantische Methode akzeptiert wurde, sind die Schriften Martin Bucers, dessen Buch *Von der wahren Seelsorge* 1538 erschien. Bucer gründete sein Verständnis der *cura animarum* auf Hesekiel 34,16 und argumentierte, alle Christen stünden gegenseitig in der Pflicht, «zu Christus zu ziehen, die entfremdet sind; zurückzuführen, die fortgelockt wurden; für Besserung des Lebens zu sorgen bei denen, die in Sünde fallen; schwache und kränkliche Christen zu stärken; Christen zu bewahren, die heil und stark sind, und sie zu allem Guten voranzurufen».[21] Protestanten fassten all diese Tätigkeiten häufig unter dem Begriff «Hirtendienst» zusammen, um sie von der Seelsorge, wie Katholiken sie betrieben, zu unterscheiden, in der ihrem Urteil gemäß Disziplin und Autorität die Hauptrolle spielten. Im vermeintlichen Gegensatz dazu sollte ein Hirte freundlich, einfühlsam und sanft sein. Das Amt des geistlichen Hirten sollte von Liebe und Fürsorge geprägt sein, nicht von Autorität.

Die Quäker des siebzehnten Jahrhunderts initiierten eine Form gegenseitiger Ermahnung und Anleitung, die in der Praxis auf eine Gruppenseelsorge hinauslief. Diese trat auch bei anderen protestantischen Gruppen an die Stelle persönlicher, individueller Seelsorge.

Wesley sprach oder schrieb nur selten über Seelsorge oder Seelenheilung, und wenn, dann im Zusammenhang mit der Verkündigung. Auch hier zeigt sich wieder die zentrale Stellung des Wortes in protestantischen Seelsorge-Auffassungen. In den wesleyschen und späteren Gemeinden der Heiligungsbewegung lag die Betonung auf dem direkten Handeln Gottes im Leben des Einzelnen, und dementsprechend trat die geistliche Anleitung in den Hintergrund.

Auch etliche katholische Autoren stellten die Notwendigkeit der geistlichen Anleitung im Rahmen einer Beziehung infrage. Der Jesuit James Walsh argumentierte, geistliche Anleitung werde «nur dann nützlich und notwendig, wenn der Einzelne, der das Leben der christlichen Gemeinschaft im höchstmöglichen Maße auslebt, sich der besonderen Berufung Gottes zur Vollkommenheit bewusst» werde.[22] Aus dieser Sicht ist geistliche Anleitung nur für die geistliche Elite da, nicht für alle. Noch bedeutsamer jedoch war seine Auffassung, dass sie nur von Seelsorgespezialisten praktiziert werden sollte. Solche Leute sollten nicht nur über die persönlichen Eigenschaften verfügen, die zu diesem Amt gehörten, sondern auch eine besondere Ausbildung erhalten.

Mit dieser Professionalisierung der Seelsorge ging der Aufstieg der pastoralen Seelsorge einher. In seiner *History of Pastoral Care in America* sagt E. Brooks Holifield, der Wandel von der Seelsorge zur pastoralen Lebensberatung habe in Amerika 1905 in einer Gruppe von Episkopalisten in der Emmanuel Church in Boston seinen Anfang genommen.[23] Der damalige Pfarrer der Emmanuel Church, Elwood Worcester, und sein Mitarbeiter Samuel McComb stellten die Frage, ob Seelsorge weiterhin von der Tradition oder von der Wissenschaft der Psychotherapie geleitet sein solle. Ihre klare Empfehlung lautete, es sei an der Zeit, dass sich die Kirche der Wissenschaft bediene. Die «Emmanuel-Bewegung», wie sie genannt wurde, erfuhr bald Unterstützung von Kongregationalisten, Presbyterianern und manchen Baptisten. Innerhalb von drei Jahren gab die Gruppe sogar eine eigene Zeitschrift heraus – *Psychotherapy*. Holifield nannte dies den Beginn der Bewegung von der Seelenrettung hin zur Unterstützung der Selbstverwirklichung.

Die pastorale Lebensberatung, so Holifield, war eine wichtige Kraft für die Entwicklung der therapeutischen Kultur Amerikas. Er meint sogar, Amerika sei möglicherweise deswegen so reif für die Psychotherapie als neue Methode der Seelsorge gewesen, weil seine frühe Geschichte stark vom Pietismus beeinflusst war. Historisch beinhalteten der Pietismus und seine puritanischen Spielarten einen subjektiven, psychologischen Fokus auf innere Erfahrungen. Diese geistliche Innenschau, die Holifield eine «Beschäftigung mit Innerlichkeit, Neugeburt, Bekeh-

2. Der Aufstieg der therapeutischen Seelsorge

rung [und] Erweckung» nennt,[24] war grundlegend für das amerikanische Bewusstsein. Deshalb war es nur ein kleiner Schritt von nach innen gerichteter geistlicher Frömmigkeit zu säkularer psychologischer Frömmigkeit. Die Evolution der pastoralen Lebensberatung und Psychotherapie im frühen zwanzigsten Jahrhundert war eine wesentliche Kraft in dieser Bewegung.

Zur selben Zeit erlebte auch Großbritannien das erwachende Interesse an der Psychotherapie als neuer Technik für die Seelenheilung. Die Guild of Pastoral Psychology, deren Präsident C.G. Jung war, und das Institute of Religion and Medicine widmeten sich der Aufgabe, Brücken zwischen Psychologie und Theologie zu bauen. Später entstand mit der Clinical Theology Association unter Leitung des Psychiaters Frank Lake eine Organisation für die Schulung in der pastoralen Lebensberatung in Großbritannien.

Die bedeutendste Kraft in der Bewegung der Seelsorge von der Religion zur Psychologie war fraglos der wissenschaftliche Aufbruch des siebzehnten und achtzehnten Jahrhunderts und der darauf folgende Niedergang der Religion im neunzehnten Jahrhundert. Nach der Schilderung des Psychotherapie-Historikers Jan Ehrenwald kommt es zum Niedergang der religiösen Seelenheilung, «wenn Magie durch kritische Vernunft ausgehöhlt worden und Religion, ihrer Bedeutung entleert, zur formalisierten Institution geworden ist, zu einem Bewahrungsort magischer Rituale und Bräuche».[25] Weiter führt er aus, die Psychotherapie sei als ein Lückenfüller entstanden, um die spirituelle Leere zu füllen, die der Niedergang der Religion hinterließ. Ihre Herausforderung bestand darin, «unbefriedigte metaphysische Bedürfnisse zu befriedigen ... ohne auf mythische Ideologien oder magische Rituale zurückzugreifen».[26]

Die große Hoffnung der Wissenschaft war, ohne das Drumherum der Religion neue Lösungen für alte Probleme liefern zu können. Den Blick in die Zukunft gerichtet, schritten moderne Menschen voran in der Zuversicht, Mythen und Rituale für immer in der vorwissenschaftlichen Zeit hinter sich gelassen zu haben. Tatsächlich jedoch wurden nur alte Mythen durch neue ersetzt. Mythos, nicht zu verwechseln mit Unwahrheit, ist Antwort auf das Mysterium. Folglich war die Hoffnung naiv, den Mythos durch die Wissenschaft auszumerzen. Die neuen wissenschaftlichen Antworten auf die Mysterien der menschlichen Seele waren ebenso Mythen wie die alten religiösen Antworten.

Jacob Needleman bemerkt: «Die moderne Psychiatrie entstand aus der Vision heraus, der Mensch müsse sich selbst verändern und sich nicht auf die Hilfe eines imaginären Gottes stützen. Vor über einem halben Jahrhundert wurde die menschliche Seele, hauptsächlich durch die Einsichten Freuds und das Wirken derer, die unter seinem Einfluss standen, den schwächelnden Händen der organisierten Religion entwunden und als Gegenstand wissenschaftlicher Untersuchung in die Welt der Natur versetzt.»[27]

Von ihrer schwankenden Grundlage in der Religion gelöst, ruhte die Fürsorge für die Seele nun sicher in den Händen der modernen Wissenschaft. Die Fürsorge für sündige Seelen wurde umgeprägt in die Heilung kranker Geister, und Psychotherapeuten traten an die Stelle der Geistlichen als kulturell sanktionierte Seelenpfleger.[28]

Therapeutische Kultur und pastorale Lebensberatung

Mitten in diesem beginnenden Aufbruch der therapeutischen Kultur geboren, wurde die pastorale Lebensberatung von diesen Entwicklungen zutiefst beeinflusst. Ihre Geschichte stand im Zeichen ständiger Spannungen zwischen der pastoralen und der psychologischen Perspektive. Seit sie in den 1940er- und 1950er-Jahren ihre Reifeform erlangte, hatte sie oft mehr Ähnlichkeit mit moderner Psychotherapie als mit den historischen Vorgehensweisen der geistlichen Anleitung.

Während die Autorität und die Bedeutung der pastoralen Lebensberatung auf das Pastorenamt gegründet waren, boten die neuen psychologischen Wissenschaften eine neue Sprache und wirkungsvolle Techniken, die sehr verführerisch wirkten.

2. Der Aufstieg der therapeutischen Seelsorge

Obwohl die wichtigsten Autoren auf dem Gebiet der pastoralen Lebensberatung wiederholt den Primat der Theologie und der pastoralen Tradition bei der Gestaltung der pastoralen Lebensberatung eingefordert haben, war die tatsächliche Praxis der pastoralen Lebensberatung oft nur eine Nachahmung gegenwärtiger psychologischer Moden. So ging die Pastoralseelsorge in Nordamerika durch Phasen, in denen sie jeweils beherrscht war von der klientenzentrierten Therapie nach Carl Rogers, der freudschen Psychoanalyse, den Wachstums- und Gruppentherapien des Human Potential Movement und den interpersonellen Therapien, die ihre Ursprünge im Werk von Harry Stack Sullivan, der systemischen Familientherapie und der Objektbeziehungstheorie hatten.

Im Blick auf diesen beklagenswerten Umstand sieht Thomas Oden den pastoralen Lebensberater als jemanden, der «versucht, herauszufinden, was in der Sphäre der aufkommenden Psychologien derzeit passiert oder wahrscheinlich als Nächstes passieren wird, und es so geschickt wie möglich an den geistlichen Dienst anzupassen».[29] Leider wurde jedoch bei dieser Anpassung oft allzu unkritisch vorgegangen. Infolgedessen blieb die Unterscheidbarkeit der pastoralen Lebensberatung auf der Strecke.

Die synkretistische Einverleibung von Modellen und Methoden, die eher klinischer als pastoraler Natur sind, hat die Einzigartigkeit des pastoralen Dienstes häufig unterminiert. Zudem hat sie pastorale Lebensberater dazu verleitet, sich als schlecht ausgebildete allgemeine Psychotherapeuten zu betätigen, und sie hat Prediger zu Propheten der Selbstverwirklichung statt zu Verkündern des Evangeliums werden lassen. Tragischerweise hat sie oft auch Geistliche dazu verführt, die Unverwechselbarkeit ihrer historischen Seelsorger-Rolle aufzugeben.

Gemeindeglieder, die immer stärker durch die psychologisierte Gesellschaft beeinflusst sind, in der sie leben und von der ihre Sicht ihrer selbst und ihrer Beziehungen geprägt ist, leisten ihrerseits einen Beitrag zum Aufstieg der therapeutischen Seelsorge in der Kirche. Geistliche kommen leicht zu der Ansicht, um relevant predigen zu können, brauchten sie eine psychologische Perspektive in ihren Predigten, und ein professioneller pastoraler Dienst erfordere eine Übernahme der Normen der klinischen Therapeutik. So machen sich in Predigten und im pastoralen Dialog immer mehr psychologische Konstrukte und Werte wie Selbstliebe, Selbsterkenntnis und Selbstverwirklichung bemerkbar. Die therapeutische Kultur gewann die Oberherrschaft nicht nur in der Gesellschaft, sondern auch in der Kirche, und dabei ging vieles verloren.

Dennoch ist klar, dass die therapeutische Seelsorge einer religiösen Seelsorge, der an einer Neubelebung gelegen ist, viel zu bieten hat. Das Christentum hat offenbar im späten neunzehnten Jahrhundert darin nachgelassen, auf die Bedürfnisse von Männern und Frauen einzugehen, und der Aufstieg der therapeutischen Psychologie kann ihr großartige Ressourcen zur Verfügung stellen.

Doch wie wir gesehen haben, deutet die jüngere Geschichte der Seelsorge sowohl auf Fortschritte als auch auf Verfälschungen und Kompromisse in der spezifisch christlichen Fürsorge für das Leben der Menschen hin. Das macht die Aufgabe der Wiederherstellung authentischer christlicher Seelsorge so schwierig. Statt einfach nur naiv zu versuchen, zu den christlichen Sichtweisen und Praktiken des ersten Jahrhunderts zurückzukehren, und uns darauf zu beschränken, muss eine echte Wiederherstellung die jüngeren Ergänzungen kritisch sichten und die Spreu vom Weizen trennen. Davon wird im Folgenden immer wieder die Rede sein.

Doch obwohl die therapeutische Psychologie der christlichen Seelsorge viel zu bieten hat, ist sie nicht die große Hoffnung der Kirche, und ihre Grundbotschaft ist auch nicht dieselbe wie die des Evangeliums. Wenn die Botschaft und die Methoden der Kirche im Wesentlichen psychologisch geworden sind, hat die Kirche ihren Daseinsgrund verloren. Ich persönlich glaube nicht, dass dies der Fall ist. Die Kirche muss darum aufpassen, dass sie ihre Seele nicht gegen ein psychologisches Linsengericht eintauscht. Manchmal scheint es freilich, als habe sie genau dies getan.

Kurioserweise stellte sich, während die christliche Seelsorge unter den Einfluss ihrer neuen Rivalin, der therapeutischen Seelsorge, geriet, gleichzeitig heraus, dass die Letztere mehr religiös als wissenschaftlich ist. Die Psychologie als Wissenschaft von der Seele mag tatsächlich zur Wissenschaft ohne Seele geworden sein, aber der therapeutischen Psychologie ist es bei Weitem weniger gut gelungen als ihrem akademischen Gegenstück (der experimentellen Psychologie), sich von der Religion zu distanzieren.

Die religiöse Natur der therapeutischen Seelsorge

Einer der schärfsten Kritiker der Psychotherapie und derjenige unter ihren Kritikern, der am deutlichsten ihre religiöse Natur herausgestellt hat, ist der Psychiater Thomas Szasz. In seinem Buch *The Myth of Psychotherapy* (dt. *Der Mythos der Psychotherapie*) argumentiert er, Psychotherapie sei wenig mehr als religiöse Seelsorge in neuem Gewand. «Zerknirschung, Sündenbekenntnis, Gebet, Glaube, innere Lösung und unzählige andere Elemente werden beschlagnahmt und in Psychotherapie umbenannt», schreibt er.[30]

Überdies, so Szasz weiter, übernehme die Psychotherapie nicht nur wichtige Elemente der religiösen Seelsorge und präsentiere sie als eigene Entdeckungen, sondern sie trete dann auch noch als Gegnerin der religiösen Seelsorge auf. «Die Psychiatrie ist der Religion gegenüber nicht nur gleichgültig; sie steht ihr in unerbittlicher Feindschaft gegenüber. Darin liegt eine der größten Ironien der modernen Psychotherapie: Sie ist nicht nur eine Religion, die sich als Wissenschaft gebärdet, sondern tatsächlich eine falsche Religion, die die wahre Religion zu zerstören trachtet.»[31]

Die Behauptung, die Psychotherapie sei ein alternatives religiöses System, wird von mehreren anderen Quellen gestützt.

Denken wir zum Beispiel an das Aufkommen der humanistischen Psychologie in den 1960er- und 1970er-Jahren. Thomas Oden beschreibt Encounter-Gruppen und andere intensive Gruppenerfahrungen als entmythologisierte, säkulare jüdisch-christliche Religion.[32] Diese Behauptung gründet er auf die Ähnlichkeiten zwischen Encounter-Gruppen und dem christlichen Pietismus sowie dem jüdischen Chassidismus des achtzehnten und neunzehnten Jahrhunderts.

Die wichtigsten Übereinstimmungen, die Oden anführt, sind die Betonung intensiver emotionaler Erfahrungen (die meist in einer kleinen Gruppe stattfinden), ein eifriges Streben nach Ehrlichkeit, der Fokus auf der Erfahrung im Hier und Jetzt, das Ziel der zwischenmenschlichen Vertrautheit und die häufigen, langen und intensiven Zusammenkünfte.

Eine ähnliche These entwickelt Paul Vitz in seinem Buch *Psychology as Religion* (dt. *Der Kult ums eigene Ich. Psychologie als Religion*).[33] Vitz argumentiert, die populäre Psychologie, besonders das, was er den «Ich-Kult» nennt, sei eine große amerikanische Religion. Weiter führt er aus, diese neue Religion habe zwar ihre Wurzeln im Christentum, sei aber in den meisten ihrer Grundaussagen zutiefst antichristlich.

Der Religionspsychologin Lucy Bregman zufolge ist die populäre Psychologie eine nicht traditionelle psychologische Religion, von der viele meinen, sie ermögliche die Wiederentdeckung «des wesenhaften inneren Kerns dessen, worum es in der Religion geht, während die bereits verkümmerten Äußerlichkeiten abgeworfen werden».[34] Interessanterweise merkt sie an, eine solche Religiosität der inneren Erfahrung sehe sich zwar als Ersatz für die gescheiterten westlichen Religionen, mache aber in Wirklichkeit vielmehr deutlich, dass die Psychologie als Wissenschaft daran gescheitert sei, religiöse Fragen zu beantworten. Insofern könnte die populäre Psychologie die Antwort auf den gescheiterten Versuch der wissenschaftlichen Psychologie sein, die Religion adäquat zu ersetzen.

Psychotherapeutische Seelsorge ist nicht das, was sie zu sein vorgibt. In einem Artikel im *Journal of Operational Psychiatry* argumentiert der Psychiater E. Mansell Pattison, die Psychotherapie sei ein «supranaturalistisches System, das sich als naturalistisches System gebärdet».[35] Es verleugne zwar sein religiöses Erbe, sei aber unfähig, ihm zu entrinnen. Dies sei die freudsche Dynamik der Rückkehr des Verdrängten: Was verleugnet oder verdrängt werde, sei nicht einfach weg; es werde nur aus dem Bewusstsein verschoben. Doch wie schon Freud betonte, bleiben solche verdrängten unbewussten Inhalte selten lange unbewusst: Sie drängen danach, sich auszudrücken und bewusst zu werden. Im Fall der Psychotherapie können ihre religiösen Wurzeln und ihre wesenhaft spirituelle Natur nicht für immer verborgen bleiben.

Ein Historiker der Psychotherapie schreibt: «Es wird immer deutlicher, dass die Bedürfnisse, die die Psychotherapie befriedigen soll, über den naturalistischen Bezugsrahmen hinausgreifen, auf den sie beschränkt war.»[36] Dies ist zu einem großen Teil die Ursache für die Krise der gegenwärtigen Psychotherapie: Sie ist die Identitätskrise einer Wissenschaft ohne Seele.

Das große Paradox der therapeutischen Psychologie liegt darin, dass sie, statt die Religion zu ersetzen, in vieler Hinsicht praktisch als die Religion der säkularisierten westlichen Gesellschaft fungiert. Trotz ihrer sozialwissenschaftlichen Verpackung ist die Psychotherapie der Religion viel ähnlicher als der Wissenschaft. Es geht bei ihr mehr um spirituelle Wegweisung bei Lebensproblemen als um eine empirisch abgeleitete methodische Behandlung psychischer Störungen.

In den Siebzigern, als der Kult der Ich-Verehrung in Nordamerika auf seinem Höhepunkt stand, schrieb der amerikanische Psychologe Paul Vitz, die Psychotherapeuten seien zu Priestern der neuen Religion des Ich-Kults geworden – einer Religion mit christlichen Wurzeln, aber einer gefährlich antichristlichen Grundausrichtung.[37]

Das soll nicht heißen, die Psychotherapie erfülle alle Kriterien für eine formelle Religion. Stattdessen lautet das Argument, dass sie nicht als wertfreie, technische Therapeutik betrachtet, sondern in ihrer Funktion als Religion verstanden werden sollte. Phillip Rieff war einer der Ersten, die darauf hingewiesen haben.[38] Er beschrieb die ungemeine kulturprägende Kraft der therapeutischen Psychologie und stellte dar, dass sie viel mehr biete als eine Methodik zur Behandlung psychischer Erkrankungen. Der Aufstieg der modernen therapeutischen Psychologie, so sein Argument, sei verantwortlich für den Wandel des vorherrschenden Charaktertyps westlicher Menschen. Rieff zufolge ist die christliche Kultur, die seit der Französischen Revolution angeschlagen in den Seilen hing, inzwischen durch eine psychologisierte Kultur ersetzt worden. In diesem neuen kulturellen Milieu spiele die Psychotherapie viele der sozialen und persönlichen Rollen, die einst von der Religion bedient wurden.

Ist diese Beziehung zwischen Psychotherapie und Religion wesenhaft vorgegeben, oder ist sie lediglich ein Artefakt der gegenwärtig vorherrschenden Psychotherapien?

Perry London beschreibt mehrere Faktoren, die Psychotherapie wesentlich zu einem moralischen und religiösen Unterfangen machen.[39] Der erste Faktor ist, dass Patienten in der Therapie moralische und psychische Phänomene nicht so voneinander trennen, wie es Psychotherapeuten oft tun. Eine Frage wie «Ist es okay, wütend zu sein?» ist nicht bloß eine psychologische, sondern auch eine höchst moralische Frage. Es ist deshalb eine moralische Frage, weil sie darauf abzielt, wie man sein Leben führen sollte. Fragen, ob man eine Abtreibung durchführen lassen oder eine Affäre eingehen oder seinen Ehepartner verlassen solle, sind nicht deshalb moralische Fragen, weil Abtreibung, Sex und Scheidung moralische Themen sind, sondern weil sie Aspekte betreffen, wie man leben sollte. Ebenso sind daher Fragen, wie man seine Emotionen handhaben, wie man einen zwischenmenschlichen Konflikt verstehen oder wie man mit einer tödlichen Krankheit umgehen solle, durchweg nicht nur psychologische, sondern moralische Fragen, weil sie sich damit befassen, wie man sein Leben leben sollte.

Die Anliegen, mit denen Patienten zu Psychotherapeuten kommen, verlangen dem Therapeuten regelmäßig mehr ab, als die allgemein anerkannte wissenschaftliche Forschung hergibt. Darauf wies schon Jung hin, als er schrieb, dass «Patienten den Psychotherapeuten in die Rolle eines Priesters drängen und von ihm fordern, dass er sie von ihrem Leid befreit. Das ist der Grund, warum wir Psychotherapeuten uns mit Problemen beschäftigen müssen, die streng genommen Aufgabe des Theologen sind».[40]

Ein zweiter Faktor, der die Psychotherapie zu etwas wesenhaft Religiösem macht, ist, dass Psychotherapeuten menschliche Wesen sind, deren eigene persönliche Werte sehr stark an ihrer Arbeit mit ihren Patienten beteiligt sind. Psychotherapie ist offensichtlich ein äußerst wertebeladener Prozess. Der Dialog ist sowohl von den Werten des Patienten als auch von denen des Therapeuten geprägt. Den Therapeuten ist es ebenso unmöglich, ihre Wertvorstellungen draußen vor der Tür des Sprechzimmers zurückzulassen, wie ihren Patienten. Wie seltsam und vielleicht sogar gefährlich wäre es, wenn es anders wäre! Es ist verblüffend, dass wir das je für wünschenswert halten konnten, selbst wenn es möglich wäre.

Noch mehrere weitere Ähnlichkeiten zwischen Psychotherapie und Religion zeigen, dass Erstere wesenhaft religiös ist. Psychotherapie und Religion stehen als die beiden wichtigsten Quellen moderner individueller Identitätsbildung in einer engen Beziehung zueinander.[41] Beide bieten Konzepte und Techniken zur Ordnung des inneren Lebens an und können daher als persönliche Erlösungsstrategien betrachtet werden. Sowohl Psychotherapie als auch Religion können zudem in der Funktion wahrgenommen werden, eine Tiefenstruktur für das Verständnis des Lebens zu etablieren – ein Verständnis, das erlernt und durch das Ausüben von Mythen und Ritualen ausgelebt wird.[42]

Darüber hinaus versuchen sowohl Psychotherapie als auch

Religion, Fragen zur letztgültigen Bestimmung und zur Verpflichtung des Menschen zu beantworten. Das heißt, beide dienen dazu, dem Leben eine religiöse Richtung zu geben, indem sie Dinge von höchster Wichtigkeit ansprechen und zumindest die Umrisse eines ethischen Systems zeichnen, anhand dessen sich Entscheidungen über die Lebensführung treffen lassen. In dieser Hinsicht dienen sie als positive Kultur, wie Rieff es nennt. Das heißt, sie liefern Bilder von der Natur der Welt und vom Sinn des Lebens und grundlegende Prinzipien, nach denen man leben kann.[43]

Schließlich dienen sowohl Psychotherapie als auch Religion dazu, das Selbstwertgefühl zu steigern und die soziale Integration zu fördern. Beide dienen somit überaus wichtigen individuellen und sozialen Zwecken.

Es scheint auf der Hand zu liegen, dass die modernen therapeutischen Psychologien den vom Niedergang der institutionellen Religion hinterlassenen Raum ausgefüllt haben und dass sie nicht nur als Behandlungstechniken operieren, sondern in der Funktion einer Religion. Darum ist es wichtig, Psychotherapien in diesem Licht kritisch zu bewerten, also nicht nur im Hinblick auf ihre klinische Wirksamkeit, sondern auch im Blick auf ihre religiösen Horizonte. Diese religiösen Horizonte lassen sich am besten an den Wertvorstellungen der Therapie ausmachen, insbesondere an den Grundannahmen, was für ein gesundes Funktionieren notwendig ist.

Aussagen über psychische Bedürfnisse dienen oft als trojanisches Pferd, mit dem sich moralische Urteile in die psychotherapeutische Theorie und Praxis einschleichen. Es kommt also darauf an, die Formulierung dieser Bedürfnisse sorgfältig zu untersuchen, denn sie dienen oft dazu, Entscheidungen gegen eine moralische Prüfung abzuschirmen und Moralurteile in eine psychologische Hülle zu verpacken.

Zum Beispiel kann es sein, dass uns gesagt wird, um heil zu sein, würden Menschen eine Beziehung zum unbewussten Ich brauchen, sexuelle Befriedigung, Freiheit von jeglichem äußeren

Moralkodex, Körperbewusstsein oder die Möglichkeit, ihre Gefühle auszudrücken. Solche Aussagen machen auf naive Weise aus etwas möglicherweise Gutem ein höchstes Gut. Durch diesen Prozess verwandelt sich die Psychologie von einer beschreibenden Wissenschaft in eine vorschreibende soziale Institution. Nun beginnt die Psychologie ihre eigenen moralischen Imperative zu erzeugen, die dann mit den Moralkodizes der traditionellen Religionen in Wettbewerb treten müssen. Doch da die Psychologie für ihre Rolle als Religion weder angemessen ausgestattet noch sich ihrer ausreichend bewusst ist, bietet sie weder einen Rahmen für eine Antwort auf die Frage, wie diese Güter sich zu anderen Gütern verhalten, noch für eine Harmonisierung und Ordnung ihrer moralischen Imperative.

Don Browning sieht in diesem Verschwimmen der Grenzen zwischen psychischen Bedürfnissen und ihrer moralischen Musterbildung den Hauptgrund, warum die therapeutische Psychologie, die als Sozialwissenschaft begann, nicht in der begrenzten Sphäre einer Wissenschaft geblieben ist. Statt die von ihr untersuchte Welt nur zu beschreiben, hat die therapeutische Psychologie auch bewusst die Rolle übernommen, sie zu formen, insbesondere unser Selbstverständnis und unsere Umgangsweisen miteinander.

Browning meint, heutige Psychotherapien seien religiöse Systeme «insofern, als sie versuchen, Antwort auf unsere Unsicherheiten zu geben, uns verallgemeinerte Bilder der Welt zu liefern und die Haltungen zu prägen, die wir zum Wert des Lebens, dem Wesen des Todes und den Grundlagen der Moral einnehmen sollten».[44]

Sein Argument läuft darauf hinaus, dass dieser Wandel von den objektiven Aktivitäten einer Wissenschaft zu den moralischen Aktivitäten einer Religion angesichts des Subjekts, um das es geht, unvermeidlich sei. Damit ist nicht die Legitimation der Psychotherapie bestritten, aber es erfordert, dass wir bewusst und kritisch mit diesen moralischen Imperativen umgehen, die in jede Psychotherapie eingebettet sind. Wir müssen erkennen, dass sie eine Extrapolation der wissenschaftlichen Daten sind. Kurz, sie sind genau genommen keine Produkte der Wissenschaft.

Seelsorge in einer therapeutischen Kultur

Kapitel 1 endete an der Schwelle zum zwanzigsten Jahrhundert, als die Seelsorge noch fest in der Domäne der Religion verankert war. Auch wenn sich in der christlichen Praxis dieser uralten Tradition schon der Wind der Veränderung regte, insbesondere durch die geringere Betonung und eingeschränkte Fokussierung der Seelsorge im Protestantismus, war noch kein nennenswerter Rivale für die Seelsorge auf den Plan getreten.

Wie wir in diesem Kapitel gesehen haben, änderte sich all dies rasch im zwanzigsten Jahrhundert. Die therapeutische Psychologie bot eine neu belebte Vision der Seelenpflege, die verhieß, diese aus den schwächelnden Händen der Religion zu lösen und sie in die Hände der Wissenschaft zu legen. Es gab zwar auch Widerstandsnester, aber im Großen und Ganzen begrüßte die Kirche diese Entwicklungen und war wild entschlossen, auf den Zug aufzuspringen, der sie hoffentlich davor bewahren würde, an den Rand gedrängt zu werden.

Pastorale Lebensberater und andere religiöse Seelsorger, die sich einen Platz in dieser therapeutischen Kultur erobern konnten, fanden offenbar tatsächlich neue und lebendigere Wege, ihren Dienst zu tun. Scharen neuer Seelsorgespezialisten drängten durch die allenthalben aus dem Boden sprießenden Schulungsprogramme der verschiedenen psychotherapeutischen Berufe auf den Markt.

Und das sollte kein Fortschritt sein? Wie konnte man überhaupt nur diese Frage stellen? Tatsache ist jedoch, dass der Aufstieg der therapeutischen Seelsorge nicht nur großen Gewinn, sondern auch großen Verlust für die Seelsorge mit sich gebracht hat. Dies wird deutlich, wenn wir uns zunächst an die Unterscheidungsmerkmale der therapeutischen Seelsorge erinnern. Die herausragenden darunter sind Professionalität, Individualis-

2. Der Aufstieg der therapeutischen Seelsorge

mus, psychologischer Reduktionismus und die Ausschaltung eines moralischen Rahmens. Jeder dieser Punkte hat immense Auswirkungen auf die Seelsorge.

Wie bereits gesagt, ging der dramatischen Verschiebung zur therapeutischen Seelsorge in den ersten Jahrzehnten des letzten Jahrhunderts eine zunehmende Professionalisierung voraus. Doch das Zutrauen zu dem neuen Kader professioneller klinischer Seelsorger festigte sich so rasch, dass man das Amateurtum in der Seelsorge nun bald mit minderwertiger Fürsorge in Verbindung brachte, nicht nur mit fehlender formeller Ausbildung und Vergütung. Bei allem Gewinn, den die Professionalisierung der Seelsorge mit sich brachte, etwa die Entwicklung eines umfassenden Apparats an Literatur, Ausbildungsmöglichkeiten und Qualifikationswegen sowie ein starkes Anwachsen der Zahl derer, die Seelsorge praktizieren, hat sie auch etwas gekostet: Zum Beispiel treten persönliche Qualifikationen gegenüber fachlichen Qualifikationen in den Hintergrund. Zudem wird es Seelsorgern sehr leicht gemacht, sich hinter einer Rolle zu verstecken, statt sich auf eine Ich-Du-Begegnung mit denen einzulassen, denen sie helfen wollen.

Darüber hinaus führt sie zu einem Minderwertigkeitskomplex bei denen, die nicht das Gütesiegel der klinischen therapeutischen Berufe haben. Solche Leute schätzen sich selbst oft als unzulänglich qualifiziert ein für eine Seelsorgetätigkeit, die immer mehr von einem geistlichen zu einem psychologischen Unterfangen umgemünzt worden ist.

Noch größere Auswirkungen hatte die individualistische Kultur, die mit der therapeutischen Seelsorge einherging. Es trifft zwar nicht auf alle Formen der Psychotherapie zu, aber der überwiegende Teil der psychotherapeutischen Seelsorge behandelt den Einzelnen so, als existiere er unabhängig von der Familie oder anderen prägenden Gemeinschaftsbeziehungen. Dem liegt der Mythos zugrunde, dass jeder von uns ein individuelles Selbst sei und enthalte, ein Selbst, das mit dem Selbst anderer nur sekundär und oberflächlich verbunden sei.

Psychotherapeutische Seelsorge nimmt dieses individuelle, autonome Selbst in den Fokus und setzt sich die Befreiung und Erfüllung des Einzelnen zum Ziel. Dies führte zu der Vorherrschaft therapeutischer Metaphern wie Selbstverwirklichung, Freiheit und Wachstum über die Metaphern der historischen Seelsorge wie Selbstverleugnung, Disziplin und Dienst.

Daraus entstand auch etwas, was man «egoistische Ethik» nennen könnte. Dahinter verbirgt sich der Gedanke, das Streben nach Selbstverwirklichung solle das oberste ethische Prinzip des Lebens sein, denn ein solches Streben diene als zuverlässiger Wegweiser zu richtigen Verhaltensweisen.[45] Man geht also davon aus, dass das Wohl des Individuums zum Wohl der größeren Gemeinschaft führe – eine Annahme, die viele Ethiker als etwas naiv bezeichnen würden.

Paradoxerweise könnte die Tendenz der therapeutischen Seelsorge, psychospirituelle Phänomene auf rein psychische zu reduzieren, diejenige ihrer Merkmale sein, das sich im Ganzen noch am positivsten auf die Seelsorge ausgewirkt hat. Oft wurde darin zwar ein arrogantes Abtun alles wirklich Spirituellen gesehen, doch sie hat auch sehr zu einem besseren Verständnis des psychischen Substrats religiöser und spiritueller Erfahrungen beigetragen.

Angesichts der Tatsache, dass die psychischen und die spirituellen Aspekte menschlichen Denkens und Handelns unauflöslich miteinander verbunden sind, kann es nur hilfreich sein, die psychologischen Grundlagen dieser spirituellen Erfahrungen und Bedürfnisse zu verstehen. Unsere Beziehung zu Gott wird durch dieselben psychischen Prozesse und Mechanismen vermittelt wie unsere Beziehungen zu anderen Menschen. Infolgedessen kann die Durchleuchtung dieser Prozesse und Mechanismen sehr dabei helfen, die spirituellen Reaktionen eines Menschen zu verstehen und zu fördern. Dies ist einer der Gründe, warum wir meiner Meinung nach trotz aller Probleme, die der Aufstieg der therapeutischen Seelsorge mit sich bringt, nicht versuchen sollten, die Geschichte umzukehren. Besser ist es, ihre positiven Beiträge nutzbar zu machen.

Die Ausmerzung eines moralischen Bezugsrahmens aus der therapeutischen Seelsorge steht im Zusammenhang mit der irrtümlichen Ansicht, Psychotherapie sei eher als Behandlungstechnik für Krankheiten oder Störungen aufzufassen denn als eine persönlich und religiös ausgerichtete Beziehung, die Anleitung zum Leben bietet. Als Behandlungstechnik für Störungen verstanden, versucht die therapeutische Seelsorge sich in einem Klima ethischer Neutralität zu bewegen – ein offensichtlich aussichtsloses Unterfangen.

Mit diesem Bemühen ging auch die Ethik der Nondirektivität des Therapeuten einher – also die Forderung, der Therapeut solle dem Patienten keine Richtung vorgeben. Auch dieses Bestreben ist unrealistisch und fragwürdig. Diese naiven Versuche, eine Auseinandersetzung mit der moralischen Dimension des Lebens zu vermeiden, hatten zur Folge, dass die therapeutische Seelsorgebegegnung etwas künstlich und oft nur sehr begrenzt nützlich verlief. In den verschiedenen Psychotherapieformen sind zwar in Wirklichkeit durchaus moralische Bezugsrahmen und ethische Ideale impliziert, aber sie werden selten ausgesprochen. Infolgedessen bewegen sie sich jenseits bewusster Überprüfung und entfalten gerade dadurch eine womöglich umso größere Wirkung.

Unter dem Einfluss moderner Psychotherapien hat sich die Seelsorge unumkehrbar verändert. Bis zum Beginn des zwanzigsten Jahrhunderts zweifelte niemand ernsthaft daran, dass sie im Kern eine zutiefst persönliche Begegnung zweier Menschen sei. Ihre Interaktion fand vor allem in Form eines Dialogs statt – gemeint ist also nicht etwas, was eine Person an einer anderen tut, sondern etwas, was eine Person mit einer anderen teilt.

Unter dem Einfluss der therapeutischen Kultur wandelte sich der Dialog in die Techniken des Zuhörens und Redens. Sobald jedoch aus dem Dialog eine technische Fertigkeit wird, ist die

Interaktion weniger eine Ich-Du-Begegnung als vielmehr eine Ich-Es-Prozedur. Therapeutische Seelsorger mögen eine große Fertigkeit darin haben, Aufmerksamkeit zu signalisieren, Gefühle zu spiegeln und Diskrepanzen in der Kommunikation zu identifizieren, aber es kann sein, das dies auf Kosten des echten Dialogs geht. Sie mögen großes Geschick darin haben, zuzuhören und das Gehörte gleichzeitig zu verarbeiten, aber das könnte auf Kosten eines tiefen Eingehens auf den anderen gehen. Und sie mögen es hervorragend beherrschen, das Kommunizierte objektiv zu analysieren, aber es könnte sein, dass eine bedeutsame persönliche Begegnung dabei auf der Strecke bleibt.

Nicht nur der Prozess der Seelsorge hat sich verändert. Auch die Qualifikationen derer, die sie betreiben, sind erheblich anders geworden. Vor dem Aufkommen der therapeutischen Seelsorge waren persönliche Qualifikationen wichtiger als fachliche. Die wichtigste war geistliche Reife. In der therapeutischen Kultur sind es Leute, die über einen hohen Bildungsstand, eine spezialisierte Fachausbildung, eine nachweisliche Beherrschung der grundlegenden theoretischen Konzepte und Modelle und angemessene berufliche Referenzen verfügen, die anderen Anleitung in Seelendingen geben. Der Zustand ihrer eigenen Seele spielt nur eine geringe Rolle, abgesehen davon, dass wirklich gefährliche Psychopathen aussortiert werden.

Diesem Verlust steht jedoch einiges an bedeutsamem Gewinn gegenüber, was ebenfalls auf den Aufstieg der therapeutischen Seelsorge zurückzuführen ist. Ich möchte da vor allem die Entwicklung klinischer Werkzeuge und Konzeptdiagramme nennen, die bei der Erkundung, Heilung und Pflege der Seele sehr hilfreich sind. Die klinischen Werkzeuge, die wir der therapeutischen Seelsorge verdanken, können bei Dingen wie der Auflösung tief sitzender emotionaler Wunden, der Überwindung von Hindernissen für die Vergebung, der Steigerung der Fähigkeit zur Nähe, der Förderung der Selbsterkenntnis und der wachsenden Freiheit von inneren Zwängen von großem Nutzen sein.

Dies alles sind angemessene Komponenten der Seelsorge, und wer in der Lage ist, die Ressourcen der therapeutischen Psychologie zu nutzen, dem werden sie bei seiner Arbeit eine erhebliche Hilfe sein. Noch wertvoller als diese Werkzeuge jedoch sind die Konzeptdiagramme, die für das Verständnis des inneren Lebens der Menschen entwickelt wurden. Die Tiefenpsychologie ist außerordentlich nützlich für das Verstehen der psychospirituellen Dynamik der Seele. Die Wichtigkeit dieser Konzeptdiagramme für seelsorgerliche Betreuer, die sich der Psychologie bedienen möchten, ohne sich von ihrer Kultur beherrschen zu lassen, ist kaum zu überschätzen.

Wenn wir die besten verfügbaren Diagramme der inneren Welt konsultieren, entdecken wir, dass diese Welt nicht säuberlich in eine spirituelle und eine psychische Abteilung aufgeteilt ist. Ebenso wenig ist die innere Welt von der äußeren hermetisch abgeriegelt. Körper, Seele und Geist sind bei Menschen auf komplexe Weise miteinander verflochten. Die Beziehung zwischen diesen Aspekten des Menschen macht deutlich, dass die Abgrenzungen höchst durchlässig und die Teile nur im Licht des Ganzen zu verstehen sind.

3. Die Abgrenzungen der Seele

Wie wir zum Schluss des letzten Kapitels festgestellt haben, gibt es nicht nur keine säuberliche Aufteilung zwischen den psychischen und spirituellen Aspekten des Menschen, sondern auch die Beziehung zwischen unseren Körpern und der psychospirituellen Innenwelt ist nicht so klar sortiert, wie man meinen könnte. Somit müssen wir darüber nachdenken, wie diese Aspekte der menschlichen Persönlichkeit sich zueinander verhalten. Oder, anders ausgedrückt, es macht die Notwendigkeit deutlich, die Abgrenzungen der Seele näher zu untersuchen.

Gleich zu Beginn einer solchen Erörterung sollten wir anmerken, dass die lange Geschichte der philosophischen, theologischen und psychologischen Debatten über diese Themen keinerlei Zweifel daran lässt, dass es auf die Fragen, die wir stellen, keine leichten Antworten gibt. Des Weiteren bringt es die fachwissenschaftliche und esoterische Natur dieser Debatten mit sich, dass vieles von dem, was über diese Fragen geschrieben wurde, für denjenigen, der sich mehr für die Seelsorge als für die Debatten selbst interessiert, nur von begrenztem Nutzen ist.

Trotz alledem gibt es jedoch offenkundig einen Konsens unter Theologen, Psychologen und medizinischen Wissenschaftlern über die Frage der Natur des Menschen und die Wechselbeziehungen unserer mutmaßlichen Bestandteile. Das Verständnis der Natur des Menschen, das am besten mit den theologischen, psychologischen und medizinischen Daten harmoniert, ist, dass der Mensch ein somatopsychospirituelles Ganzes ist. Daraus ergibt sich, dass Seelsorge nicht weniger ist als die Fürsorge und Förderung des Wohlergehens ganzer Menschen.

Theologische Grundlagen für die Einheit der Persönlichkeit
Bis vor Kurzem gab es unter Theologen noch keinen Konsens über das Bild, das die Heilige Schrift von der Persönlichkeit zeichnet. In Diskussionen über biblische Anthropologie wurde

meist über die Anzahl der Grundbestandteile des Menschen gestritten – Dichotomisten sahen deren zwei (Körper und Seele), während Trichotomisten von drei Bestandteilen sprachen (Körper, Seele und Geist). Inzwischen ist in theologischen Kreisen jedoch zunehmend davon die Rede, dass man eine falsche Frage an die Heilige Schrift richtet, wenn man danach fragt, wie viele Bestandteile den Menschen ausmachen.

Wer sich auf die Suche nach den Bestandteilen des Menschen macht, findet erheblich mehr als drei. Selbst wenn wir uns auf die paulinische Psychologie beschränken, werden wir mit dem Gewissen, dem Herzen, dem Fleisch, dem Denken, dem alten Menschen, dem neuen Menschen, dem äußeren Menschen und vielen weiteren Begriffen konfrontiert – sie alle erheben den Anspruch, Grundbestandteile der Persönlichkeit zu sein. Diese Begriffe als Bezeichnungen für Bestandteile des Menschen aufzufassen, wäre jedoch ein tief greifendes Missverständnis der biblischen Psychologie. Körper, Seele und Geist sind keine voneinander unabhängigen Anlagen des Menschen, sondern unterschiedliche Betrachtungsweisen und Beschreibungen der gesamten Persönlichkeit. In der Bibel liegt bei der Erörterung der Natur des Menschen der Schwerpunkt zuallererst auf der Einheit seines Wesens.

Nirgendwo wird das deutlicher als im Alten Testament. Schon der Gedanke, den Menschen analytisch in einzelne Bestandteile zu zerlegen, war dem hebräischen Denken, dem es nicht um Einzelheiten, sondern immer um die Erfassung des Ganzen ging, völlig fremd. Demnach wäre es ein schwerwiegendes Missverständnis sowohl der Absicht als auch der Psychologie der alttestamentlichen Autoren, in die hebräischen Beschreibungen des Menschen einen analytischen Versuch der Beschreibung einzelner Teile hineinzulesen. Die Basis der alttestamentlichen Psychologie ist, dass Menschen in ihrer *Ganzheit* in einer Beziehung zu Gott stehen und nur im Licht dieser Beziehung zu verstehen sind.

Glen Whitlock führt diesen Gedanken in einem Aufsatz mit

dem Titel «The Structure of Personality in Hebrew Psychology» aus. Dort sagt er, die Grundüberzeugung der Hebräer im Blick auf die Psychologie sei die wesenhafte und unauflösliche Einheit der Persönlichkeit gewesen. Teile verweisen stets auf das Ganze und sind im Kontext des Ganzen zu verstehen. So stellt er fest:

> Es ist weder der Körper noch der Verstand, der handelt, sondern die ganze Person. Das «Ich» in seiner Gesamtheit ist es, das Gott gegenübersteht. Das «Ich» in seiner Gesamtheit ist es, das Gott gegenüber verantwortlich ist. ... Für den Hebräer residiert das Böse im ganzen Menschen. Der ganze Mensch ist es, der sündigt. ... Im hebräischen Bußverständnis tut eine Person Buße nicht für einzelne Taten, die sie begangen hat, sondern dafür, die Art Person (in der Ganzheit ihrer Person) zu sein, in der sündige Taten entspringen und begangen werden können.[46]

Hebräische Psychologie war somit offenkundig eine ganzheitliche Psychologie. Einzelne Teile wurden nie als letzte Wirklichkeiten gesehen, sondern lediglich als Begrifflichkeiten ohne unabhängige Existenz. Sie wurden nicht als gegensätzliche Elemente aufgefasst, sondern als unterschiedliche Aspekte der einen wesentlichen und integralen Ganzheit der Persönlichkeit.

Wenden wir uns dem Neuen Testament zu, so begegnen wir einer großen Bandbreite anthropologischer Begriffe, die wir wiederum nicht als Teile oder Komponenten des Menschen zu verstehen haben, sondern als Charakteristika des ganzen Menschen. G.C. Berkouwer fasst dieses Verständnis so zusammen: «Kein Teil des Menschen wird als unabhängig von anderen Teilen hervorgehoben; nicht, weil die verschiedenen Teile unwichtig wären, sondern weil Gottes Wort sich eben mit dem ganzen Menschen in seiner Beziehung zu Gott befasst.» Er fährt fort: «Es scheint darum klar, dass die Heilige Schrift den Menschen niemals als dualistisches oder pluralistisches Wesen beschreibt,

3. Die Abgrenzungen der Seele

sondern dass in all ihren vielfältigen Ausdrucksformen stets der ganze Mensch in den Vordergrund tritt.»[47]

Halten wir zusammenfassend fest, dass die biblische Sicht des Menschen eine ganzheitliche ist. Die grundlegende Lehre über die menschliche Persönlichkeit, die wir im Alten wie im Neuen Testament vorfinden, ist die von der Einheit unseres Wesens. Einheitlich und ganz bedeutet nicht, dass die einzelnen Bestandteile keine eigene Existenz haben können, sondern es bedeutet, dass der Normalzustand des Menschen der einer verkörperten Seele und eines begeisteten Körpers ist. «Menschliche Individualität ist aus einem Stück; sie besteht nicht aus separaten oder unabhängigen Teilen. Diese Aussage ist wesentlich für die Theologie der gesamten Bibel.»[48]

Menschen sind keine Zusammensetzungen aus einer Anzahl von Teilen. Wir *haben* keinen Geist oder Körper – wir *sind* verkörperte Geister. Während es also durchaus sinnvoll ist, von den Attributen oder Charakteristika einer Person (wie etwa Spiritualität oder Körperlichkeit) zu sprechen, sind diese stets im Licht der fundamentaleren Ganzheit der Persönlichkeit zu verstehen. Kenneth Leech drückt es so aus: «Das christliche Evangelium befasst sich mit der menschlichen Persönlichkeit, mit ihrem Lieben und ihren Ängsten. Diese Persönlichkeit lässt sich also ebenso wenig in das ‹Spirituelle› oder das ‹Psychische› aufteilen wie in ‹Körper› und ‹Seele›. Es ist der ganze Mensch, der atmet, erlebt und Gott anbetet.»[49]

Menschen sind letzten Endes nur im Licht dieser primären und unauflöslichen Ganzheit zu verstehen. Darum ergibt es keinen Sinn, die menschliche Persönlichkeit auseinandernehmen zu wollen, um sie zu verstehen. Dies sollte nicht nur als Kritik an reduktionistischen Methoden in der Psychologie dienen, sondern auch deutlich machen, dass es absurd ist, zu versuchen, die Diagnose psychischer von der spiritueller Probleme zu trennen. Seele *(psyche)* und Geist *(pneuma)*, zwei Begriffe, die in der Bibel austauschbar verwendet werden, liefern uns zwei Perspektiven auf das innere Wesen des Menschen. *Geist* bezeichnet das Leben als in Gott seinen Ursprung habend, und *Seele* bezeichnet das Leben als im Menschen konstituiert. Beide Begriffe jedoch beschreiben den nicht materiellen inneren Kern der menschlichen Persönlichkeit. Diesen Kern nenne ich unsere Psychospiritualität.

Arnold DeGraaff fügt diesen Schlussfolgerungen eine interessante Fußnote hinzu, indem er darauf hinweist, dass der Anstoß für die gegenwärtige Betonung der Einheit der Persönlichkeit in der Psychologie nicht in erster Linie aus dem Studium der Heiligen Schrift gekommen ist, sondern aus dem wachsenden psychologischen und medizinischen Konsens über denselben Sachverhalt.[50] Lassen Sie uns darum kurz auf einige dieser Erkenntnisse und Schlussfolgerungen eingehen.

Psychologische Beiträge zum Verständnis der Einheit der Persönlichkeit

Aus dem Wunsch heraus, unwissenschaftliche und nicht verifizierbare Verallgemeinerungen bezüglich der menschlichen Natur zu vermeiden, wie man sie der Philosophie und Theologie unterstellte, war in der akademischen Psychologie eine reduktionistische und atomistische Perspektive vorherrschend. Man wollte das Augenmerk nicht mehr auf so spekulative Größen wie Seele, Geist oder Willen richten. Die wissenschaftliche Methodik erforderte, den Schwerpunkt der Untersuchung auf beobachtbare Verhaltensweisen zu lenken. Diese neue Methodik wurde rasch zu einem Diktat in Bezug darauf, was untersucht wurde und was nicht. Das reduktionistische Wesen einer solchen Perspektive lässt sich gut an der folgenden Aussage von John Watson, dem Begründer der Verhaltenspsychologie, illustrieren:

> Menschen wollen sich nicht mit anderen Tieren auf dieselbe Stufe stellen. Sie sind bereit, zuzugeben, dass sie Tiere sind, aber «noch etwas anderes zusätzlich». Dieses «andere» ist es, was die Schwierigkeiten verursacht. In diesem «anderen» ist

alles zusammengefasst, was wir als Religion, Leben nach dem Tod, Moral klassifizieren. ... Die nackte Tatsache ist, dass Sie als Psychologe, wenn Sie wissenschaftlich bleiben wollen, das Verhalten des Menschen anhand genau derselben Begriffe beschreiben müssen, die Sie verwenden würden, um das Verhalten eines Ochsen zu beschreiben.[51]

Nicht verwunderlich, dass durch die Einnahme dieses Blickwinkels Menschen oft von allem entkleidet wurden, was sie spezifisch menschlich machte, indem die Relevanz der psychologischen Forschung auf dem Altar der methodischen Strenge geopfert wurde. Das war ein wesentlicher Kritikpunkt jeder der späteren, ganzheitlicheren und humanistischeren Schulen der Psychologie, die als Reaktion auf die Begrenztheit des Behaviorismus entstanden. Calvin Hall und Lindzey Gardner zeichnen die Entwicklung der Psychologie von den früheren, molekularen Herangehensweisen an das Studium des Menschen hin zu den jüngeren, ganzheitlichen Herangehensweisen nach und kommen zu dem Schluss, dass heute fast alle Psychologen eine ganzheitliche Sichtweise vertreten. Weiter sagen sie:

> Wer in der heutigen Psychologie wäre kein Vertreter der wesentlichen Standpunkte der organismischen Theorie, dass das Ganze mehr ist als die Summe seiner Teile, dass alles, was einem Teil widerfährt, dem Ganzen widerfährt und dass es innerhalb des Organismus keine separaten Abteilungen gibt? ... Wer glaubt noch an isolierte Ereignisse, abgeschirmte Prozesse, losgelöste Funktionen? Wenn überhaupt, dann vertreten nur sehr wenige Psychologen noch eine atomistische Sichtweise.[52]

Während der Atomismus in der Psychologie weitgehend durch eine ganzheitlichere Perspektive abgelöst wurde, ignorierte man allgemein die spirituellen Aspekte der Persönlichkeit oder ging davon aus, dass sie sich auf psychische Aspekte zurückführen ließen. Freud ist ein gutes Beispiel für eine solche Reduktion spiritueller und religiöser Phänomene auf psychische Prozesse. Im Verlauf seines schriftstellerischen Werkes setzte er Religion mit einer Vielzahl psychopathologischer Zustände gleich und verglich sie mit Psychosen (Paranoia), Neurosen (Zwangsstörung) und infantilen neurotischen Zuständen. Außerdem nannte er sie eine Manifestation des Ödipuskomplexes, einen Massenwahn, ein neurotisches Relikt und eine «glückselige halluzinatorische Verworrenheit». Er erklärte Geister und Dämonen als Projektionen emotionaler Impulse, Gott als Verdrängung der ödipalen Ambivalenz und als kosmische Projektion des Vaterkomplexes und Mystik als regressive Reaktivierung des kindlichen Mangels an Ich-Abgrenzungen. Dies ist nur ein kleiner Querschnitt durch Freuds Äußerungen zur Religion, doch er demonstriert nicht nur die reduktionistische Natur seiner Anschauungen, sondern auch sein beharrliches Vorurteil zugunsten einer psychopathologischen Erklärung.[53]

C.G. Jung bietet ein Beispiel für eine erheblich weniger reduktionistische und aufs Psychopathologische fixierte Herangehensweise ans Verständnis der Rolle der Spiritualität in der Persönlichkeit. Jungs klinische Erfahrungen überzeugten ihn von der tief greifenden Vernetzung der spirituellen und psychischen Aspekte des Menschen und von der entscheidenden Rolle, die spirituelle Gesichtspunkte für die psychische Heilung spielen. Zum Beispiel war er es, der einmal sagte, unter seinen Patienten im Alter von über 35 Jahren habe es nicht einen einzigen gegeben, dessen Problem im tiefsten Grund nicht das der religiösen Einstellung gewesen wäre. Er fuhr fort: «Ja, jeder krankt in letzter Linie daran, dass er das verloren hat, was lebendige Religionen ihren Gläubigen zu allen Zeiten gegeben haben, und keiner ist wirklich geheilt, der seine religiöse Einstellung nicht wieder erreicht.»[54]

Auch Thomas Moore stellte fest, dass seine klinische Erfahrung als Psychotherapeut ihn auf die unauflösliche Wechselbeziehung zwischen den spirituellen und den psychischen Aspekten der Persönlichkeit verwies. Indem er die Seele als das beschreibt, was die materielle und die spirituelle Welt miteinander verbindet, bestätigt er, dass Spiritualität in der Fürsorge für die Seele eine grundlegende und wichtige Rolle spielt. Nach Moores Auffassung ist irgendeine Form von spirituellem Leben für die psychische Gesundheit absolut unerlässlich. Freilich merkt er dann auch an, dass eine ungesunde Spiritualität zu einem ungesunden Zustand der psychischen Funktionen führt.[55]

Meine eigene Erfahrung untermauert ebenfalls Moores Argument hinsichtlich des Einflusses, den das spirituelle Leben eines Menschen auf sein psychisches Wohl hat. Religiöse Praktiken und spirituelle Bindungen vermögen auf einzigartige Weise die Seele eines Menschen entweder zu heilen oder zu vergiften. Religiöser Glaube hat das Potenzial, alle Teile der psychischen Struktur zu integrieren und zu transformieren und wirkt sich im besten Falle auf eine zutiefst wiederherstellende, stärkende und reifungsfördernde Weise aus. Freilich wird dieses Potenzial nicht immer verwirklicht. Religiöser Glaube kann sich auch mit einer pathologischen Dynamik verflechten und so zum Teil des Problems werden, statt zu einer Lösung beizutragen. In solch einem Fall wäre die betreffende Person vermutlich ohne ihre Religion besser dran. Was immer sie für ein künftiges Leben verheißt, ihr Einfluss auf das Leben in der Gegenwart ist offensichtlich negativ.

Im besten Falle ist ein auf gesunde Spiritualität gegründetes Leben in einem Maße integriert und ausgerichtet, wie es ohne einen solchen Bezugsrahmen nicht möglich wäre. Im schlimmsten Falle dagegen ist ein Leben, das von religiösen Praktiken und Bindungen geprägt ist, die gesetzlich sind und in denen die Gnade fehlt, zumeist von Zwanghaftigkeit, Starrheit und dem Fehlen von Liebe und Lebensfreude gekennzeichnet. Wie Gordon Allport schon vor vielen Jahren feststellte, vermag Religion es auf einzigartige Weise, die menschliche Persönlichkeit zu integrieren. Wo jedoch die religiösen und spirituellen Aspekte selbst ungesund sind, sind sie auf ebenso einzigartige und gefährliche Weise in der Lage, die psychische Gesundheit zu schwächen und das Wohlergehen zu unterminieren.

Die menschliche Persönlichkeit besteht aus einem einzigen, nahtlosen Gewebe und ist auf eine tief greifende, grundlegende Weise geeint. Untersucht man das Innenleben des Menschen ohne reduktionistische oder materialistische Vorurteile, so zeigt sich deutlich die tiefe Verflechtung seiner psychischen und spirituellen Bedürfnisse und Prozesse. Diese liegen sogar so eng beieinander, dass jeder Versuch, das Psychische vom Spirituellen zu trennen, zu einem Verlust der fundamentalen Einheit der Seele führt. Überdies ist es nur dadurch, dass man diese fundamentale Einheit akzeptiert, möglich, sich auf ein höheres Maß an Integration der verschiedenartigen Aspekte der Persönlichkeit zuzubewegen. Das Denken in getrennten Abteilungen löst die Einheit auf. Indem man eine Sphäre der Persönlichkeit als unabhängig von den anderen und ohne Bezug zu ihnen oder zum Ganzen definiert, schlägt man eine Bresche in die radikale Einheit, die die menschliche Persönlichkeit kennzeichnet.

Nirgends zeigt sich das deutlicher als bei Patienten, bei denen eine dissoziative Identitätsstörung diagnostiziert wurde. Auch bei Menschen, deren Persönlichkeit völlig fragmentiert zu sein scheint, existiert ein tieferes, fundamentaleres, einziges, geeintes Ich. Bei solchen Leuten kann sich die Fragmentierung durch die Gegenwart von Dutzenden verschiedener, veränderter Persönlichkeiten manifestieren, jede mit einzigartiger Selbstwahrnehmung und Selbstdarstellung und ihren eigenen Werten, Stimmungen, ästhetischen Vorlieben, sexuellen Orientierungen und physiologischen Reaktionsmustern. Dennoch liegt ihren offensichtlichen und ganz realen Verschiedenheiten ein koordiniertes Ich-System zugrunde, das es ermöglicht, eine Einheit des Ichs zu erkennen. Dadurch, dass man die Wahrnehmung des Patienten, eine Vielzahl von Personen in einem einzigen Körper zu sein, als wahr akzeptiert, wird die Behandlung erheblich behindert. Nur dadurch, dass man dem Patienten hilft, die tiefere Einheit der Persönlichkeit zu verstehen und wahrzunehmen, die in ihm existiert, werden nennenswerte Fortschritte in Richtung einer Integration der Persönlichkeit möglich.[56]

Medizinische Beiträge zum Verständnis der Einheit der Persönlichkeit

Die fundamentalste Segmentierung, zu der wir uns haben verleiten lassen, war vielleicht die Unterscheidung zwischen Körper und Geist. Diese Unterscheidung hat ihre Wurzeln bei Platon. Verstärkt wurde sie durch Descartes, und in der Folge wurde sie zu einem Element unserer Sicht auf uns selbst und andere Menschen, das kaum jemals hinterfragt wurde. Jüngere Forschungen auf dem Gebiet der Psychoneuroimmunologie (PNI) haben jedoch deutlich gemacht, wie irreführend und künstlich diese Unterscheidung ist.

Der Begriff *Psychoneuroimmunologie* wurde 1981 als Bezeichnung für die Untersuchung der Auswirkungen von Stress auf die Funktion des Immunsystems geprägt.[57] Auf den ersten Blick erschlägt einen das Wort ein wenig, aber es beschreibt den Versuch, die Wechselbeziehung zwischen Verstand und Emotionen (Psycho), Gehirn und zentralem Nervensystem (Neuro) und der zellulären Abwehr des Körpers gegen Krankheiten (Immunologie) zu untersuchen.[58] PNI-Forscher befassen sich mit dem komplexen Netz von Wechselbeziehungen zwischen diesen Elementen. Ihre Erkenntnisse waren der wichtigste Einzelfaktor für die Abkehr von traditionellen Vorstellungen von Geist und Körper in jüngerer Zeit. Trotz der uneinheitlichen und gelegentlich widersprüchlichen Ergebnisse gibt es einen zunehmend überzeugenden Fundus wissenschaftlicher Belege, die auf eine unauflösliche Wechselbeziehung zwischen Geist und Körper an der Wurzel sowohl der Gesundheit als auch der Krankheit hindeuten. Bevor wir auf diese Belege eingehen, wird es hilfreich sein, die Grundelemente des PNI-Systems kurz zu beschreiben.

Kern des PNI-Systems ist die Beziehung zwischen zwei grundlegenden Systemen des Körpers, nämlich dem zentralen Nervensystem (Gehirn und Rückenmark) und dem Immunsystem. Beide sind komplexe und kommunizierende Netze aus Komponenten, die untereinander und mit der äußeren Umgebung interagieren. Die Hauptfunktion des Immunsystems ist es, durch die Bekämpfung von Eindringlingen von außen – zum Beispiel Bakterien, Pilzen, Viren und toxischen Chemikalien – die Gesundheit zu erhalten. Zugleich dient es als Regulationsmechanismus, der verhindert, dass die Bestandteile des Körpers sich gegeneinander richten, indem es mutierte Zellen, die sich zu Krebs entwickeln könnten, identifiziert und abtötet. Dies bewerkstelligt es hauptsächlich mithilfe zweier Arten von weißen Blutkörperchen: den (im Knochenmark gebildeten) B-Zellen, die Substanzen produzieren, durch die von Krankheitserregern erzeugte Giftstoffe neutralisiert werden, und gleichzeitig dem Körper helfen, seine eigene Abwehr zu mobilisieren, und den (aus dem Thymus stammenden) T-Zellen, die Krebszellen und andere Eindringlinge wie Bakterien und Viren ausfindig machen und zerstören. Beide Zelltypen interagieren ständig mit einem anderen Zweig des Immunsystems, das Botenstoffe produziert, die sich auf andere Immunzellen auswirken.

Die Geist-Körper-Verbindung im PNI-System zeigt sich vor allem in der Art und Weise, wie das Immunsystem mit dem zentralen Nervensystem (insbesondere mit dem Gehirn) und der Umgebung (besonders der psychosozialen Umgebung aus Faktoren, die Stress, Unterstützung, Befriedigung, Ängste und Emotionen erzeugen) zusammenwirkt. Es gibt zahlreiche Belege dafür, dass Emotionen, Einstellungen und negativer Stress sich nachteilig auf die Funktion des Immunsystems auswirken können. Etliche Studien zeigen auch eine Schwächung des Immunsystems nach Trauerfällen – dieser Effekt ist zwei Monate nach einem Trauerfall zu bemerken, aber noch nicht nach zwei Wochen.

Angst, Depression und unterdrückte Emotionen spielen, wie sich gezeigt hat, eine besonders wichtige Rolle dabei, die Funktion des Immunsystems zu unterdrücken. Spezifische Krankheiten, die nach diesen Erkenntnissen stark durch solche psychosozialen Faktoren beeinflusst werden, sind rheumatoide Arthritis (die im Zusammenhang mit Zorn, unterdrückten Emotionen, Nervosität, Reserviertheit, Perfektionismus und Rastlosigkeit steht), Herz-Kreislauf-Erkrankungen (die stark mit unterdrückter Feindseligkeit zusammenhängen und äußerst empfindlich auf Stimulationen von außen reagieren) und Krebs (bei dem sich ein Zusammenhang mit Unentschlossenheit, der Unfähigkeit zum Ausdrücken von Emotionen sowie Hoffnungslosigkeit oder Depression zeigt).[59]

Es wurde viel geforscht, um konkrete Krankheitsanfälligkeiten besser zu verstehen. Die vielversprechendsten Ergebnisse jedoch hängen mit der sogenannten Immunsuppressionsneigung zusammen. Es gibt einen gemeinsamen Kern von Merkmalen, den Menschen, die durch alle schweren Krankheiten am meisten gefährdet sind, miteinander teilen. Solche Menschen sind allgemein still, introvertiert, verlässlich, gewissenhaft, zurückhaltend beim Ausdrücken ihrer Emotionen (insbesondere ihres Zorns), angepasst, aufopferungsvoll, empfindlich gegenüber Kritik, emotional distanziert, überaktiv, stur, starr und kontrollierend. Außerdem verleugnen sie ihre Abhängigkeit von anderen und geben sich große Mühe, eine Haltung der Unabhängigkeit einzunehmen. Auch Stress wurde wiederholt als bedeutende Ursache für die Immunsuppressionsneigung nachgewiesen.

Unklar bleibt, wie derartige Variablen des Lebensstils und der Persönlichkeit das Immunsystem unterdrücken können. Doch es häufen sich die Belege dafür, dass mentale und emotionale Zustände sowohl zur Entwicklung von Krankheiten als auch zur Erhaltung und Herstellung der Gesundheit beitragen können. Zum Beispiel haben Studien an der Harvard-Universität gezeigt, dass das Immunsystem der Probanden schon durch das Anschauen eines Films über Mutter Teresas Fürsorge für die Kranken und Armen Kalkuttas gestärkt wurde. Noch bemerkenswerter war die Tatsache, dass dieses Ergebnis unabhängig davon war, ob die Filmzuschauer ihre Arbeit befürworteten oder nicht.

Viele Belege sprechen dafür, dass auch Dinge wie Lachen, Entspannung, positive Visualisierung, Gefühle von Frieden und Zufriedenheit und eine positive Einstellung zu sich selbst die Gesundheit fördern. Weitere Forschungen deuten darauf hin, dass es der Gesundheit förderlich ist, wenn Menschen in liebevollen Beziehungen leben, positive religiöse Erfahrungen haben (Vergebung, Anbetung usw.) und über eine Empfindung der Lebenskohärenz verfügen, also über das Gefühl, dass etwas uns alle miteinander verbindet und dass die Bereiche unseres Lebens in einem Zusammenhang stehen. Menschen, die diese Empfindung haben, dass das Leben einen persönlichen Sinn hat, machen die 75 Prozent der Bevölkerung aus, die 25 Prozent der schweren Krankheiten bekommen. Diejenigen, denen dieser Sinn fehlt, machen die anderen 25 Prozent der Bevölkerung aus, welche 75 Prozent der schweren Krankheiten bekommen.[60]

Belegt wird dies durch eine große Studie, die an der Johns-Hopkins-Universität durchgeführt wurde. Eine große Gruppe ehemaliger Medizinstudenten wurde in der Lebensmitte nachuntersucht. Dabei ergab sich, dass diejenigen, die in ihren Vierzigern am gesündesten waren, als Kinder die positivsten Beziehungen zu ihren Eltern, ein starkes Selbstwertgefühl, eine optimistische Lebenseinstellung, ein relativ geringes Maß an Depressionen und eine ausgeprägte Fähigkeit zur Stressbewältigung besaßen. Im Gegensatz dazu berichteten diejenigen, die in ihrem fünften Lebensjahrzehnt unter den schwersten Erkrankungen litten, über weniger befriedigende Beziehungen mit ihren Eltern und anderen und insgesamt über ein weniger glückliches Leben. Als Gruppe zeigte sich bei diesen Personen eine drei- bis viermal höhere Wahrscheinlichkeit, an Krebs zu erkranken.[61]

Der Onkologe Dr. Bernie Siegel stellt in seinem Buch *Love, Medicine and Miracles* (dt. *Prognose Hoffnung*) die These auf, bedingungslose Liebe sei das stärkste Stimulans für das Immunsystem. Um es ganz einfach zu sagen: Liebe heilt. Wie er

3. Die Abgrenzungen der Seele

berichtet, überleben Krebspatienten, die emotionale Unterstützung haben, etwa zwei- bis zweieinhalbmal länger als andere. Am besten sind diejenigen dran, die emotionale Unterstützung von anderen bekommen, ihre Angst und ihren Hass überwinden und so weit kommen, dass sie etwas Gutes in ihrer Krankheit erkennen.

Siegel sagt auch, Spiritualität sei für die Heilung wesentlich. Er führt aus: «Spiritualität bedeutet die Fähigkeit, Frieden und Glück in einer unvollkommenen Welt zu finden und zu spüren, dass die eigene Persönlichkeit unvollkommen, aber annehmbar ist. Aus diesem friedvollen Geisteszustand kommen sowohl Kreativität als auch die Fähigkeit, selbstlos Liebe zu geben. Akzeptanz, Glaube, Vergebung, Friede und Liebe sind die Züge, die für mich Spiritualität definieren. Diese Merkmale sind bei Leuten, die unerwartet von schweren Krankheiten genesen, immer zu finden.»[62]

Inzwischen ist überaus deutlich geworden, dass psychische Variablen (emotionale Zustände, Einstellungen und Wahrnehmungen) die Gehirnchemie verändern und in der Folge auch körperliche Veränderungen hervorrufen können. Dieser Prozess funktioniert auch umgekehrt: Physische Veränderungen im Körper (zum Beispiel Traumata oder Gewebsschädigungen) können auch die Gehirnchemie verändern und in der Folge die Emotionen, das Denken und andere psychische Variablen modifizieren. Geist und Körper stehen in einem so engen Zusammenhang, dass es längst nicht mehr angemessen ist, Gesundheit oder Krankheit lediglich als körperliche Zustände zu begreifen. Der ganze Mensch wird krank, nicht nur der Körper oder gar nur ein Organ im Körper. Ebenso erfährt der ganze Mensch Gesundheit. Dieses neue Verständnis von Gesundheit und Krankheit zeugt unmissverständlich von der engen Wechselbeziehung zwischen Geist und Körper und unterstreicht die fundamentale somatopsychospirituelle Einheit der Persönlichkeit, für die ich in diesem Kapitel argumentiere.

Fürsorge für somatopsychospirituelle Persönlichkeiten
Wenn wir die Abgrenzungen der Seele untersuchen, entdecken wir, dass die Seele unsere gesamte Persönlichkeit umfasst. Kein Teil des Ichs existiert außerhalb ihrer Sphäre. Unsere Spiritualität entspringt aus unserem Geist und unserem Körper und existiert nicht unabhängig von ihnen. Ja, Formen der Spiritualität, die nicht ausreichend in der körperlichen Existenz gegründet und mit den normalen Mechanismen und Prozessen verbunden sind, die unser übriges psychisches Leben ausmachen, sind gefährlich, weil sie einen dissoziativen Zustand darstellen. Solche Zustände sind eben wegen ihrer Absonderung vom Ganzen pathologisch.

Wir haben keinen Persönlichkeitsteil, der in Beziehung zu Gott steht oder sich nach einer solchen Verbindung sehnt. Die Gesamtheit unseres Wesens sehnt sich nach dieser Beziehung und spricht auf sie an. Überdies ist unsere Beziehung zu Gott durch dieselben psychischen Prozesse und Mechanismen vermittelt, wie sie auch in unseren Beziehungen zu anderen Menschen wirksam sind. Das spirituelle Streben ist auf einer gewissen Ebene ein psychisches Streben, und jedes psychische Streben kann in gewisser Weise als Reflexion unseres grundlegenden spirituellen Strebens verstanden werden. Psychische und spirituelle Aspekte menschlicher Funktionen sind unlöslich miteinander vernetzt, und jede Trennung von Spiritualität und Psychologie ist aus diesem Grund sowohl künstlich als auch dem echten Verständnis beider Aspekte abträglich.

Jede Bemühung, den spirituellen, psychischen und physischen Aspekt der Persönlichkeit auseinanderzudividieren, führt unweigerlich dazu, dass alle drei trivialisiert werden. Wenn Spiritualität mit «dem Teil von uns, der in Beziehung zu Gott steht», gleichgesetzt wird, manövrieren wir uns in die Position, dass nur ein Teil von uns an der Beziehung zu Gott beteiligt ist.

Von dort aus ist es nur ein kleiner Schritt zu der Annahme, Gott interessiere sich mehr für bestimmte Teile von uns als für andere. Damit schneidet die Trennlinie zwischen dem Heiligen

3. Die Abgrenzungen der Seele

und dem Weltlichen quer durch das Gewebe der Persönlichkeit. Solchermaßen fragmentiert werden Menschen zu einer Ansammlung verschiedener Teile, von denen manche mehr wert sind, manche weniger. Wie wir oben bereits festgestellt haben, ergibt sich aus der Trennung des Spirituellen vom Physischen eine Spiritualität, der die Bodenhaftung fehlt – ein ätherischer Erfahrungsbereich, der keine Verbindung zu unserem übrigen Leben hat.

Eine solche künstliche Trennung führt darüber hinaus zu einer erheblichen Trivialisierung der psychischen Aspekte der Persönlichkeit. Die Domäne der Psychologie ist dann alles andere, was übrig bleibt, nachdem wir das Spirituelle herausgenommen haben. Diese Teile der Persönlichkeit sind nicht einmal wichtig genug, um an unserer Beziehung zu Gott beteiligt zu sein, dem wir doch zubilligen, dass er uns geschaffen hat. Psychische Aspekte des Menschen werden zu sekundären Mechanismen in der menschlichen Persönlichkeit. Die eigentliche Substanz der Persönlichkeit ist spirituell. Die psychische Sphäre ist irgendwie minderwertig gegenüber und unabhängig von dem wirklichen oder tiefsten Ich – unserem geistlichen Ich.

In ähnlicher Weise führt die Trennung des Psychischen vom Physischen zu einer naiven und möglicherweise gefährlichen Psychologie. Psychische Gesundheit und Krankheit müssen als die spirituelle wie auch die physische Komponente betreffend verstanden werden, und eine entkörperte Psyche ist ebenso gefährlich wie eine entkörperte Spiritualität.

Nirgends jedoch wird die Verarmung der Persönlichkeit deutlicher als dort, wo sie auf ihre physische Existenz reduziert wird. Eine sogenannte Gesundheitsfürsorge, die sich nur auf den Körper als Träger von Krankheiten konzentriert, zielt nicht wirklich auf Gesundheit im Sinne von Heil-Sein und Wohlergehen, sondern ganz einfach auf das Ausmerzen von Krankheiten. Die Fürsorge für Menschen als unauflöslich somatopsychospirituelle Ganzheiten erfordert, dass wir sie als solche betrachten und entsprechend mit ihnen umgehen. Das heißt nicht, dass sich unser Augenmerk nicht vorrangig auf den einen oder anderen Aspekt der Persönlichkeit richten könnte. Es bedeutet jedoch, dass eine Seelsorge, die diesen Namen verdient, stets das psychospirituelle Leben des Menschen nähren und umsorgen und zugleich im Auge behalten sollte, wie dieses Leben in der physischen, äußeren Wirklichkeit ausgelebt und von ihr beeinflusst wird.

4. Psychologie und Spiritualität

Im letzten Kapitel haben wir entdeckt, dass die Abgrenzungen der Seele schwierig nachzuzeichnen sind. Neue Erkenntnisse über die Geist-Körper-Verbindung liefern starke Belege für die Ungenauigkeit bisheriger Landkarten dieser Grenze. Daher sollte es uns nicht überraschen, dass die Unterscheidung zwischen der spirituellen und der psychischen Dynamik des inneren Lebens sich als schwierig erweist.

Wer Seelsorge leisten will, muss das Verhältnis zwischen dem spirituellen und dem psychischen Aspekt der Persönlichkeit verstehen. Psychospirituelle Dynamiken bilden die wesentlichen Fäden des Geflechts, welches das innere Leben eines Menschen ausmacht. Darum werden wir in diesem und den nächsten beiden Kapiteln diese Dynamiken untersuchen. Im vorliegenden Kapitel werden wir über die Beziehung zwischen Psychologie und Religion nachdenken und sodann einige psychologische Deutungen der Spiritualität untersuchen. Im fünften Kapitel richtet sich das Augenmerk auf ein christliches Verständnis der Spiritualität, während wir uns im sechsten Kapitel mit der Verflechtung von psychischen und spirituellen Problemen, wie sie im seelsorgerlichen Dialog zutage treten, befassen werden.

Psychologie und Religion

Bevor wir uns den Bemühungen der Psychologie zuwenden, Spiritualität zu verstehen, dürfte es sich lohnen, kurz die gegenseitigen Verdächtigungen, Missverständnisse und Animositäten zu reflektieren, die während des letzten Jahrhunderts das Verhältnis zwischen Psychologie und Religion kennzeichneten. Bei sorgfältiger Betrachtung zeigt sich, dass die meisten Spannungen aus dem Versäumnis resultierten, jeweils die einzigartige Perspektive des anderen zu verstehen und zu respektieren. Denken wir zum Beispiel an das Versäumnis, die Gültigkeit der unterschiedlichen Erklärungsebenen anzuerkennen, die in Psychologie und Religion angewendet werden. Es ist durchaus möglich, Menschen – wie jedes andere Phänomen – aus einer Reihe verschiedener Blickwinkel zu betrachten. Keiner dieser Blickwinkel tut dem Wahrheitsgehalt oder der Nützlichkeit der anderen Abbruch. Solche Erklärungen mögen nicht immer leicht miteinander in Einklang zu bringen sein, aber deshalb stehen sie noch nicht unbedingt im Konflikt miteinander.

Denken wir, um dies zu illustrieren, kurz an ein elektronisches Hinweisschild. Ein Wissenschaftler, der ein solches Schild erklären will, wird vielleicht ausführlich seine Funktionsweise anhand der daran beteiligten elektrochemischen Prozesse beschreiben, ohne auch nur im Geringsten auf die Botschaft des Hinweisschildes einzugehen. Ein Künstler würde in seiner Erklärung auf die gestalterischen Merkmale des Schildes eingehen und die elektrochemische und die hermeneutische Erklärungsebene komplett ignorieren. Ein Literaturwissenschaftler schließlich wäre vielleicht der Meinung, dass diese beiden Erklärungen völlig an dem eigentlichen Sinn des Schildes vorbeigehen, nämlich seiner Botschaft. So jemand würde den auf dem Schild enthaltenen Text erläutern, ohne die beiden anderen Analyseebenen auch nur mit einem Wort zu erwähnen.

Stehen diese Erklärungsebenen im Konflikt miteinander? Sie sind nur dann im Konflikt, wenn eine davon als *einzige* Analyseebene und als in sich vollständige und umfassende Erklärung angepriesen wird. So eine Erklärung könnte man als reduktionistisch bezeichnen. Reduktionistische Erklärungen sind solche, die behaupten, nur eine Erklärungsebene entspreche der Wahrheit; alle anderen seien bestenfalls unnötig und schlimmstenfalls illusorisch. Eine Erklärung auf einer einfacheren oder fundamentaleren Analyseebene ist noch nicht unbedingt eine reduktionistische Erklärung. Im Beispiel des elektronischen Hinweisschildes wird die Erklärung des Wissenschaftlers erst dann reduktionistisch, wenn er behauptet, dies sei alles, was zu dem Schild zu sagen sei, und argumentiert, die angebliche Botschaft oder Bedeutung des Schildes würde durch die elektrochemische Erklärung hinfällig.

Statt anzunehmen, dass die einfachste oder fundamentalste Erklärung eines Phänomens alle höheren Analyseebenen und ihre entsprechenden Erklärungen überflüssig mache, sollte man die verschiedenen Erklärungsebenen als einander ergänzend verstehen. Insofern besteht die grundlegende Analyseebene für jedes Phänomen darin, es im Rahmen der physikalischen Gesetze zu betrachten. Um das Phänomen wirklich zu verstehen, sind auch höhere Analyseebenen notwendig. Wenn es um den letzten Sinn geht, ist meist die abstrakteste oder allgemeinste Analyseebene die signifikanteste.

Die Psychologie wird zu Recht für ihr oftmals reduktionistisches Verständnis von Phänomenen höherer Ebenen, wie etwa der Religion, kritisiert. Wenn ein Psychologe zum Beispiel sagt, eine religiöse Erfahrung sei nicht mehr als ein komplexes neurophysiologisches Geschehen oder eine regressive Reaktivierung infantiler Allmachtsgefühle, so zeigt er damit eine reduktionistische Denkweise. Eine der beiden Erklärungsebenen oder auch alle beide können gültig sein, aber sie negieren nicht den Wert anderer Erklärungsebenen.

Auf der anderen Seite haben sich Theologen oftmals auf eine Art und Weise verhalten, die antireduktionistisch erscheint, in Wirklichkeit aber ebenso reduktionistisch ist. Sie sperrten sich gegen Analysen auf niedrigeren Erklärungsebenen und zogen Abstraktionen auf höherer Ebene vor. So lässt sich dieselbe religiöse Erfahrung als Begegnung mit dem Numinosen, ein Erschauern vor der Transzendenz oder eine Hingabe an den Urgrund des Seins beschreiben. Diese Beschreibungen mögen an sich durchaus zutreffend sein, aber wenn sie jeweils als einzige Möglichkeit präsentiert werden, die religiöse Erfahrung zu verstehen, dann ist eine solche Erklärung ebenso reduktionistisch wie die des Psychologen. Sowohl die Theologie als auch die Psychologie haben sich einer reduktionistischen Denkweise schuldig gemacht, und daraus ist ein großer Teil der Spannungen entstanden, die zwischen den Gebieten der Psychologie und der Religion bestehen.

Das Versäumnis, die Perspektive der jeweils anderen Seite zu verstehen, hat oft zu Missverständnissen geführt, insbesondere im Blick auf Begrifflichkeiten, die in beiden Bereichen verwendet werden. Zum Beispiel kommen Begriffe wie Schuld, Vergebung, Glaube, das Böse und sogar Gott sowohl in der psychologischen als auch in der religiösen Literatur vor. Allerdings sind sie mit sehr unterschiedlichen Bedeutungen aufgeladen – oftmals so unterschiedlich, dass es zu schweren Missverständnissen kommt, wenn man irrtümlich davon ausgeht, dass beide Seiten von derselben Sache reden.

Nehmen wir zum Beispiel den Begriff «Gott». Wenn Theologen von Gott reden, meinen sie damit traditionell ein Wesen, dem eine Existenz zugeschrieben wird, die von der Person, die die Aussage macht, unabhängig ist. Die theologische Aussage «Gott ist Liebe» wird meist als eine Aussage über den Charakter Gottes verstanden, nicht nur als Beschreibung der Erfahrung einer bestimmten Person oder Gruppe. Solche Glaubensaussagen aber kommen im Bereich der Psychologie nicht vor. Die Psychologie hat keinen Zugang zu Daten, die es ihr erlauben würden, irgendwelche Aussagen über die Existenz oder Nichtexistenz Gottes zu machen.

Auch wenn Psychologen diese Tatsache oftmals aus den Augen verlieren, müssen sie in ihrer Eigenschaft als Psychologen, was die Existenz Gottes angeht, Agnostiker bleiben. Als Menschen steht es ihnen frei, jede Glaubenshaltung einzunehmen, die sie wollen, ob Atheismus, Deismus, Theismus oder irgendetwas anderes. Als Psychologen jedoch verfügen sie nicht über die Kompetenz, über diese Dinge zu entscheiden. Solche Urteile liegen nicht im Zuständigkeitsbereich der Psychologie.

Psychologie kann nicht mehr tun, als die menschliche Erfahrung und das menschliche Verhalten zu beschreiben. Deshalb mag der psychologische Diskurs über Gott einem Theologen zu naturalistisch vorkommen. Doch dieser Gott ist der einzige

4. Psychologie und Spiritualität

Gott, über den ein Psychologe als Psychologe etwas sagen kann. Wenn also zum Beispiel C.G. Jung Gott als Teil des Ichs beschreibt, sollte man ihm das nicht als theologische, sondern als psychologische Aussage auslegen. Das Einzige, wovon er sprechen kann, ist der verinnerlichte Gott, also ein Gott, dem es aus theologischer Perspektive notwendigerweise an Transzendenz fehlen muss. Darum sollten Jungs religiöse Erörterungen als Aussagen nicht über Gott, sondern über die menschliche Gotteserfahrung aufgefasst werden. Dementsprechend ist seine Einsicht so zu verstehen, dass wir Gott im Kern unseres Wesens begegnen, nicht irgendwo außerhalb unseres Ichs, an der Peripherie der Persönlichkeit oder in der Außenwelt.

Diese Unterscheidung zwischen theologischer und psychologischer Sprache war nicht immer klar. Gelegentlich haben sich Psychologen als Theologen geäußert und damit einen ungerechtfertigten Sprung von ihrem eigenen Kompetenzbereich zu Meinungsäußerungen über Dinge getan, über die sie kein besonderes Fachwissen besitzen. Vielleicht ist das auch in umgekehrter Richtung vorgekommen. Natürlich ist Freud ein besonders deutliches Beispiel für diese Art von Grenzverwischungen. Die Tatsache, dass die Gottesvorstellungen der Menschen im Kontext ihrer Erfahrungen mit ihren Eltern geprägt werden, sagt ja nichts über die tatsächliche Existenz Gottes aus.

Dasselbe gilt für den Umstand, dass die Sehnsucht nach einem göttlichen Wesen unter allen Menschen verbreitet zu sein scheint. Dies ist die Lücke zwischen psychologischer Analyse und theologischem Diskurs. Alles, was Psychologen in ihrer Eigenschaft als Psychologen bejahen oder verneinen können, befindet sich im Bereich der psychischen Wirklichkeit, ob es nun um menschliche Erfahrungen, Gedanken, Götter oder fiktive Wesen geht.

Richtig verstanden, stehen Psychologie und Religion in einer engen Beziehung zueinander, weil beide das Interesse an Lösungen für das menschliche Dilemma teilen. Doch auch wenn sie sich ähnlich sind, sind sie offensichtlich nicht identisch. Ihre Unterschiede liegen aber nicht in einer Verschiedenheit ihrer Gegenstände oder auch nur ihrer Ziele. Psychologie und Religion befassen sich nicht mit verschiedenen Arten von Wirklichkeit oder mit völlig verschiedenen Bereichen menschlicher Erfahrung. Beide setzen sich mit realen Aspekten menschlicher Erfahrung auseinander und versuchen, sich auf die Daten, die sie betrachten, einen Reim zu machen. Auf dieser Ebene ist der Unterschied zwischen ihnen nicht zu suchen.

Nach Paul Tillich ist der Unterschied in der Perspektive zu erkennen, aus der jede von ihnen die gemeinsame Wirklichkeit betrachtet, die sie erforschen.[63] Die Psychologie, so Tillich, versucht die Struktur des Daseins zu verstehen, während die Theologie seinen Sinn zu erkunden versucht. Diese beiden Perspektiven sind unterschiedlich und zugleich unauflöslich miteinander verwoben. Die Psychologie kann aus ihren wissenschaftlichen und beschreibenden Aktivitäten niemals Sinn oder Moral ableiten. Dennoch kann sie auch nicht operieren, ohne beides in Betracht zu ziehen.

Ebenso ist die Theologie nicht dafür gerüstet, die Dynamiken der Persönlichkeit verständlich zu machen, und dennoch bietet sie eine Perspektive aufs Leben, die erst dann sinnvoll wird, wenn sie in den Kern der psychospirituellen Funktionen eines Menschen eingebettet wird. Beide brauchen einander. Es gibt für beide reichlich zu tun, und es bieten sich einzigartige Möglichkeiten für noch größere Errungenschaften, wenn Psychologen und Theologen sich dazu durchringen können, mit Respekt und Kooperation und ohne imperialistischen Dünkel zusammenzuarbeiten.

Auf dem Weg zu einer Psychologie der Spiritualität

In seiner Erörterung des Verhältnisses zwischen Psychologie und Spiritualität nennt Robert Doran zwei Extrempositionen, die es zu meiden gilt, wenn eine nützliche Verständigung erreicht werden soll. Die erste ist die Reduzierung der Spiritualität auf Psychologie, bei der spirituelle Erfahrung angeblich durch

4. Psychologie und Spiritualität

grundlegende psychologische Konstrukte und Prozesse vollständig zu erklären sei. Der zweite, aus Dorans Sicht ebenso fatale Irrtum ist es, die Spiritualität so vollständig von der Psychologie abzuschneiden, dass Spiritualität zu einem separaten Bereich menschlicher Aktivität wird, der sich weder in die psychische Wirklichkeit noch ins übrige Leben integrieren lässt.[64]

Leider ist ein Großteil der psychologischen Literatur über Spiritualität entweder in die eine oder die andere dieser Fallen getappt. Immer wieder haben Psychologen religiöse und spirituelle Erfahrungen wegdiskutiert, woraufhin Vertreter der religiösen Sichtweise mit sogenannten Psychologien des spirituellen Lebens dagegenhielten, die davon kaum mehr als einen dissoziativen Zustand übrig lassen, der mit dem Rest der psychischen Wirklichkeit nichts zu tun hat.

In einigen flüchtigen Momenten scheint sich sogar Freud selbst dieser Gefahr bewusst gewesen zu sein. Zum Beispiel gab er an einer Stelle zu, seine Theorien seien keine erschöpfende Erklärung religiöser Phänomene, sondern fügten ihnen lediglich eine Facette hinzu.[65] Später sagte er auch, nur weil etwas eine Illusion sei, also menschlichem Wunschdenken entspreche, müsse es nicht unbedingt falsch sein.[66] Selbst eine freudsche Erklärung religiöser oder spiritueller Erfahrung kann uns also dabei unterstützen, das psychische Substrat einer solchen Erfahrung zu verstehen. Freilich lässt sich die Erfahrung damit keinesfalls wegerklären, und sie sagt uns auch nichts über das Wesen, die Bedeutung oder den Wert der Erfahrung.

Was wir also offenkundig brauchen, ist eine Sicht der Spiritualität, die solche Erfahrungen in den Gesamtrahmen der psychospirituellen Funktionen und Prozesse der Persönlichkeit einordnet. Auf der Suche nach einem derartigen Verständnis werden wir kurz auf die Beiträge von Theoretikern eingehen, die sich innerhalb von vier der Spiritualität gegenüber aufgeschlossenen psychologischen Richtungen betätigt haben: in der analytischen Psychologie (C.G. Jung), der Wir-Psychologie (Fritz Künkel), der existenziellen Psychologie (Søren Kierkegaard, John Finch und Adrian van Kaam) und der kontemplativen Psychologie (Gerald May und William McNamara).

Analytische Psychologie

Das Werk C.G. Jungs (1875–1961) ist vielleicht der beste Einstieg, um einen Überblick über psychologische Perspektiven auf die Spiritualität zu gewinnen, denn kein psychologischer Theoretiker ist enger mit Spiritualität verbunden als Jung. Im Gegensatz zu Freud, der der Religion feindselig gegenüberstand, hatte Jung Sympathien für sie und entwickelte eine Psychologie, die religiöse und spirituelle Bedürfnisse in die innerste Mitte der Psyche stellt. Während Freud die Religion als illusionäre Krücke betrachtete, begriff Jung sie als natürlichen Teil der menschlichen Beschaffenheit und als unverzichtbare Grundlage für Gesundheit und Heil-Sein.

Der zentrale Begriff in Jungs Sicht der Spiritualität ist die Individuation. Individuation bezeichnet den lebenslangen Prozess, durch die Synthese von bewussten und unbewussten Aspekten der Persönlichkeit zu einem Ganzen zu werden. Präziser ausgedrückt, betrachtete Jung dies als die Herstellung einer Beziehung zwischen dem Ego (dem Zentrum des Bewusstseins) und dem Selbst (dem innersten Zentrum, das über das Bewusstsein hinausgeht und das Unbewusste mit einschließt). Jung verstand die Individuation als einen religiösen Prozess und beschrieb sie als die Unterwerfung des Ego-Willens unter den Willen Gottes. Somit wurde spirituelles Wachstum als eine Bewegung weg vom Ego als Zentrum der Persönlichkeit und hin zum Selbst als diesem Zentrum betrachtet.

Das Selbst ist in der Jungschen Psychologie ein etwas mystischer Begriff. Verda Heisler meint, das Jungsche Selbst erstrecke sich «von der Psyche des Individuums bis an die Enden des Universums als Behältnis der göttlichen schöpferischen Kraft, die sich in der Entwicklung des Menschen entfaltet, die aber nicht nur das menschliche Individuum, sondern auch die menschliche Rasse weit transzendiert».[67] Jung zufolge ist das Selbst das wahre Zentrum unserer Persönlichkeit; das Ego sollte nur eine Zwischenstation auf dem Weg zur Integration sein. Das Problem ist, dass Menschen oft in der Egozentriertheit stecken bleiben. Doch die Ganzheit, die das Ziel der spirituellen Reise ist, ist nicht zu erreichen, ohne dass eine Bewegung hin zum Selbst als Zentrum stattfindet.

Konkreter beinhaltet dies den Prozess der Integration der verschiedenen komplementären und widerstreitenden Elemente der Persönlichkeit in das Selbst. Von besonderer Bedeutung bei diesem Prozess ist die Integration des Schattens. Der Schatten besteht aus jenen psychischen Eigenschaften, denen wegen ihrer Unvereinbarkeit mit bewussten Werten und Zielen ein Platz im Bewusstsein oder im Selbst verweigert wurde. Diese unbewussten Aspekte der Persönlichkeit müssen in die übrige Persönlichkeit integriert werden, wenn wir zu den authentischen, ganzen Menschen werden wollen, die wir sein sollten.

So betrachtet, ist Individuation das Transzendieren der begrenzten, selektiven und sogar trügerischen Funktionsweisen der Egozentriertheit. Dieser Heilsweg wird durch Bewusstseinserweiterung beschritten, also durch gesteigerte Selbsterkenntnis. Jung meinte, wenn wir uns der in unserer Natur enthaltenen Gegensätze bewusst werden, erkennen wir dadurch nicht nur uns selbst, sondern auch Gott. Nach Jung ist das Gottesbild nicht mit dem Unbewussten insgesamt, sondern mit einer speziellen Komponente davon deckungsgleich – dem Archetyp des Selbst. Spirituelles Wachstum ist somit die Entdeckung dieses Gottesbildes im Selbst und seine Integration in die übrige Persönlichkeit.

Jungs Beiträge zur Psychologie der Spiritualität sind vielfältig. Zuerst ist hier seine Erkenntnis zu nennen, dass Spiritualität ein natürlicher Aspekt der menschlichen Erfahrung ist. Im Gegensatz zu Freud hielt Jung nicht das Vorhandensein, sondern das Fehlen von Spiritualität für pathologisch. Jungs Psychologie der religiösen Erfahrung erlaubte es ihm, die Religion aus dem Reich der Neurosen zu holen und ihr einen sicheren Platz im Reich der kreativen Ausdrucksformen der tiefsten Aspekte des Selbst zu geben. Dadurch gab er dem psychischen Leben die religiöse Funktion zurück.

Wichtig ist auch Jungs Einsicht in die Tatsache, dass die Begegnung mit Gott im Kern des Selbst stattfindet, nicht irgendwo in den Weiten des Kosmos. Das ist letzten Endes der Grund, warum Religion für Menschen etwas so Natürliches ist. Da Jung kein Theologe war, fiel es nicht in seine Zuständigkeit, sich zu der Frage zu äußern, ob ein transzendenter Gott auch außerhalb und jenseits des Selbst existiere. Als Psychologe jedoch stellte er zutreffend fest, dass Gott in den Tiefen des Selbst zu entdecken sei und dass dieser Entdeckung ein einzigartiges Potenzial als Integrationspunkt für die gesamte Persönlichkeit innewohne.

Weil Gott im Unbewussten residiert, erkannte Jung richtig, dass zur Spiritualität die Sprache des Unbewussten (Symbole) gehöre, nicht nur die Sprache des Bewussten (Worte). Seine Entdeckung der wichtigen Rolle der Symbole für die Integration der Psyche ist zugleich ein wesentlicher Beitrag zu unserem Verständnis des Platzes, den Symbol und Liturgie im religiösen Leben haben. Spiritualität und Psychologie sind hier tief miteinander verflochten.

Jungs Lehre, nach der sowohl die spirituelle als auch die psychische Gesundheit von einer offenen Beziehung zwischen bewussten und unbewussten Kräften in der Persönlichkeit abhängen, ist ebenfalls ein wichtiger Beitrag zur Spiritualität. Jung zeigte, vielleicht mehr als jeder andere Tiefenpsychologe, den Weg hin zur Schaffung einer Haltung der Freundschaft und Kooperation zwischen den bewussten und den unbewussten Aspekten der Persönlichkeit.

Hilfreich ist auch seine Erkenntnis, dass es ein wichtiger Schritt für das spirituelle Wachstum des Individuums ist, unvollständige Selbstwahrnehmungen zu transzendieren.

Auch seine Erörterung psychologischer Typen ist sehr wertvoll für das Verständnis der Einzigartigkeit, mit der verschiedene Individuen ihre Beziehung zu Gott erleben und ausdrücken. Schließlich ist sein Kriterium für die Unterscheidung zwischen echter und falscher Spiritualität ebenfalls ein unschätzbarer Beitrag zur Psychologie der Spiritualität. Sein Gedanke war, dass die Integration der Innen- und Außenwelt eines Menschen das entscheidende Merkmal ist, an dem sich echte und falsche Spiritualität wie auch Mystik und Psychosen voneinander unterscheiden lassen. Solch eine Unterscheidung hat wichtige Implikationen für die spirituelle Entwicklung.

Als Psychologe verdient Jung wahrscheinlich höchstes Lob. Seine Beiträge zum psychologischen Verständnis der Spiritualität sind bedeutend. Doch selbst wenn es merkwürdig erscheinen mag, ihn auch als Theologen zu bewerten, ist dies durchaus angemessen. Jung hat oft als Theologe geschrieben und wird noch häufiger als solcher gelesen. Seine «Antwort auf Hiob» ist insofern ein besonders gutes Beispiel für sein theologisches Schreiben, als es einen Versuch darstellt, eine Psychotheologie des Bösen zu entwickeln.[68] In diesem Essay analysiert Jung den Charakter Gottes und geht dem Konflikt Gottes und seinen Begrenzungen im Umgang mit dem Bösen nach. So weit geht das Theologisieren in seinen Schriften, dass zumindest ein Theologe die Auffassung vertreten hat, Jung sei besser als Moralphilosoph oder Theologe einzustufen denn als Psychologe.[69]

Als Theologe würde Jung jedoch wahrscheinlich weitaus schlechtere Noten erhalten, zumindest dann, wenn der Bezugsrahmen die christliche Theologie ist. Im Licht des historischen Christentums bewertet, scheint die wesentliche Begrenztheit von Jungs Spiritualitätsverständnis darin zu liegen, dass er es versäumte, Gottes Transzendenz angemessen darzustellen oder unsere Selbsttranszendenz zu berücksichtigen. Jungs Gott ist völlig verinnerlicht, und die Folge ist ein vergöttlichtes Selbst.

Im Gegensatz zu diesem vollkommen immanenten Gott, der im kollektiven Unbewussten wohnt, ist der Gott des Christentums sowohl immanent als auch transzendent. Darum erlaubt das christliche Heilsverständnis unsere Transzendenz über uns selbst hinaus. Ja, wie wir später noch sehen werden, hat christliche Spiritualität diese Selbsttranszendenz stets als wesentlich für das spirituelle Wachstum betrachtet. Jung versucht zwar, Selbsttranszendenz in sein Modell einzubauen, aber in Wirklichkeit bewegt er sich mit seinen Anliegen viel näher an der Selbstverwirklichung.

In seiner Analyse der Beziehung zwischen jungscher Psychologie und christlicher Spiritualität kommt Robert Doran zu dem Schluss, die wesentliche Begrenztheit von Jungs Beitrag zur christlichen Spiritualität liege darin, dass «die innerste Region unserer Innenwelt ... nicht mehr wir selbst sind, sondern der Ort der Gnade, wo das Geschenk der Liebe Gottes durch den Heiligen Geist, der uns gegeben ist, in unsere Herzen ausgegossen wird».[70] Jung deutet dieses innerste Zentrum nicht unter dem Aspekt der Gnade, sondern der Natur. Doran wendet ein, diese Gleichsetzung Gottes mit dem Selbst mache das Gebet zum Selbstgespräch und zerstöre somit die selbsttranszendierende Erfahrung echter christlicher Spiritualität.

Wir-Psychologie

Obwohl sein Werk wesentlich weniger bekannt ist als das von Jung, baute Fritz Künkel (1889–1956) auf Jungs Ideen auf und scheint die wesentlichen Begrenztheiten, die sich in der Jungschen Sicht der Spiritualität zeigen, vermieden zu haben. Künkel war ein Schüler und Kollege von Alfred Adler und stand mit Jung in Korrespondenz. Er versuchte, eine ausdrücklich religiöse Psychologie zu entwerfen, die auf einer Synthese von Freud, Adler und Jung beruhte. Sein Ausgangspunkt war die Frage, warum es so schwierig sei, über die Egozentriertheit hinauszukommen. Während Jung Wissen und Erkenntnis als Vehikel für die Überwindung der Egozentriertheit betonte, glaubte Künkel, dazu sei noch mehr nötig. Er setzte es sich zum Ziel, die Entwicklung und Wirkungsweise der Egozentriertheit als wichtiges Hindernis für die Hingabe an Gott zu verstehen.

Künkel lässt die Egozentriertheit in der frühen Kindheit wurzeln und betrachtet sie als natürliche Anpassung an die egozentrische Umgebung des Kindes. Er beschreibt sie als «eine normale Reaktion auf eine abnormale Situation ... die Abwesenheit der richtigen Art von Liebe».[71] Da elterliche Liebe stets in einem gewissen Maße egozentrisch ist, ist sie unweigerlich unvollständig. Infolgedessen erleidet das Kind immer narzisstische Verletzungen der einen oder anderen Art, und gegen diese verteidigt sich das Kind mithilfe der Egozentrizität. Dies ist eine Revolte gegen das nach Künkel angeborene «Wir-Gefühl», das aus seiner Sicht die Fähigkeit des Kleinkindes ist, andere als Teil des Selbst zu erleben.

In diesem Zusammenhang stellt Künkel fest, dass das Selbst nicht synonym mit dem eigenen Selbst ist. Stattdessen sollte es immer so verstanden werden, dass darin das «Wir-Erlebnis» eingeschlossen ist – das Erleben einer zwischenmenschlichen Verbundenheit. In der Rückkehr zu den Wir-Gefühlen des präegozentrischen Kindes liegt nach Künkels Anschauung unsere Hoffnung auf Wachstum und Ganzheit. Daher der Name seines psychologischen Systems: «Wir-Psychologie». Im Gegensatz zu anderen psychologischen Herangehensweisen stellte Künkel dieses umfassendere, das Ego transzendierende Selbst als den Weg zu echter Verbundenheit mit anderen und mit Gott dar.

Dieses umfassendere Verständnis des Selbst mag zwar bei Jung implizit vorhanden gewesen sein, doch er schätzte die Bedeutsamkeit anderer Menschen zu gering ein, sowohl in Hinsicht auf die Ausbildung des Selbst als auch auf dessen andauernde Funktion. In Künkels Denken hingegen sind andere Menschen unverzichtbar für das Selbst. Die Sterilität des egozentrischen Lebens ist ja gerade der Grund, warum wir von der Kreativität und Energie abgeschnitten sind, die in unserem tiefsten Zentrum aus unseren Beziehungen zu anderen erwächst. Zwar mögen Beziehungen zu anderen Menschen auch bei einer egozentrischen Person vorhanden sein. Solange jedoch die Egozentrizität nicht aus dem innersten Kern unserer Persönlichkeit ausgemerzt wird, werden wir nicht die tiefe Verbundenheit zu anderen erleben, die Künkel als Wir-Erlebnis bezeichnet.

Der unvermeidliche Bruch der ursprünglichen Verbundenheit des Säuglings mit der Mutter führt zur Egozentrierung. Im Grunde wird dabei unser wirkliches Zentrum, das Selbst, durch ein vorgetäuschtes Zentrum, das Ego, ersetzt. Weil das Ego (ich) viel eingeengter ist als das Selbst (ich in Beziehungen), ist die Folge Entfremdung. Im weiteren Verlauf wird das Ego immer brüchiger, da ihm abverlangt wird, eine Aufgabe zu erfüllen, für die es nie gedacht war oder ausgerüstet wurde. So wird das Ego zu einer Schale um unsere Persönlichkeit – einer Schale, die wir aufbauen, um uns vor weiteren Verletzungen zu schützen. Dadurch jedoch schneiden wir uns von den Kraftquellen ab, die wir zum Leben brauchen, und letzten Endes führt uns die Egozentrizität in eine Krise. In dieser Krise sah Künkel unsere einzige Hoffnung, um über die Egozentrizität hinauszuwachsen:

> In jeglicher Form führt die Krise schlicht zu der aus unangenehmen Erfahrungen erwachsenen Erkenntnis, dass eine Neuanpassung des eigenen Denkens und Verhaltens notwendig ist. Das Individuum empfindet, dass es etwas anders machen muss. Alte Verhaltensweisen befriedigen nicht mehr, also müssen neue angenommen werden. Ein Wendepunkt ist erreicht. Es kann einen völligen Zusammenbruch des gesamten Ego-Musters geben oder lediglich eine geringfügige Modifizierung irgendeines ihrer Elemente. ... Die egozentrische Form des psychischen Lebens bricht zusammen, weil sie sich als inhaltlich irrig und zu starr in ihrer Form erweist. Die Versuche des Individuums, sein Ego zu retten, führen es nur näher an die Krise.[72]

Künkel meint, dies sei der Sinn der paradoxen Aussage Christi, wer sein Leben erhalten wolle, müsse es verlieren. Wie es scheint, muss ich, um mein Leben zu erhalten – also um wirklich zu leben –, das loslassen, was mein Leben zu sein scheint, nämlich das System irriger Ideen und Werte, das mein Ego ausmacht. Künkel zufolge gehört zu dem Weg dorthin stets, «seinen Platz im Dienst des Wir zu finden», also die Hingabe an andere und das Einlassen auf andere.

Wie dies mit der Hingabe an Gott zusammenhängt, beschreibt Künkel so:

> Die Leere und Gleichgültigkeit, die aus dem Kollaps des Ego und dem völligen Verlust der Egozentrizität resultieren, befähigen das Individuum, die wahren Fundamente seines Lebens und des menschlichen Lebens allgemein zu entdecken. Es sieht, dass der Mensch machtlos und wichtig zugleich ist, dass er Teil einer größeren Einheit und für sie verantwortlich ist. Darüber hinaus erkennt es – und dies ist die entscheidende Einsicht –, dass es selbst wie auch die größere Einheit, das Wir, geschaffen, ausgesandt, getragen, ausgestattet und gebraucht ist von einer höheren Wirklichkeit, die die Welt beherrscht und in der es und andere leben und weben und ihr Dasein haben. So empfindet es sich als gepackt, beeinflusst von Gott und mit einer konkreten Aufgabe beauftragt. Es fühlt sich wie ein von einer starken Hand ergriffenes Werkzeug oder wie ein von seinem König beauftragter Ritter.[73]

Künkels Wir-Psychologie trägt viel dazu bei, die schwersten Einschränkungen von Jungs Sicht der Spiritualität zu korrigieren, während sie zugleich die Fülle seines Verständnisses der Dynamik des inneren Lebens bewahrt. Spiritualität wird hier verstanden als Selbsttranszendenz und Selbsthingabe. Diese Begriffe sind für die christliche Spiritualität viel zentraler als Selbsterfüllung oder Individuation.

Existenzielle Psychologie

Existenzielle Psychologie ist nicht so sehr ein konkretes System aus Theorien oder Techniken als vielmehr eine allgemeine Herangehensweise an die Psychologie. Ihre Anfänge werden meist auf den dänischen Theologen und Philosophen Søren Kierkegaard (1813–1855) zurückgeführt. Seither hat sie sich zu einer breiten, vielfältigen Tradition entwickelt – so breit, dass sie sich einer einfachen Definition entzieht. Als Gruppe stehen die existenziellen Herangehensweisen in Opposition zu jenen psychologischen Systemen, die Menschen reduktionistisch betrachten. Existenzielle Psychologen ignorieren die abstrakte Vorstellung vom Menschen, die gewisse Schulen der Psychologie verfechten und konzentrieren sich stattdessen auf die menschliche Existenz und auf Fragen wie die Erlangung von Sinn und Zweck für das Leben, von Freiheit, Verantwortung und Wahl und eine kreative Antwort auf die Wirklichkeit der existenziellen Isolation und der Unausweichlichkeit des Todes. Mit diesen und ähnlichen Themen bewegen sich existenzielle Psychologen im Kerngebiet der Spiritualität.

Søren Kierkegaard

Søren Kierkegaards Bandbreite als Denker spiegelt sich in der Tatsache wider, dass seine Bücher ständig die disziplinären Grenzen überschreiten, die sonst Literatur, Psychologie, Theologie, Philosophie und erbauliches Schrifttum voneinander trennen. Seine einflussreichsten psychologischen Schriften waren *Die Krankheit zum Tode* (1849) und *Der Begriff Angst* (1844). Hier finden wir seine ausführlichsten Erörterungen des Selbst und dessen Rolle in der Spiritualität.

Kierkegaard sah den Menschen als Geist. Damit meinte er nicht, der Mensch sei immateriell, sondern der Geist sei das Absolutum all dessen, was ein Mensch sein könne. Jeder Mensch hat die Aufgabe, zu einem Selbst zu werden. Ein Selbst zu sein ist für Kierkegaard nichts Gegebenes; es ist eine Errungenschaft. Sie besteht darin, eine selbst-bewusste, verantwortlich handelnde Person zu werden. Genau dasselbe bedeutet es auch, Geist zu sein.

Geist ist bei Kierkegaard definiert als das «Selbst, das sich zu sich selbst verhält».[74] Damit bezog sich Kierkegaard auf Selbstannahme, Selbstverständnis und Selbstbewusstsein – alles Eigenschaften eines wachsenden Selbst oder Geistes. Doch das Selbst kann nicht von sich selbst aus all das werden, was ihm bestimmt ist. Letzten Endes kann das Selbst nur wahres Selbst werden, indem es sich zu Gott verhält. Kresten Nordentoft, der wesentlich zur Systematisierung von Kierkegaards Psychologie beigetragen hat, beschreibt diesen Aspekt in Kierkegaards Denken so:

> Der Mensch verhält sich immer zu Gott, und die Existenz des Menschen ist immer von diesem Verhältnis bestimmt, unabhängig davon, ob der Mensch dieses Verhältnis anerkennt oder nicht. ... Frei wird der Mensch nicht durch einen illusorischen Versuch, sich von jeglichem Abhängigkeitsverhältnis zu emanzipieren, sondern indem er sich seine wirkliche Abhängigkeit eingesteht, nämlich sein Erschaffensein durch Gott und somit sein Verhältnis zu der Autorität, die ihn befreit. ... Wenn man nicht im Verhältnis zum Allmächtigen frei wird, macht man sich unfrei im Verhältnis zu anderen Mächten, die man nicht kennt.[75]

Wenn das Selbst abhängig ist von etwas außerhalb von sich selbst (also von Gott), kann das als Integrationspunkt für alle anderen Aspekte der Persönlichkeit dienen. Nach Kierkegaards Anschauung ist das Selbst die Synthese von Elementen, die in Opposition zueinander stehen und immer stehen werden. Das Selbst ist die Synthese des Endlichen und des Unendlichen, des Zeitlichen und des Ewigen, der möglichen Dinge und der notwendigen Dinge. All diese Elemente werden vom Selbst zusammengehalten, und deshalb gehören zum menschlichen Leben beständiges Bemühen, Wachsamkeit und Mut, um sich selbst als wahrhaft menschlich zu bewahren.

Die Versuchung, diese Spannung loszulassen, ist immer gegenwärtig. Doch nach Kierkegaard ist das der Weg der Feigheit, weil er das Selbst zerstört, um der Angst zu entrinnen. Die Folge ist eine einseitige Persönlichkeit, der die Balance fehlt. Dies führt nach Kierkegaard unweigerlich in die Verzweiflung. Verzweiflung äußert sich auf zweierlei verschiedene Weise: Entweder ist man nicht bereit, sein eigenes Selbst zu sein (Verzweiflung der Schwäche), oder man ist bereit, man selbst zu sein, trotzt aber dabei Gott (Verzweiflung der Stärke). In beiden Formen wird das wahre Selbst nie völlig entwickelt oder verwirklicht.

Dieses Verständnis der Spiritualität hat auffallende Ähnlichkeit mit den beiden Positionen, die wir zuvor betrachtet haben. Für Kierkegaard wie für Jung ist das Selbst eine Synthese aller Teile der Persönlichkeit – auch derer, die nicht so einfach zusammenzupassen scheinen. Die Anstrengung, diese divergierenden Teile zusammenzufügen, ist insofern ein spiritueller Kampf, als wir dabei zu dem Selbst werden, das wir in Wahrheit sind, statt irgendein falsches Selbst auszuleben.

Kierkegaards Betonung der Selbsterkenntnis in diesem Prozess stimmt ebenfalls mit Jung überein. Kierkegaard sagt, das Bewusstsein des Selbst sei das Kriterium für das Selbst. Je mehr Bewusstsein, desto mehr Selbst. Allerdings führt er erheblich deutlicher aus, dass die Erkenntnis Gottes ein Teil dieses Prozesses ist. Kierkegaard meint, dass wir zu Beginn kein Bewusstsein davon haben, dass wir ein ewiges Selbst sind, und dann zur Erkenntnis dieses ewigen Elementes unseres Wesens gelangen. Je mehr sich unser Selbst über das Bewusstsein definiert, dass wir vor Gott existieren, desto mehr werden wir zu unserem wahren Selbst. Mit Kierkegaards Worten: «Je mehr Vorstellung von Gott, umso mehr Selbst; je mehr Selbst, umso mehr Vorstellung von Gott. Erst wenn ein Selbst als dieses bestimmte einzelne Selbst sich dessen bewusst ist, dass es vor Gott steht, erst dann ist es das unendliche Selbst.»[76]

Kierkegaards Aussage, das Selbst müsse in etwas außerhalb von sich selbst gegründet sein und ein wahres Selbst zu sein sei nur möglich, indem man in Gott gegründet sei, entspricht mehr dem Ansatz Künkels als dem Jungs. Kierkegaard erkennt hier die

Hingabe des Selbst an etwas Größeres als das Selbst, die Künkel als den einzigen Weg aus der Egozentriertheit beschrieb.

John Finch

John Finch, Vertreter einer «christlichen existenziellen Psychologie», wie er es nennt, ist ein Gegenwartsautor, der versucht, die existenzielle Psychologie zu ihren Wurzeln bei Kierkegaard zurückzuführen. Er stellt fest, dass die existenzielle Psychologie jede Rücksicht auf einen letzten Bezugspunkt des Geistes oder des Selbst aufgegeben habe, und argumentiert, wenn der (menschliche) Geist nicht im Geist (Gottes) gegründet sei, dann seien Freiheit, Verantwortung und alle anderen transzendenten Eigenschaften des Selbst bedeutungslos.

Finch beleuchtet die Einwände der bedeutenden Freud-Revisionisten und stellt fest, dass für sie alle der Widerspruch sich daran entzündete, dass Freud irgendeinen Aspekt des Menschen eliminierte, der nicht in sein mechanistisches und naturalistisches Modell passte. Diesen Aspekt bezeichneten sie unterschiedlich, etwa als Geist, Seele oder unsere Fähigkeit zur Selbsttranszendenz, doch jeder von ihnen hielt diesen Aspekt für die einzige Quelle, die es uns ermöglicht, ganz zu sein. Nach Finchs Auffassung ist die menschliche Eigenschaft, die diese Theoretiker beobachten, die *Imago Dei*, also unsere Gottesebenbildlichkeit. Er schlägt den Begriff *Geist* als am besten geeignet vor, um diesen Aspekt des Menschen zu bezeichnen, wobei er Geist definiert als «jene Qualität, die den Menschen als selbsttranszendent, frei und verantwortlich kennzeichnet und die einzig dem Menschen eigen ist».[77]

Den Geist als *Imago Dei* zu betrachten ist für Finch zugleich eine Erklärung dafür, warum wir auf Gott ausgerichtet sind. Diese Gottesähnlichkeit und unsere Ausrichtung auf Gott werden verschleiert durch ein Netz von Abwehrhaltungen, die vorgeben, das Selbst zu schützen, es aber in Wirklichkeit ersticken. Diese Abwehrhaltungen, die Finch das «falsche Selbst» nennt, sind eine Folge der Sünde, die aus seiner Sicht eine Krankheit ist, erzeugt durch unsere egozentrische Tendenz, zu behaupten, wir seien die Herren unseres Geschicks und die Meister unserer Seele.

Finchs wichtigster Beitrag könnte in seinem Verständnis des Weges liegen, der durch das falsche Selbst hindurch zurück zum Geist und schließlich zur Gründung des menschlichen Geistes im göttlichen Geist führt. Seine Methode ist eine intensive psychotherapeutische Erfahrung, die im Rahmen einer traditionellen spirituellen Einkehr stattfindet. Zum Prozess dieser therapeutischen Einkehr gehören die Demontage des falschen Selbst und das Hinabsteigen in das Grauen, das die Mystiker den «Abgrund» nannten. Finch beschreibt dies als eine «radikale und unbeschreibliche Konfrontation mit dem eigenen Wesen, die im selben Augenblick zu einer Erfahrung der unendlichen Liebe Gottes wird. Denn hat man einmal seine kläglichen Versuche aufgegeben, seine eigene Sicherheit zu konstituieren, so stellt man fest, dass man gehalten wird und schon immer gehalten wurde.»[78]

Ziel der christlichen existenziellen Psychotherapie bei Finch ist es, Menschen dazu anzuhalten, sich Hilfe zu suchen, um ihr wahres Selbst, das ihr Geist ist, zu finden und zu entwickeln. Dies beschreibt Finch als eine spirituelle Begegnung, bei der der Therapeut versucht, «sich durch die über Jahre verkrusteten Rationalisierungen zu graben und zu bohren; liebevoll an den sorgfältig verborgenen Verantwortungssinn des Individuums zu appellieren; die kleinen Funken des Gewissens wieder zu Flammen zu entfachen; das Gewissen zu entrümpeln und zu versuchen, dem Geist vom Geist Zeugnis zu geben ... den Geist zu ermutigen, dass er hervortritt und er selbst ist».[79]

Finchs Therapie erinnert an Künkels Betonung der Notwendigkeit der Krise beim Zusammenbruch der Egozentriertheit. Sowohl für Künkel als auch für Finch gehört zum spirituellen Wachstum notwendigerweise eine Krise. Die Verkrustungen des falschen Selbst sind nicht leicht zu durchbrechen, aber erst wenn das geschehen ist, kann das wahre Selbst (der Geist) hervortreten. Gemeinsam ist Finch und Künkel auch die Vorstellung, die Egozentriertheit sei der Feind der Spiritualität. Zudem bekräftigen beide, nur eine in Gott wurzelnde Selbsttranszendenz könne die Persönlichkeit so ganz werden lassen, wie wir es brauchen.

Adrian van Kaam

Der letzte Vertreter der existenziellen Tradition, den wir betrachten wollen, ist Adrian van Kaam. Van Kaam, sowohl als Psychologe als auch als katholischer Priester ausgebildet, richtete in seinen Schriften das Augenmerk häufig auf Fragen der Spiritualität und darauf, wie die Psychologie das spirituelle Wachstum mitgestalten und unterstützen könne.

Wohl am klarsten hat sich van Kaam in seinem Buch *On Being Yourself* (1972) über Spiritualität und Psychologie geäußert.[80] Hier geht er dem Zusammenhang zwischen spirituellem Wachstum und Selbstentdeckung nach. Seine Hauptthese ist, Spiritualität sei der Versuch, sich im Licht der eigenen Gegenwart vor Gott zu integrieren. Damit meint er den Versuch, unser Leben im Bewusstsein der Wirklichkeit zu führen, dass wir in der Gegenwart Gottes sind, und uns im Licht unseres göttlichen Ursprungs zu sehen.

Richtig verstanden, kann die spirituelle Suche als eine Suche nach Selbstentdeckung und Selbsterfüllung beschrieben werden. Sie ist die Suche nach dem wahren Ich – dem ursprünglichen Ich. Dies ist jedoch nicht mit Selbsterhebung oder bloßer Ego-Erfüllung zu verwechseln. Es ist keine Suche nach dem von Gott isolierten Selbst, sondern eine Suche nach dem Selbst-in-Gott. Das ist der Unterschied zwischen dem Egoismus als Götzendienst und christlichem spirituellem Wachstum.

Wenn die Bibel davon spricht, dass ich mich selbst aufgeben oder mich selbst verleugnen solle, ist das gemäß van Kaam nicht so auszulegen, als müssten wir unsere Identität verlieren oder mit der Gottheit verschmelzen. Sondern es geht darum, dass «ich mich von falschen Selbstbildern distanzieren soll. Ich soll nicht nach einem isolierten, gottähnlichen Selbst streben.»[81] Es ist eine Suche nach meinem ursprünglichen Selbst, das in Gott verborgen ist. Und nur wenn ich es finde, finde ich mein wahres Selbst.

Christliche Spiritualität heißt, dass ich meinen Sinn und meinen Integrationspunkt bei Gott suche. Diese Suche ist jedoch nicht in erster Linie nach außen gerichtet. Eher ist sie nach innen gerichtet. Van Kaam beschreibt das spirituelle Leben als ein Leben der inneren Leitung, ein Leben, das in Kontakt mit unserem tiefsten Selbst geführt wird. Dort finden wir die persönlichste Formulierung des Willens Gottes für unser Leben. Dort erfahren wir, wer wir nach Gottes Berufung als einzigartige Individuen sein sollen. Was wir dort entdecken, ist, dass jeder von uns berufen ist, ein einzigartiges Selbst, eine originale Schöpfung zu sein.

Nach van Kaam schließt wahre Spiritualität bloße Nachahmung oder Konformität aus. Das spirituelle Leben des einen kann niemals eine Kopie des spirituellen Lebens eines anderen sein. Diese zentrale Wahrheit ist im Christentum oft übersehen worden. Man dachte, wenn wir Christus immer ähnlicher werden, dann werden wir auch einander immer ähnlicher. Van Kaam nennt dies einen fundamentalen Irrtum: Je mehr ich in Christus wachse, desto mehr sollte ich die Einzigartigkeit Christi in mir entdecken und ausdrücken.

Spirituelle Personen sind dadurch gekennzeichnet, dass ihr Leben Ziel und Richtung hat. Dabei geht es nicht um oberflächliche oder willkürliche Richtungen und Ziele, sondern um solche, die aus dem Zentrum der Persönlichkeit fließen. Nicht spirituelle Personen können dagegen ebenfalls Richtung und Sinn haben, aber bei ihnen fließen diese nicht aus ihrem innersten Selbst. Christliche Spiritualität entspringt aus unserer Vereinigung mit Christus. Mit van Kaams Worten: «Spiritualität im tiefsten Sinne sitzt im Kern meines Wesens, in meinem tiefsten Selbst oder Geist, wo ich willentlich meinen Willen mit dem Willen Gottes für mich vereine.»[82]

Van Kaams Bild einer reifen Spiritualität, die mit Sinn und Richtung einhergeht, die aus den Tiefen der Persönlichkeit fließen, erinnert uns an Jungs Unterscheidung zwischen echter und falscher Spiritualität. Sowohl Jung als auch van Kaam sind der Ansicht, dass wahre Spiritualität damit beginnt, die Innenwelt zu integrieren und sich auf ein sinnvoll ausgerichtetes Verhalten zuzubewegen. Van Kaams Sicht der Spiritualität hilft uns zudem, die Rolle der Selbstentdeckung beim geistlichen Wachstum zu verstehen. Wenn ich in der Gegenwart Gottes nach meinem Selbst strebe, werde ich in die Lage versetzt, mein wahres, originales spirituelles Selbst zu finden. Solange ich Selbsterfüllung losgelöst vom Ursprung und Grund meines Selbst suche, wird mir das niemals gelingen.

Kontemplative Psychologie

Kontemplative Psychologie ist keineswegs ein bedeutendes psychologisches System, sondern die Bezeichnung, die Gerald May für seine Bemühungen verwendet, eine spirituelle Perspektive im Hinblick auf psychische Erfahrungen zu entwickeln. Insbesondere aus der Weisheit der antiken kontemplativen Literatur der westlichen und östlichen spirituellen Traditionen schöpfend, zeichnet er die Konturen einer Psychologie auf, die sich auf Intuition stützt, dabei jedoch weiterhin auch andere traditionelle Erkenntniswege wie Beobachtung und logische Schlussfolgerungen respektiert. Ziel der kontemplativen Psychologie sei es, sagt er, das Mysterium nicht aufzulösen, sondern zu würdigen; danach zu streben, es zu erkennen, zu erfahren, zu lieben und zu fördern, auch wenn das Verstehen ausbleibe.[83] Die kontemplative Psychologie hat ihren Namen von der kontemplativen Spiritualität, die May als die Bereitschaft und den Mut definiert, sich für das Mysterium zu öffnen.

Grundlegend für Mays Erörterung der Haltungen, die sich hinter einer kontemplativen Herangehensweise an die Psychologie oder die Spiritualität verbergen, ist die von ihm vorgenommene Unterscheidung zwischen Bereitwilligkeit und Eigenwilligkeit. *Bereitwilligkeit* ist die Offenheit, sich einer Wirklichkeit hinzugeben, die größer ist als man selbst, und die Bereitschaft, sich von dem Gedanken zu lösen, man könne das Leben tatsächlich meistern. Insofern ist sie eine Aufgabe der Absonderung. *Eigenwilligkeit* dagegen ist der Versuch, das eigene Geschick zu meistern und das Dasein zu kontrollieren oder zu manipulieren. Kurz: «Bereitwilligkeit sagt in jedem Moment Ja zu dem Mysterium des Lebendigseins. Eigenwilligkeit sagt Nein oder vielleicht häufiger ‹Ja, aber›.»[84]

Das Verhältnis zwischen Spiritualität und Mysterium ist May sehr wichtig. Geist und Mysterium, sagt er, seien eng miteinander verwandt. Auch wenn das Mysterium nicht immer spirituell sei, sei zweifellos Spiritualität immer mysteriös. Die Suche nach einer erfahrbaren Würdigung des Sinnes des Lebens ist ein spiritueller Weg, und wenn man ihm weit genug folgt, wird man unweigerlich aufs Mysterium stoßen.

Religion und Spiritualität sind ebenfalls eng verwandt. Er führt aus:

> Religion kann ohne Spiritualität existieren, wenn sie nur aus Verhaltensstandards, erfahrungsloser Theologie und Ritualen besteht, die aus keinem fühlbaren Grund praktiziert werden. ... Eine spirituelle Suche wird erst dann eindeutig religiös, wenn man anfängt, eine Beziehung zum höchsten Geist oder Mysterium zu erkennen, und wenn diese Beziehung sich in konkreten Verhaltensformen wie Anbetung zu manifestieren beginnt. ... Keine spirituelle Reise kann sehr weit voranschreiten, ohne religiös zu werden.[85]

Der Eckstein der kontemplativen Spiritualität ist nach May die «Vereinigungserfahrung», wie er es nennt. Darunter versteht er das Erlebnis eines momentanen Verlustes der Selbstdefinition, begleitet von einem gewissen Maß an Selbsttranszendenz. In solchen Momenten scheint jede mentale Aktivität vorübergehend auszusetzen, und die Person fühlt sich in einen Zustand der Ehrfurcht oder des Staunens und möglicherweise auch der Furcht oder Angst versetzt. Mit dabei ist jedoch auch eine alles durchdringende Empfindung des Einsseins. Vereinigungserfahrungen scheinen ein universelles spirituelles Phänomen zu sein. May zufolge kann buchstäblich jeder Mensch, wenn man ihn eingehend befragt und die richtigen Fragen stellt, von einem oder zwei solchen Erlebnissen berichten.

Der Grund, warum diese Erfahrungen für die Spiritualität wichtig sind, liegt darin, dass sie ein besonders deutliches Beispiel für den Unterschied zwischen Bereitwilligkeit und Eigenwilligkeit sind. Vereinigungserfahrungen lassen sich nicht eigenwillig hervorbringen; sie können nur bereitwillig angenommen werden. Sie sind ein Gnadengeschenk. Als solches illustrieren sie die Hingabe, die echte spirituelle Erfahrung kennzeichnet.

In ihrer fundamentalsten Form, so May, ist die spirituelle Suche eine Suche nach unseren Wurzeln. Die spirituelle Sehnsucht der Menschen erkennt, dass wir vergessen haben, wer wir sind, akzeptiert es und macht sich auf die Suche nach unserem Platz. May weist darauf hin, dass die Psychologie mit dieser Suche nichts anfangen kann, ohne sie auf irgendeine Art bedürfnisorientierten, narzisstischen Prozess zu reduzieren. Nur die Religion kann uns helfen, dieses spirituelle Suchen zu verstehen. Sie lässt uns verstehen, «dass die fieberhafte Suche eigentlich gar nicht nötig ist, dass wir in Wirklichkeit bereits gefunden sind».[86] Die Suche geht meistens weiter, aber allmählich wird sie von Hingabe überlagert. May fährt fort:

> Die [spirituelle] Sehnsucht schwebt an den Rändern des Alltagsbewusstseins, am Leben erhalten durch gelegentliche spirituelle Erlebnisse und momentane Erinnerungen an das «Zuhause», das existierte, bevor die Selbstdefinition und die unabhängige Identität etabliert wurden. Die Sehnsucht nach der Wiedervereinigung mit diesem «Zuhause» ist dem Bewusstsein marginal zugänglich, doch meistens sind wir mit

anderen Dingen so beschäftigt, dass wir sie gar nicht bemerken.[87]

William McNamara bezeichnet seine Arbeit zwar nicht als kontemplative Psychologie, aber seine Schriften weisen deutliche Parallelen zu denen von May auf. McNamara, der seine psychologischen Einsichten aus dem Bereich der christlichen Mystik schöpft, definiert das Ziel christlicher Spiritualität als die Verwirklichung der Einheit mit Gott. Nach seiner Auffassung liegt allein darin die höchste Erfüllung der menschlichen Persönlichkeit. Dies ist die Antwort auf die tiefsten Sehnsüchte des Lebens.

Besonders wichtig ist McNamaras Auseinandersetzung mit dem tiefen Zentrum der Persönlichkeit. Ist es menschlicher oder göttlicher Geist? Er antwortet:

> Das Zentrum der Seele ist nicht Gott, aber es ist so innig in Gott gegründet, dass es manchmal fälschlicherweise für Gott gehalten werden kann und wird. Das Zentrum ist die erschaffene Grundlage des Seins, welche in Gottes unerschaffenem Dasein gründet. ... Dieser tiefste und heiligste Grund der Seele ist die Behausung Gottes. In diesem göttlichen Zentrum sind wir nach seinem Bilde geschaffen. Nichts kann dieses Zentrum ausfüllen oder befriedigen außer Gott selbst. In diesem Zentrum ist Gott wirklicher als der Mensch.[88]

Indem sie aus dem Reichtum der christlichen Mystik schöpfen, bieten McNamara und May uns eine Perspektive auf Spiritualität, die mit denen der anderen in diesem Kapitel betrachteten Theoretiker kompatibel ist, sie aber zugleich bereichert. Auch hier wieder wird uns Spiritualität präsentiert als eine Reihe tiefer Sehnsüchte, die letzten Endes nur durch Selbsttranszendenz zu erfüllen sind. Die Menschen an und für sich erscheinen als unvollständige Wesen. Unsere tiefsten Sehnsüchte scheinen uns über unsere eigenen Grenzen hinauszutreiben, um Erfüllung zu finden. Diese Sehnsüchte werden meist spirituelle Sehnsüchte genannt, weil wir zu ihrer Befriedigung die gewohnten Bahnen des Lebens verlassen müssen. Sie rufen uns zu etwas Höherem und zugleich Tieferem. Sie rufen uns in die Tiefen in uns selbst, und dennoch rufen sie uns auch heraus und über uns selbst hinaus. Dies sind die Mysterien spiritueller Sehnsüchte.

Integrierte Spiritualität

Diese Übersicht über mehrere psychologische Systeme, die sich mit Spiritualität befassen, zeigt, dass Spiritualität nicht außerhalb der Domäne der Psychologie stehen muss. Spirituelle Sehnsüchte finden mitten im Herzen der Persönlichkeit statt. Es sind keine Regungen irgendeines Teils des Menschen, der von der übrigen Persönlichkeit unabhängig wäre. Somit können sie auch psychologisch untersucht werden. Auch wenn dieser Bezugspunkt kein letztgültiges oder vollständiges Verständnis von Spiritualität liefert, trägt er doch zu unserem Verständnis ihres Wesens und ihres Platzes innerhalb der Persönlichkeit bei.

Was das Wesen der Spiritualität angeht, so besteht unter den Theoretikern, die wir betrachtet haben, ein erstaunliches Maß an Konsens. Alle scheinen sich einig zu sein, dass Spiritualität mit einer Integration des inneren Lebens (das idealerweise all die verschiedenen Aspekte der Persönlichkeit einbezieht) und des äußeren Verhaltens zu tun hat. Ebenso sind sich alle einig, dass wir dazu die falschen Selbstbilder hinter uns lassen müssen, die wir uns erschaffen und dann mit unserem wahren Selbst verwechseln. Mit Ausnahme von Jung sind sich alle anderen außerdem einig, dass das Transzendieren der falschen Selbstbilder und die Integration der Persönlichkeit nur dann stattfinden können, wenn das Selbst von Gott abhängig ist. Erst wenn das Selbst oder der menschliche Geist im göttlichen Geist gegründet ist, finden wir unser wahres Selbst, unser Selbst-in-Gott. Die spirituelle Suche wird somit verstanden als die Suche nach unserem Platz und unserer Identität – eine Suche, die auf den ersten Blick gar nicht unbedingt spirituell erscheinen mag, sich aber angesichts dessen, was diese Theoretiker über die einzige befriedigende Lösung dieses Strebens sagen, als spirituell erweist.

Wie verhält sich dieses Verständnis von Spiritualität zu traditionellen christlichen Anschauungen? Und wie verhält sich christliche Spiritualität zu anderen, nicht christlichen oder auch nicht religiösen Spiritualitäten? Oder, um die Frage noch fundamentaler zu stellen, wie ist der Begriff der Spiritualität überhaupt zu verstehen? Diesen Fragen wollen wir uns nun zuwenden.

5. Christliche Spiritualität

Im Zuge unserer Übersicht über psychologische Lesarten der spirituellen Dimension des Menschen sind uns eine Reihe unterschiedlicher Auffassungen des Begriffs *Spiritualität* begegnet. Bevor wir eine christliche Perspektive zu dieser Frage entwickeln, wird es daher hilfreich sein, uns klarzumachen, was mit *Spiritualität* gemeint ist. Dies sollte uns auch den Rahmen dafür bieten das Verhältnis christlicher Spiritualität zu anderen Spiritualitäten zu verstehen.

Spiritualität und Spiritualitäten

Ganz allgemein lässt sich *Spiritualität* definieren als das menschliche Streben nach und die Erfahrung von Sinn, Gott und dem Anderen. Spiritualität ist Ausdruck einer Sehnsucht nach Verbindungen, von denen wir unbewusst erkennen, dass sie den Sinn unserer Existenz klären und unsere Identität und deren Erfüllung sichern werden. Menschsein heißt getrieben sein von einer tiefen, fundamentalen Sehnsucht nach Kohärenz und Zielgerichtetheit des Lebens und der eigenen Identität. Spirituelles Verlangen entsteht aus dem Bewusstsein, dass wir vergessen haben, wer wir sind und wohin wir gehören. Allerdings scheint uns eine schwache, archetypische Erinnerung an den Ort, an den wir gehören, erhalten geblieben zu sein, und dieser Ort ist irgendwo anders als in uns selbst und beinhaltet eine Beziehung zu jemandem, der das Selbst transzendiert.

Spiritualität ist darum auch Ausdruck einer Sehnsucht nach Hingabe. Anscheinend haben wir ein Bedürfnis danach, im Dienst von etwas oder von jemandem zu stehen, das oder der größer ist als das Selbst. Irgendwo tief in unserem Innern scheinen wir die Weisheit der Aussage Jesu zu begreifen, dass wir, um unser Leben zu finden, es erst verlieren müssen. Obwohl wir auch von einem starken egozentrischen Verlangen getrieben sind, auf unserer Suche nach einem von uns konstruierten eigenen autonomen Selbst nichts hinzugeben – und zwar an niemanden –, scheinen wir gleichzeitig zu wissen, dass die Orte, die wir durch unsere eigenen Anstrengungen erschaffen können, zu klein sind, um ein bedeutendes Ziel oder eine dauerhafte Identität zu beherbergen. In selbsttranszendierender Hingabe erkennen wir plötzlich, dass wir sowohl Sinn im Leben als auch einen Rahmen für eine zusammenhängende Identität gefunden haben. Wir erkennen plötzlich, dass wir unseren Platz und unser wahres Selbst gefunden haben.

Anders ausgedrückt, kann Spiritualität als die menschliche Erfahrung des Göttlichen und die darauf folgende menschliche Reaktion verstanden werden. Alle Menschen sind als spirituelle Wesen erschaffen. Das bedeutet, dass alle Menschen ein gewisses Bewusstsein für das Göttliche haben. Ihnen selbst bleibt lediglich überlassen, wie sie darauf reagieren. Menschsein heißt, sich der unausweichlichen Herausforderung zu stellen, unsere Existenz in Beziehung zu Gott zu gestalten. Da wir dafür geschaffen sind, in einer Beziehung zu Gott zu leben, uns ihm hinzugeben und ihm aus Liebe zu dienen, haben wir lediglich die Wahl, welchem Gott wir uns und unseren Dienst hingeben. Wir können dem wahren Gott dienen, unserem Schöpfer, oder wir können einem Götzen dienen, ob das nun wir selbst sind oder irgendein anderer Teil der Schöpfung. Dienen aber müssen wir, und unsere Reaktion auf diesen Ruf zu Dienst und Hingabe definiert unsere Spiritualität und unsere Identität.

Entscheidungen über die höchste Loyalität und Hingabe sind spirituelle Entscheidungen, und niemand kann leben, ohne sie zu treffen. Frei sind unser Wille und unser Geist nur innerhalb der Grenzen der Loyalitäten unseres Herzens.

Spiritualität ist grundlegend für das Menschsein. Wenn wir einen Menschen als spirituell und einen anderen als nicht spirituell bezeichnen, reden wir lediglich von ihrem unterschiedlichen Bewusstsein ihres innewohnenden spirituellen Wesens und ihrer ungleichen Reaktion darauf. Ein spiritueller Mensch ist einer, der auf das Verlangen in den Tiefen seiner Seele hört und darauf zu antworten versucht. Einem nicht spirituellen

5. Christliche Spiritualität

Menschen fehlt es nicht etwa an spirituellem Verlangen, sondern er hat lediglich beschlossen, es zu ignorieren. Mithilfe der vielen verfügbaren Ablenkungen, die dazu dienen, uns von den Tiefen in unserem Innern abzuschneiden, führt ein solcher Mensch sein Leben in der Außenwelt, ohne den inneren spirituellen Wirklichkeiten viel Aufmerksamkeit zu schenken.

Freilich ist nicht jede Spiritualität religiös, und nicht jede religiöse Spiritualität ist christlich. Gerald May meint, dass das spirituelle Streben erst dann religiös werde, wenn das Individuum anfange, sein Selbst in der Beziehung zu einer höheren Macht zu erfahren, und auf diese Beziehung mit Gebet oder Verehrung reagiere.[89] Christliche Spiritualität als Untergruppe der religiösen Spiritualitäten beinhaltet eine tiefe Beziehung zu Gott, die durch den Glauben an Jesus Christus und das Leben des innewohnenden Heiligen Geistes ermöglicht wird. Das Verhältnis dieser verschiedenen Arten von Spiritualität ist in Abbildung 1 veranschaulicht.

Abbildung 1
Typen der Spiritualität

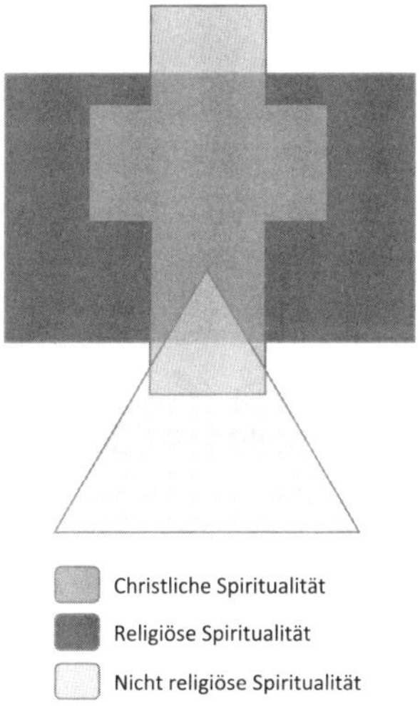

Christliche Spiritualität
Religiöse Spiritualität
Nicht religiöse Spiritualität

Die einfachste Form der Spiritualität ist die, die ich als nicht religiöse Spiritualität bezeichnen würde. Dies ist das Streben nach Selbsttranszendenz und Hingabe – ein Streben, das ein fundamentales Element unseres Wesens ist, die wir nach dem Bilde Gottes erschaffen sind. Es ist durchaus möglich, sich dieses Verlangens bewusst zu werden, ohne seine letzte Bedeutung zu erkennen, nämlich die Tatsache, dass es die Stimme Gottes in unserem Innern repräsentiert, der uns zurück in die Beziehung zu ihm ruft. Menschen, die sich dieses Verlangens bewusst sind und darauf reagieren, sind zweifellos lebendiger, in vollerem Sinne menschlich und psychisch besser gestellt als Menschen, denen dieses Bewusstsein fehlt. Aus christlicher Sicht jedoch stehen solche Menschen immer noch außerhalb der engen Beziehung zu Gott, zu der ihr Verlangen sie eigentlich leiten sollte.

Religiöse Spiritualität beinhaltet eine Beziehung zu der Macht oder dem Wesen, auf die oder das sich die Selbsttranszendenz und der Lebenssinn fokussieren. Zur Spiritualität gehören hier ausdrücklich Gebet oder Meditation und Anbetung. Vieles von dem, was in Gruppen wie den Anonymen Alkoholikern vor sich geht, scheint trotz ihrer gegenteiligen Behauptungen eine religiöse Spiritualität zu fördern. Die Hilfesuchenden werden ermuntert, die Kontrolle über ihr Leben an eine höhere Macht zu übergeben und dann durch Meditation und Gebet eine Beziehung zu dieser Macht zu entwickeln. Es ist zwar durchaus möglich, jemanden zu einer nicht religiösen Spiritualität zu ermuntern, und einige Anwendungen des Konzepts der Anonymen Alkoholiker scheinen das auch tatsächlich zu tun, jedoch kann, wie Gerald May anmerkt, keine spirituelle Suche sehr weit voranschreiten, ohne religiös zu werden.[90]

In der christlichen Spiritualität spielen sich das Sondieren und die Reaktionen auf die tiefen spirituellen Sehnsüchte im Kontext des Glaubens und der Gemeinschaft der Christen ab. So ist es möglich, die spirituellen Sehnsüchte als Ruf des Geistes Gottes an den Geist des Menschen zu erkennen. Auf dem Weg, der sich daran anschließt, werden wir dadurch angetrieben und geleitet.

Das Wesen der christlichen Spiritualität ist die tiefe Beziehung zu Gott, die entsteht, wenn der menschliche Geist im Heiligen Geist begründet liegt. Spirituelles oder geistliches Wachstum ist eine Entwicklung hin zu einer tieferen und engeren Beziehung zu Gott. Je weiter diese voranschreitet, desto mehr werden unser Wille und unser Charakter dem Willen und Charakter Gottes angeglichen, und wir nähern uns immer mehr einem Zustand des Heil-Seins. Im Gegensatz zu dem, was manche Karikaturen christlicher Spiritualität nahelegen, werden wir nicht weniger menschlich, wenn wir Gott ähnlicher werden. Vielmehr finden wir, indem wir nach Hause zu Gott kommen, unser wahres Selbst und werden in vollerem Sinne menschlich. Insofern hängt spirituelles Wachstum eng mit psychischem Wachstum zusammen. Indem wir in eine tiefere Beziehung zu Gott hineinwachsen, finden wir unseren Platz, unsere Identität und unser Ziel und entdecken einen Bezugspunkt für die Integration unserer Persönlichkeit.

Christliche Formen der Gotteserfahrung

Schon ein oberflächlicher Blick auf die Geschichte der christlichen Spiritualität zeigt eine große Vielfalt unterschiedlicher Auffassungen und Erfahrungen. So groß ist die Vielfalt, dass diese Geschichte manchmal als eine Geschichte der Spiritualitäten im Plural bezeichnet wird. Allerdings dürfte es zutreffender sein, es so zu deuten, dass sich darin verschiedene Arten der Gotteserfahrung widerspiegeln.

In seinem Buch *A History of Christian Spirituality* sagt Urban Holmes, die Vielfalt der Wege, auf denen Christen gelernt haben, Gott zu erfahren, lasse sich anhand zweier bipolarer Skalen gut veranschaulichen: Die eine Skala bewegt sich zwischen den Polen kataphatisch und apophatisch, die andere zwischen den Polen spekulativ und affektiv.[91] Die ersten beiden Dimensionen beschreiben Techniken des spirituellen Wachstums, während das zweite Dimensionenpaar den vorrangigen Fokus dieser Techniken beschreibt.

Mit kataphatisch und apophatisch sind die beiden klassischen Herangehensweisen in der Meditation gemeint. Kataphatische Spiritualität basiert auf dem aktiven Gebrauch der Vorstellungskraft. In dieser Tradition wählt der Christ positive Bilder von Gott und benutzt diese Bilder als Werkzeuge für die Meditation. Zum Beispiel könnte die Meditation in der Form vor sich gehen, dass man Christus als den Guten Hirten visualisiert. Dieses Bild kann dann zusätzliche Details enthalten, zum Beispiel, dass er ein verwundetes Schaf trägt oder auf einsamen Hügeln nach einem verirrten Schaf sucht. Es lassen sich auch andere Sinne miteinbeziehen, etwa indem man sich die Geräusche in der Hügellandschaft, die Kühle der Bergluft oder den Hunger vorstellt, den der aufopferungsvolle Hirte verspürt.

Andere Gottesbilder, die als Grundlage für kataphatische Meditation dienen könnten, sind Gott als Liebe, Gott als Licht, Gott als Feuer, Gott als Vater, Gott als Mutter, Gott als Gerechtigkeit oder Gott als Barmherzigkeit. Unter den christlichen Traditionen, die besonders eng mit einer kataphatischen Spiritualität in Verbindung gebracht werden, sind zu nennen: mittelalterliche Mönche (Gregor der Große), Mystiker des vierzehnten Jahrhunderts (Richard Rolle und Juliana von Norwich) und die spanischen Mystiker des sechzehnten Jahrhunderts (besonders Ignatius von Loyola und Teresa von Avila).

Im Gegensatz zur kataphatischen Methode beruht die apophatische Spiritualität auf einer entleerenden Meditationstechnik. Statt sich auf Bilder auszurichten, die irgendeinen Aspekt Gottes symbolisieren, liegt bei den apophatischen Herangehensweisen der Schwerpunkt auf dem, was Gott nicht ist. Gott ist nicht bloß ein himmlischer Vater; er ist viel mehr als das. Auch die Bildergruppe des Hirten stellt ihn nicht umfassend dar. Diese und alle anderen Bilder werden als unvollkommene, gefährliche Fehldarstellungen seines Wesens beurteilt. In der apophatischen Tradition begegnet uns Gott als Mysterium. Er ist ein ungreifbarer oder verborgener Gott, der sich uns zwar offenbart hat, dem wir aber nur in verschleierter, verdunkelter

Form bewusst begegnen können. Während kataphatische Spiritualität die Erkennbarkeit Gottes und die Vertrautheit betont, die Menschen mit ihm haben können, warnt apophatische Spiritualität vor den Gefahren plumper Vertraulichkeit und der götzendienerischen Anmaßung, die Wirklichkeit Gottes in Worten oder Symbolen einfangen zu wollen.

Ziel der apophatischen Spiritualität ist es, die Einheit mit Gott zu erfahren. Was man durch diese Gotteserfahrung findet, ist nicht so sehr Erkenntnis als vielmehr Liebe. Gott erweist sich als unbegreiflich für unseren Verstand, aber nicht für unsere Liebe. Für diese Tradition stehen beispielhaft die orthodoxe Spiritualität, Meister Eckhart aus dem vierzehnten Jahrhundert und aus derselben Zeit der unbekannte englische Priester, der *The Cloud of Unknowing* (dt. *Die Wolke des Nichtwissens*) schrieb.

Die Skala von spekulativ bis affektiv ist die zweite Dimension, die Holmes vorschlägt, um die Vielfalt der Wege verständlich zu machen, auf denen Christen sich Gott nähern und ihm in ihrem Leben zu begegnen hoffen. Spekulative Herangehensweisen an die Spiritualität sind diejenigen Traditionen, die die Erleuchtung des Geistes (oder Verstandes) betonen, während die affektiven Herangehensweisen die Erleuchtung des Herzens (oder der Emotionen) betonen.

Spekulative Spiritualität betont die Begegnung mit Gott über den Verstand und wird somit meist mit rationalen theologischen Aussagen in Verbindung gebracht. Spekulative Spiritualität ist in großen Teilen des östlichen orthodoxen Christentums und des westlichen protestantischen Christentums anzutreffen. Am deutlichsten ist sie vielleicht bei reformierten (calvinistischen) Christen zu beobachten, die hohen Wert auf die Erkenntnis Gottes durch seine Selbstoffenbarung in der Heiligen Schrift legen. In dieser Tradition wird Gott nicht in erster Linie auf irgendeine irrationale oder emotionale Art und Weise erfahren, sondern man begegnet ihm mit dem Verstand und lernt ihn kennen durch das Studium seines Wortes, der Bibel. Spekulative Herangehensweisen an die Spiritualität haben meist ihre Stärken auf theologischem Gebiet und sind eher schwach, was die direkte Gotteserfahrung angeht.

Affektive Spiritualität betont die direkte Begegnung mit Gott in der Erfahrung. Gott begegnet man nicht so sehr im Kopf als vielmehr im Herzen. Etwas *über* Gott zu wissen gilt als schwacher Ersatz dafür, Gott tatsächlich persönlich zu kennen und zu erfahren. Beispiele für eine solche «Herzensreligion» finden sich in der ganzen Geschichte der Christenheit, von den frühen Wüstenvätern des vierten und fünften Jahrhunderts bis hin zu modernen Neopfingstlern und Charismatikern, sowohl im römisch-katholischen als auch im protestantischen Bereich. In all ihren Erscheinungsformen hat die affektive Herangehensweise an die Spiritualität ihre Stärken eher bei der Gotteserfahrung und zeigt eher Schwächen bei der Theologie oder der systematischen biblischen Reflexion dieser Erfahrung. Das Studium von Lehre und Theologie tritt hinter der direkten Gotteserfahrung in die zweite Reihe zurück. Wo Theologie mit Nachdruck betrieben wird, konzentriert sie sich auf die irrationalen Aspekte der Gotteserfahrung.

Anzumerken ist, dass die Unterscheidung zwischen Kopf und Herz, die durch die zweite Dimension in Holmes' Modell angedeutet wird, künstlich und sogar irreführend sein könnte. In der heutigen Psychologie werden Emotionen so verstanden, dass sie sowohl Erkenntnisse und Wahrnehmungen als auch Gefühle umfassen. Somit betreffen sie den Kopf ebenso wie das Herz. Das zeigt sich auch in den Beispielen für die spekulativ-affektive Dimension in den vorhergehenden Absätzen. Die orthodoxen Kirchen sind keineswegs emotionslos, und Johannes Calvin trug seinen Glauben gewiss sowohl im Herzen als auch im Kopf. Es wird zwar häufig versucht, religiöse Erfahrungen anhand dieser Dichotomie zu klassifizieren, aber man sollte die Gefahren solcher Unterscheidungen im Auge behalten.

Immerhin räumt Holmes ein, dass die zwei Skalen und die vier damit verbundenen Arten der Gotteserfahrung eng miteinander verflochten sind. Es ist schwierig, die eine Funktion

5. Christliche Spiritualität 113

auf einer Skala zu beschreiben, ohne auf die andere Bezug zu nehmen. Holmes' Darstellung ihrer Wechselbeziehung sehen wir in Abbildung 2. Nach seiner Anschauung sollte eine vollkommen abgerundete Spiritualität idealerweise die Balance zwischen allen vier Arten der Gotteserfahrung halten – dargestellt durch den Kreis in der Mitte der Abbildung. Probleme mit der Spiritualität treten nach dieser Darstellung dann auf, wenn man den Kreis der Balance verlässt. Dieses Modell lässt auf vier konkrete Gefahren eines solchen Balanceverlustes schließen. Rationalismus ist die Folge einer übertriebenen spekulativ-kataphatischen Spiritualität, Pietismus die Folge einer übertriebenen kataphatisch-affektiven Spiritualität, Quietismus die Folge einer übertriebenen apophatisch-affektiven Spiritualität und Enkratismus (extreme Askese) die Folge einer übertriebenen spekulativ-apophatischen Spiritualität.

Abbildung 2
Arten der Gotteserfahrung
und ihre jeweiligen Gefahren

Nach: Urban Holmes, *A History of Christian Spirituality*
(New York: Seabury, 1980), Seite 4.

Der Wert dieses Modells liegt vielleicht nicht so sehr in seinem Beitrag zur Analyse und Klassifizierung als vielmehr in seinem Beitrag zum Verständnis der Bandbreite christlicher

Spiritualität. Offensichtlich gibt es nicht nur einen einzigen Weg, dem christlichen Gott zu begegnen oder ihn zu erfahren. Die menschliche Persönlichkeit ist zu komplex und vielfältig und Gott zu groß, als dass unsere Begegnung mit ihm einfach, genau vorgezeichnet oder vorhersagbar sein könnte.

Was ist christliche Spiritualität?

Trotz ihrer großen Bandbreite und bedeutender Gemeinsamkeiten mit anderen Spiritualitäten gibt es eine Reihe von Merkmalen, die christliche Spiritualität besonders auszeichnen. Christliche Spiritualität:

1. beginnt mit einer Antwort auf den Ruf des göttlichen Geistes an den menschlichen Geist
2. ist verwurzelt in der Hingabe an Jesus und in der Entschlossenheit zu einem veränderten Leben
3. wird genährt durch die Gnadenmittel
4. beinhaltet eine tiefe Bekanntschaft mit Jesus und durch ihn mit dem Vater und dem Heiligen Geist
5. erfordert eine tiefe Selbsterkenntnis
6. führt zur Verwirklichung des einzigartigen Selbst, das wir nach Gottes Willen sein sollen
7. entwickelt sich einzigartig im Kontext des Leidens
8. äußert sich darin, dass man die Güte der Liebe Gottes mit anderen teilt und für seine Schöpfung sorgt
9. feiert diese Güte in der christlichen Gemeinschaft

Betrachten wir jeden dieser Punkte im Einzelnen, um den spirituellen Kontext, in dem christliche Seelsorge angeboten wird, besser zu verstehen.

1. *Christliche Spiritualität beginnt mit einer Antwort auf den Ruf des göttlichen Geistes an den menschlichen Geist.* Das Wesen der christlichen spirituellen Suche fasste Augustinus ausdrucksstark zusammen, als er sagte: «Unruhig ist unser Herz, bis es ruht, oh

Herr, in dir; denn für dich hast du uns geschaffen.»[92] Als Menschen, die nach Gottes Bild erschaffen sind, sind wir unvollständig, bis wir in eine Beziehung zu dem Gott treten, der uns geschaffen hat, damit wir innige Gemeinschaft mit ihm haben. Für Christen ist dies der höchste Sinn und das höchste Ziel des Lebens.

Die Unruhe, von der Augustinus spricht, wird nicht immer als Antwort auf den Ruf des Geistes Gottes an unseren Geist erlebt. Manchmal erleben wir sie als eine Suche nach Sinn, Glück, Erfolg, Wahrheit, Vollkommenheit, Verortung, Erfüllung, Kohärenz, Hingabe, Zugehörigkeit, Transzendenz, Ziel oder der Entdeckung unseres tiefsten und einzig wahren Selbst. Zu anderen Zeiten wird sie unmittelbarer als Sehnsucht danach erlebt, Gott zu kennen, oder als ein Verlangen nach seiner Vergebung. Doch wie auch immer wir diese Unruhe erleben, nach christlicher Auffassung liegt die Initiative in dieser Sache bei Gott. Sein Geist ist es, der uns ruft, selbst wenn es uns so scheint, als ginge die Initiative von uns aus. Ob still und sanft oder voller Leidenschaft und Unmittelbarkeit, Gottes Geist ruft unseren Geist und lädt uns ein, uns ihm zuzuwenden und wahrhaft unseren Platz, unser Ziel und unsere Identität zu finden.

Der erste Schritt einer spirituellen Reaktion auf dieses Verlangen ist, dass wir lernen, still zu sein. Der göttliche Ratschlag «Seid stille und erkennet, dass ich Gott bin!» (Psalm 46,11; Luther) erinnert uns daran, dass Stille und Einsamkeit nötig sind, um den geistlichen Ruf zu erkennen. Dies bleibt auch für alle weiteren Schritte auf dem Weg von Bedeutung. Doch dieser Weg kann nicht beginnen, wenn wir nicht innehalten und auf die Botschaften aus den Tiefen unserer Seele lauschen. Hier begegnen wir Gott, denn hier vernehmen wir den Ruf seines Geistes. Wenn wir nicht imstande sind, lange genug still zu sein, um sein «stilles, sanftes Sausen» zu hören, bleiben wir Opfer unserer zwanghaften Geschäftigkeit, die immer der Feind aller spirituellen Tiefe ist.

Der Umstand, dass die spirituelle Natur unseres Verlangens oftmals nicht offen zutage tritt, ist für die Seelsorge von großer Bedeutung. Probleme, die zunächst vor allem psychischer Natur zu sein scheinen, haben oft eine tiefere, spirituelle Dimension. Deshalb sind die ersten Schritte, mit denen wir auf den Ruf des Geistes Gottes an unseren Geist reagieren, oft nicht bewusst spirituell. Wenn wir jedoch dieses Verlangen spüren und darauf zu reagieren beginnen, reagieren wir dennoch auf den Ruf des Geistes Gottes und tun die ersten Schritte auf einer Reise, die sich unter der Leitung seines Geistes als eine Reise der christlichen Spiritualität erweisen kann.

2. *Christliche Spiritualität ist verwurzelt in der Hingabe an Jesus und in der Entschlossenheit zu einem veränderten Leben.* Christliche Spiritualität ist weder eine Philosophie noch eine religiöse Haltung, noch eine psychospirituelle Technik. Sie ist auch nicht etwas, was sich problemlos in das übrige Leben integrieren lässt, ohne das Ganze zu verändern. Radikale Veränderung ist ein Kernelement des Lebens in Christus, und christliche Spiritualität wurzelt in einer Hingabe an Christus und einer Offenheit für das veränderte Leben, das er seinen Nachfolgern anbietet und von ihnen erwartet.

Somit gehört zu einer treffenden Darstellung christlicher Spiritualität nicht nur das Bild einer Reise, sondern auch die Bilder von Wachstum, Entwicklung und Veränderung. Christliche Spiritualität ist nicht bloß ein Zustand; sie ist eher als Prozess zu verstehen. Der Prozess des geistlichen Wachstums wird vom Heiligen Geist – dem Geist Jesu – befeuert und ist darauf ausgerichtet, einen Menschen in das Bild Jesu zu verwandeln. Diese Verwandlung beginnt mit der Buße und der Hingabe an Christus, der zu einem integralen Bestandteil des inneren und äußeren Lebens des Menschen wird. So wird der Geist Christi zum Motor der spirituellen Veränderung, die dann bei den inneren und äußeren Aspekten des Selbst beginnt.

3. *Christliche Spiritualität wird genährt durch die Gnadenmittel.* Bleiben wir noch einen Moment bei diesem organischen Bild christlicher Spiritualität als eines Wachstumsprozesses. Die Nahrung für das spirituelle Wachstum bekommen wir durch die sogenannten «Gnadenmittel». Heilige Schrift, Gebet, die Sakramente und die christliche Gemeinschaft dienen als Medien, durch die wir auf einzigartige Weise die Gnade empfangen. Genau verstanden, müssen wir uns bewusst machen, dass keines dieser Dinge an sich automatisch Gottes Gnade vermittelt. Um sie richtig zu empfangen, müssen sie im Glauben und mit Dankbarkeit angenommen werden. Wenn wir sie auf diese Weise empfangen, werden sie zu Kanälen der Gnade Gottes, die unser geistliches Wachstum nähren und uns für unseren spirituellen Weg die Richtung weisen.

Das vorrangige Gnadenmittel ist die Heilige Schrift. Durch sie empfangen wir die Botschaft des Evangeliums, und hier beginnt Gott uns auch zu offenbaren, wer er ist und wer wir sind. Der Umgang mit der Heiligen Schrift ist darum unerlässlich, wenn wir Gott, uns selbst und seinen Willen für uns kennenlernen wollen.

Aus der Begegnung mit Gott, wie er sich in der Bibel offenbart, erwächst ganz natürlich das Gebet. Gebet ist nicht einfach nur Reden mit Gott. Auf einer tieferen Ebene ist es die Ausrichtung des Herzens auf seine Gegenwart. Gebet ist der Ort, wo unser tiefstes Inneres Gott berührt und von ihm berührt wird. Im Gebet betet Gottes Geist in und durch uns. Selbst unsere Antwort auf Gott erfordert seine Gnade und spiegelt die Ermächtigung durch seinen Geist wider.

Die beiden anderen wichtigen Gnadenmittel sind die Sakramente und die christliche Gemeinschaft. Mit ganz wenigen Ausnahmen feiern fast alle christlichen Traditionen zumindest die Taufe und das Abendmahl. Betrachtet man diese Gepflogenheiten als Sakramente, so wird darunter ein äußeres und sichtbares Zeichen einer inneren und spirituellen Gnade verstanden. Das ist gemeint, wenn wir sie als Gnadenmittel bezeichnen.

Schließlich erinnert uns die wichtige Rolle der Gemeinschaft in der christlichen Spiritualität daran, dass die Beziehung eines Christen zu Gott kein persönlicher Privatbesitz ist. Christliche Spiritualität ist eine gemeinschaftliche Spiritualität, und die Gemeinschaft mit anderen Christen ist eines der Mittel, durch die wir die göttliche Gnade empfangen. Die in der heutigen Christenheit so verbreitete Do-it-yourself-Spiritualität ist keine christliche Spiritualität im biblischen Sinne. Leben in Christus ist Leben in der christlichen Gemeinschaft.

4. *Christliche Spiritualität beinhaltet eine tiefe Bekanntschaft mit Jesus und durch ihn mit dem Vater und dem Heiligen Geist.* Christliche Spiritualität erschöpft sich nicht darin, etwas über Gott zu wissen, sondern es bedeutet, Gott zu kennen. Die Vertrautheit mit Gedanken über Gott ist kein Ersatz dafür, ihn unmittelbar durch Erfahrung kennenzulernen. Christliche Spiritualität gründet sich auf Kennen, nicht auf Wissen.

Weil Gott Liebe ist, heißt Gott kennen ihn lieben, und ihn lieben heißt ihn kennen. Gott zu kennen ist also keine reine Kopfsache. Es ist auch eine Herzenssache. Grundlage dieser Herzensbekanntschaft muss die persönliche Erfahrung der Liebe Gottes sein. Gottes Liebe persönlich erfahren heißt, mit seinem Wesen erfüllt zu sein (Epheser 3,19). Dies ist die lebensverändernde Erkenntnis, von der uns die Heilige Schrift sagt, dass darin das ewige Leben liegt (Johannes 17,3).

Um Gott zu kennen, müssen wir glauben, dass Gott sich kennenlernen lassen will. Gott verbirgt sich nicht vor uns, sondern er streckt beständig die Hände nach uns aus und versucht, mit uns zu kommunizieren. Einer der überraschendsten Charakterzüge des christlichen Gottes ist seine Aussage, es verlange ihn danach, uns zu kennen und von uns erkannt zu werden.

Obwohl Gott sich nach uns ausstreckt, ist er zugleich ein grenzenloses Mysterium. Es gibt niemanden sonst wie Gott. Wenn wir Gott als heilig bezeichnen, sagen wir damit, dass er eine separate Kategorie für sich ist, der ganz und gar Andere. Ein

Mysterium verursacht manchen Leuten Unbehagen. Sie wünschen sich einen ordentlichen Gott, der sich leicht in dogmatische Formulierungen einfassen lässt. Ein solcher selbst gemachter Gott aber ruft kein Staunen hervor, und dem Leben seiner Nachfolger fehlt es sowohl an Überraschung als auch an Ehrfurcht.

Gott zu kennen fängt damit an, dass wir Jesus kennen. Der Apostel Paulus beschrieb Jesus als «das Ebenbild des unsichtbaren Gottes ... es hat Gott gefallen, dass in ihm alle Fülle wohnen sollte» (Kolosser 1,15.19; Luther). Durch seine Worte wie durch seine Taten zeigt uns Jesus, wie Gott wirklich ist. Erzbischof Michael Ramsay wird mit den Worten zitiert: «Gott ist Christus ähnlich, und in ihm ist keinerlei Christus-Unähnlichkeit.» Das bedeutet, dass jede Vorstellung von Gott an der Person Jesu zu messen ist, denn Jesus zu kennen heißt, seinen Geist und seinen Vater zu kennen.

Christliche Spiritualität beinhaltet die Verwurzelung des menschlichen Geistes im göttlichen Geist. Spiritualität, die nicht im Heiligen Geist wurzelt, ist nicht christlich. Das entspricht ganz dem biblischen Gebrauch des Wortes *Spiritualität,* das Leben im und vom Geist bezeichnet. Eine Spiritualität, die nicht den Menschengeist im Geist Gottes gründen lässt, ist nicht christlich.

Gott können wir nur durch Offenheit, Hingabe und Empfänglichkeit kennenlernen. Er ist nicht durch Logik, Analyse oder Kontrolle zu erkennen. Wissen über Gott kann man logisch analysieren, aber ihn kennen ist mehr, als etwas über ihn zu wissen. Diese persönliche Bekanntschaft mit Gott ist für die christliche Spiritualität wesentlich. Theologie ist ein schwacher Ersatz für die unmittelbare Gotteserfahrung, so wie Gedanken über eine Person die persönliche Begegnung mit ihr nicht ersetzen können.

5. *Christliche Spiritualität erfordert eine tiefe Selbsterkenntnis.* Johannes Calvin beginnt das erste Kapitel des ersten Buches seiner *In-*

stitutio Christianae Religionis mit einer kühnen Behauptung. Gott zu kennen und sich selbst zu kennen, sagt er, hingen sehr eng miteinander zusammen. Er geht sogar so weit, zu behaupten, es gebe gar keine wahre Gotteserkenntnis ohne Selbsterkenntnis und ohne Gotteserkenntnis gebe es keine wahre Selbsterkenntnis.[93]

Die Radikalität dieser Aussage liegt in dem hohen Gewicht, das sie auf die Selbsterkenntnis in der Spiritualität legt. Diese Komponente des christlichen spirituellen Weges ist oft vernachlässigt worden. Dabei hatte es erschreckende Konsequenzen, wann immer Menschen dachten, sie könnten Gott kennen, ohne sich selbst richtig zu kennen. Dies führte zu einer äußerlichen Frömmigkeit, die in einem krassen Gegensatz zum tatsächlichen Zustand der inneren Welt stand. Dieser Mangel an Authentizität ist meist für andere Menschen deutlich zu erkennen, während das betroffene Individuum selbst sich gegen ein solches Bewusstsein wehrt, indem es sich immer stärker auf Verleugnung und Projektion stützt. Dies wiederum führt zu Starrheit und einer immer größer werdenden Kluft zwischen der inneren Wirklichkeit und dem äußeren Schein.

Echte christliche Spiritualität nimmt die Selbsterkenntnis sehr ernst. Hier liegt die tiefe Verbindung zwischen spirituellem und psychischem Heil-Sein. Calvin beteuert, dass die Grenzen der Selbsterkenntnis immer auch die Grenzen der Gotteserkenntnis eines Menschen sein werden. Das ist gute Psychologie. Menschen, die sich davor fürchten, gründlich und genau auf sich selbst zu blicken, werden sich natürlich ebenso davor fürchten, gründlich und genau auf Gott zu blicken. Solchen Menschen dient das Denken über Gott als Ersatz dafür, ihn unmittelbar zu erfahren.

Wie lernen wir uns selbst kennen? Erstens ist das Selbst letzten Endes nur in der Beziehung zu Gott und zu anderen Menschen verständlich. Da wir für die Beziehung zu Gott geschaffen sind, ist jedes Selbst, das wir abseits von dieser Beziehung zu entdecken meinen, letztlich ein falsches und unvollständiges

5. Christliche Spiritualität

Selbst. Die Entdeckung dieses wahren Selbst, unseres Selbst-in-Christus, wird dadurch ermöglicht, dass Gott uns kennt. Er offenbart uns dann unser wahres Selbst.

Der erste Schritt dazu, mich selbst in der Beziehung zu Gott kennenzulernen, besteht darin, mich so kennenzulernen, wie Gott mich kennt. Wie sieht mich Gott, wenn er mich anschaut? Die Antwort auf diese Frage ist entscheidend für meine ganze Beziehung zu Gott. Die biblische Antwort lautet, dass wir zuerst und vor allem erkennen müssen, dass Gott uns mit Liebe ansieht. Wunderbar im Verborgenen gemacht im Mutterleib durch die Hand Gottes, behütet, so dass kein Haar von unserem Kopf fällt, ohne dass er es weiß, umworben, wenn wir ihn ignorieren und ablehnen, und zutiefst geliebt, während wir doch noch Sünder waren – durch all das sichert Gott uns zu, dass er unverbrüchlich für uns ist. Er liebt uns mit einer Tiefe und Treue, die wir uns nicht einmal vorstellen können. Das muss die Grundlage unserer Selbsterkenntnis sein.

Doch wenn wir uns selbst so kennenlernen, wie Gott uns kennt, sind wir auch gezwungen, die Realität unserer Sünde anzuerkennen. Viel mehr als die Dinge, die wir tun, beruht unsere Sünde im Kern auf dem Irrglauben, wir könnten ohne Gott wie Gott sein. Wir wiederholen den Fehler unserer Ureltern, indem wir alle versuchen, wie Gott zu sein, ohne uns ihm unterzuordnen. Wir alle wollen unser Leben unabhängig von Gott und der totalen Ergebung in seinen Willen führen. Indem wir das tun, streben wir danach, unser eigener Gott zu sein; wir wollen wie Gott sein. James Finley führt dazu aus:

> Jeder Ausdruck selbst verkündeter Gottesähnlichkeit ist uns verboten, nicht etwa, weil dies gegen irgendein von Gott willkürlich verfügtes Gesetz verstößt, sondern weil solch ein Handeln gleichbedeutend ist mit einer fundamentalen, tödlichen ontologischen Lüge. Wir sind nicht Gott. Wir sind nicht unser eigener Ursprung, und wir sind ebenso wenig unsere eigene höchste Erfüllung. Wenn wir es dennoch behaupten,

ist das ein suizidaler Akt, der unsere Glaubensbeziehung zu dem lebendigen Gott verletzt und sie durch einen sinnlosen Glauben an ein Selbst ersetzt, das doch nie existieren kann.[94]

Echte Selbsterkenntnis erfordert zudem, dass wir uns selbst in Beziehungen zu anderen Menschen erfahren. Manche Leute gehen an die Aufgabe der Selbsterkenntnis heran wie an das Schälen einer Zwiebel. Sie betrachten sich selbst in der Abgeschiedenheit statt in Beziehungen und versuchen, eine Schicht nach der anderen abzutragen. Letzten Endes führt das nur dazu, dass sie ihr Selbst auseinandernehmen, statt es zu entdecken.

Unser Selbst ist ein Geschenk, das uns von anderen gemacht wird. Es ist nichts, was wir selbst geschaffen hätten. Wenn wir uns vornehmen, ein Selbst jenseits aller Beziehungen zu anderen zu entdecken, dann versuchen wir, ein falsches Selbst zu erschaffen. Zu echter Selbsterkenntnis gehört immer, dass wir uns in Beziehungen kennenlernen. Dazu müssen wir in engen Beziehungen leben und wissen, wie wir über unsere Erlebnisse in diesen Beziehungen reflektieren können. Und wir müssen auch andere gründlich kennen.

Die westliche Psychologie des Selbst ist sehr von Descartes' Diktum beeinflusst: «Ich denke, also bin ich.» Dies macht das Selbst nur vom Selbst und seiner Fähigkeit zum Denken (zur Selbstreflexion) abhängig. Im Gegensatz dazu heißt es in der afrikanischen spirituellen Ubuntu-Philosophie: «Ich bin, weil wir sind; wir sind, weil ich bin.» Das setzt das Selbst in Abhängigkeit vom Selbst anderer. Das heißt: «Ich bin eine Person, weil es andere Personen um mich her gibt.» Aus dieser Sicht – die dem christlichen Verständnis viel näher steht als die Auffassung von Descartes – sind das Selbst, die Persönlichkeit und sogar das Menschsein Geschenke, die wir von anderen empfangen. Es gibt keine bedeutungsvolle Entwicklung, Entdeckung oder Verwirklichung des Selbst ohne die vertraute Beziehung zu diesen anderen Menschen, die uns nahestehen.

Tiefe Selbsterkenntnis erfordert auch, dass wir uns den Schattenseiten unserer Persönlichkeit stellen. Bei jeder echten Begegnung mit dem Selbst werden wir vieles Unerfreuliche vorfinden, und manches wird uns geradezu erschrecken. Zur christlichen Spiritualität gehört, dass wir die vielen Facetten unseres Selbst anerkennen und dem Licht der Liebe Gottes aussetzen. Dort kann Gott sie mit seiner Gnade umschließen, sie um sich sammeln und langsam zu der neuen Persönlichkeit zusammenweben, die er aus uns machen will.

Darüber hinaus gehört zur tiefen Selbsterkenntnis auch, dass wir uns auf den Weg machen, um unsere typischen Selbsttäuschungsstrategien zu durchschauen und zu durchbrechen. Die Bibel bestätigt uns, was die Psychologie zeigt: «Trügerisch ist das Herz, mehr als alles» (Jeremia 17,9; Elberfelder). Die menschliche Fähigkeit zum Selbstbetrug lässt sich kaum überschätzen. Unsere Fähigkeit, andere zu täuschen, ist schon bemerkenswert, aber verglichen mit unserer Fähigkeit, uns selbst zu täuschen, verblasst sie zur Bedeutungslosigkeit. Wie wäre es sonst möglich, dass Kinderärzte Kinder in ihrer Obhut sexuell missbrauchen und dabei weiterhin praktizieren und sich in Komitees für medizinische Ethik engagieren? Oder wie wäre es möglich, dass Gemeindekassierer sich an den Kollekten bereichern oder Fernsehprediger mühelos und gewohnheitsmäßig gerade die Sünden begehen, die sie am meisten anprangern?

Gerade das, was uns bei anderen schockiert, übersehen wir typischerweise bei uns selbst, auch wenn das, was wir in uns selbst vorfinden, geringfügiger erscheinen mag. Wenn wir ehrlich sind, müssen auch wir zugeben, dass wir uns regelmäßig selbst belügen und die Wahrheit verbiegen, um die Wirklichkeit in eine Form zu bringen, die uns akzeptabler erscheint. Ob durch Rationalisierungen (plausible, aber nicht tatsächliche Begründungen unseres Verhaltens), Repression oder Verleugnung (die Weigerung, etwas Unerfreuliches zu akzeptieren) oder Projektion (die Übertragung von Motiven und Gefühlen, die wir bei uns selbst nicht akzeptieren, auf andere) – all diese Dinge sind Mittel, mit denen wir uns selbst betrügen. Die typischen Methoden, die wir dabei anwenden, zu verstehen, ist ein wesentlicher Teil der Selbsterkenntnis. Dies ist selbstverständlich auch ein erster Schritt dahin, unser Leben im Licht der Wahrheit statt in der Dunkelheit der Illusion zu führen.

Schließlich kommt echte Selbsterkenntnis nur dadurch, dass wir uns mit Erfahrungen von Dunkelheit, Leid und Kampf auseinandersetzen, statt vor ihnen zu fliehen. Wenn wir vor dem Schmerz fliehen, fliehen wir vor der Selbsterkenntnis. Ebenso werden wir, wenn wir vor Ängsten, Zwängen und Depressionen fliehen, statt uns auf sie einzulassen und inmitten von ihnen mit Gott zu ringen, uns selbst nie auf wahrhaftige, tiefe Weise kennenlernen. Symptome sind die Stimme der Seele. Ihnen unter Gebet lauschen zu lernen und ebenso unseren Träumen und den Mustern, nach denen wir auf Menschen und Ereignisse reagieren, ist ein wichtiges Mittel, um uns um unsere Seele zu kümmern. Tiefe Selbsterkenntnis ist unmöglich, ohne dass wir lernen, auf diese Botschaften aus den tiefsten Winkeln unserer inneren Welt zu hören.

Dabei sollte nicht vergessen werden, dass Selbsterkenntnis ein Mittel der christlichen Spiritualität ist, nicht ihr Ziel. Das Ziel der Selbsterkenntnis ist Selbstveränderung. Es gibt keine Abkürzungen zu einer solchen Selbstveränderung. Letzten Endes ist sie das Ergebnis lebenslangen Bemühens um Ehrlichkeit, Selbstprüfung, Gebet und Wachstum. Dies ist der einzige Weg zu echter Erkenntnis und echtem Wachstum des Selbst, und es ist ein wesentlicher Bestandteil jeder Spiritualität, die unser religiöses Leben in den Rest unseres Daseins zu integrieren versucht.

6. *Christliche Spiritualität führt zur Verwirklichung des einzigartigen Selbst, das wir nach Gottes Willen sein sollen.* Christliche Spiritualität unterscheidet sich in der Zielsetzung grundlegend von anderen Spiritualitäten, die zu einer Verschmelzung des Selbst mit dem Göttlichen führen sollen. Diese führt letzten Endes zu einem Verlust des Selbst. Im krassen Gegensatz dazu ist das

Christentum auf eine Entdeckung und Verwirklichung des Selbst aus – eines Selbst, das wir nur in Christus finden.

Christen glauben, dass wir Menschen unseren Ursprung als einzigartige Persönlichkeiten in Gott haben und dass Gott uns in Christus dazu aufruft, wir selbst zu sein. Das Problem liegt in der Entdeckung unseres wahren Selbst. Gott lässt uns die Freiheit, echt oder unecht zu sein. Er lässt uns die Freiheit, jedes Selbst zu sein, das uns passt, aber wir können diese Wahl nicht treffen, ohne die Konsequenzen zu tragen. Thomas Merton sagt: «Wenn wir uns selbst und andere belügen, können wir nicht damit rechnen, Wahrheit und Wirklichkeit zu finden, wann immer wir sie zufällig brauchen. Wenn wir uns für den Weg der Falschheit entschieden haben, dürfen wir uns nicht wundern, dass sich uns die Wahrheit entzieht, wenn wir endlich so weit sind, dass wir sie nötig haben.»[95]

Das Ziel christlicher Spiritualität wird manchmal als Selbstverleugnung dargestellt. Richtig verstanden, ist aber das, was im Rahmen der christlichen Spiritualität verleugnet wird, nicht das Selbst, sondern die falschen Selbstbilder. Falsche Selbstbilder sind die egozentrischen, eigenwilligen Daseinsformen, die wir uns schaffen, um unabhängig von Gott und außerhalb der Reichweite seines Willens zu leben. Insofern sind sie letzten Endes Illusionen, aber sie sind Illusionen, die uns von der psychospirituellen Vitalität abschneiden. Unser falsches Selbst kreuzigen heißt, unseren Versuch aufzugeben, Meister unseres Geschicks, Kapitän unseres Schiffs zu sein. Es heißt, uns Gottes Willen für uns und seiner Liebe unterzuordnen.

Unsere christliche Berufung ist es, mit Gott gemeinsam an der Erschaffung unseres wahren Selbst zu arbeiten. Das Aufregende an dieser Arbeit ist, dass wir nicht von vornherein wissen, wie das Ergebnis aussehen wird. Unser wahres Selbst ist in Christus verborgen. Immerhin wissen wir aber, dass dieses wahre Selbst-in-Christus unsere Originalität steigern, unser Menschsein erfüllen und unsere Suche nach Identität zum Ziel führen wird.

Adrian van Kaam spricht sehr anschaulich darüber, inwiefern der Ruf, Christus ähnlich zu werden, ein Ruf zur Originalität ist. Er sagt:

> Jeder Mensch ist berufen, sein eigenes Selbst und dennoch zugleich eins mit Gott zu werden. Ich muss zu der einzigartigen Person werden, die Gott mit mir beabsichtigt hat. Je mehr ich werde, wozu mein Schöpfer mich ursprünglich berufen hat, desto mehr werde ich mit meinem göttlichen Ursprung vereint. Diese Vereinigung mit meinem Ursprung vertieft meine Ursprünglichkeit, meine Originalität. Mir ist eine Originalität zu eigen, die Gott schon immer so wünschte, beziehungsweise beabsichtigte. Er schuf mich als Original, als genau diese Person und niemanden sonst.[96]

Mein Leben in Christus wird originell sein, absolut einzigartig. Es wird gegründet sein auf die besonderen Merkmale des Temperaments, des zwischenmenschlichen Stils und der Persönlichkeit, die Gott mir bereits gegeben hat. Und es wird die einzigartige Widerspiegelung seines Bildes sein, als die er mich von Ewigkeit her entworfen hat.

Wichtig ist jedoch auch, anzumerken, dass mein wahres Selbst-in-Christus die Erfüllung meines Menschseins sein wird. Christliche Spiritualität verlangt nicht, dem Menschsein zu entsagen und unsere Menschlichkeit gegen eine Göttlichkeit einzutauschen. Sie macht uns nicht weniger menschlich, sondern im Gegenteil menschlicher. Ein großes Gefahrenpotenzial liegt darin, dass wir im Bestreben, Gott ähnlicher zu werden, unsere Menschlichkeit aus den Augen verlieren. Dabei war das ja gerade die Sünde, die unsere Ureltern im Garten Eden begingen, dass sie die Begrenzungen des Menschseins nicht akzeptieren und wie Gott sein wollten. Gott verlangt von uns nicht, dass wir Gott werden. Nein, er bietet uns seine Hilfe dabei an, vollkommen menschlich zu werden.

Schließlich sollten wir beachten, dass die Entdeckung und

Verwirklichung unseres wahren Selbst-in-Christus unsere Suche nach unserer Identität und Berufung ans Ziel bringen wird. Der ehemalige UN-Generalsekretär Dag Hammarskjöld beschreibt das so:

> Körper und Seele haben tausend Möglichkeiten, aus denen du viele Ichs bauen kannst. Doch nur eines von ihnen ergibt die Kongruenz zwischen dem, der wählte, und dem Gewählten. Nur ein Ich – das du nie finden wirst, bis du alle diese oberflächlichen und flüchtigen Möglichkeiten zu sein und zu handeln ausgeschlossen hast, mit denen du aus Neugierde oder aufgrund deines Begehrens spielst und die dich davon abhalten, dich zu verankern im Erlebnis des Geheimnisses des Lebens und im Bewusstsein des Talents, das dir anvertraut wurde, also in deinem Ich.[97]

7. Christliche Spiritualität entwickelt sich einzigartig im Kontext des Leidens. Das Christentum verheißt nicht Gesundheit, Reichtum und Erfolg. Dazu ist es viel zu realistisch. Gott verheißt uns nicht, uns alle Nöte abzunehmen, sondern bei uns zu sein, ob wir nun Leiden oder Segen erleben. Infolgedessen umfasst christliche Spiritualität nicht nur den Erfolg, sondern auch das Leid. Sie betont sogar, dass leidvolle und schwere Erfahrungen oft einzigartige Möglichkeiten zum geistlichen Wachstum bieten.

In der Taufe identifizieren wir uns mit Christus, und indem wir uns als gläubig bekennen, erklären wir uns zu Nachfolgern Jesu. Aber wer war denn dieser Christus, dessen Leben wir nacheifern wollen? Das Apostolische Glaubensbekenntnis ruft uns in Erinnerung, dass er gekreuzigt, gestorben und begraben wurde, dass er hinabstieg in das Reich des Todes und am dritten Tage auferstand. Das Leben, mit dem wir uns in der Taufe identifizieren, ist also ein Leben des Leidens, des Todes, der Hölle und der Auferstehung. In diesem Kontext des Kampfes und nicht des Erfolgs können wir vor allem damit rechnen, den Gott anzutreffen, der uns als der leidende Gottesknecht begegnet.

Am Kreuz Christi stehen wir einem Gott gegenüber, der sich als ein geschlagenes Wesen zu erkennen gibt – leidend, arm, gedemütigt und verlassen. Christopher Levan fragt: «Können wir unser Vertrauen in einen Gott setzen, der die Welt so sehr liebt, dass die Teilhabe an seinem Leid der Ausgangspunkt für göttliche Offenbarung und göttliches Handeln ist?»[98] Wenn wir die Offenbarung des Kreuzes richtig verstehen, wird uns klar, dass gerade im Leiden – unserem und dem anderer – Christus sich offenbart. Martin Luther betonte, der Weg zu einer echten Gotteserkenntnis müsse immer damit beginnen, Gottes Leiden in der Welt kennenzulernen. Nur dann, wenn wir auf der Seite derer stehen, die Schmerzen, Demütigungen, Hunger und Armut erleiden, und die Welt durch ihre Erfahrung betrachten, werden wir wahrhaftig den Gott kennen, der in die Welt kam, um das menschliche Leid zu teilen.

Offenheit fürs Leiden ist in Wirklichkeit Offenheit fürs Leben. Leiden ist ein unvermeidlicher Teil des Lebens, und wenn wir für irgendeinen Teil des Lebens offen sein wollen, müssen wir uns für das komplette Leben öffnen. Fliehen wir vor dem Schmerz in uns selbst und in anderen, so werden wir auch nie richtigen Frieden und richtige Freude erleben. Offenheit fürs Leben heißt, es mit Bereitwilligkeit zu leben, nicht mit Eigenwilligkeit. Bereitwilligkeit beinhaltet die Ergebung in eine Wirklichkeit, die größer ist als man selbst, und ein Aufgeben des Gedankens, ein Mensch könne das Leben tatsächlich im Griff haben. Insofern ist sie ein Aufgeben der Eigenständigkeit. Eigenwilligkeit dagegen besteht darin, dass man sich von der tiefsten Wirklichkeit absetzt, um das eigene Geschick zu meistern und das Dasein zu kontrollieren und zu manipulieren. Christus ist der Inbegriff eines bereitwilligen Lebens. Christliche Spiritualität lädt uns ein, seine Haltung zu übernehmen: «Nicht mein, sondern dein Wille geschehe.»

5. Christliche Spiritualität

8. *Christliche Spiritualität äußert sich darin, dass man die Güte der Liebe Gottes mit anderen teilt und für seine Schöpfung sorgt.* Christliche Spiritualität ist keine private religiöse Erfahrung, sondern Teilhabe an Gottes Erlösungsplan für die Schöpfung. Darum ist sie gekennzeichnet von der Liebe zu Gott und anderen Menschen und von der Fürsorge für Gottes Schöpfung.

Alistair Campbell zufolge ist ein richtiges Verständnis christlicher Berufung immer

> eine Antwort auf die Gnade, die uns zurückführt zu unserem Platz in der Welt und zur Freude daran, uns um andere zu kümmern. Sie ist die Antwort von Menschen, die einst gefangen waren, nun aber befreit (erlöst) sind, die entfremdet waren, aber nun Nähe finden (versöhnt sind), deren Welt zerschmettert war, aber nun heil gemacht (gerettet) wurde. Diese Antwort entdeckt die Güte in der Schöpfung wieder und stellt so ein Berufungsbewusstsein aufgrund von Gaben und Dankbarkeit wieder her.[99]

Christliche Spiritualität treibt uns hinaus in die Welt. Eine Spiritualität, die keine Notiz vom Leiden und der Ungerechtigkeit in der Welt nimmt, ist keine christliche Spiritualität. Christen, die in ihrem Leben tiefe Erfahrungen mit Gott machen, begnügen sich nicht mit Gebet und Lobpreis. Sie kümmern sich auch um die Armen und Entrechteten und bemühen sich um die Beseitigung oder Linderung sozialer Missstände. Und sie tun dies als Antwort auf Liebe, nicht als eine gesetzliche Verpflichtung.

Wir sind nicht nur deshalb dazu berufen, den Armen zu helfen oder die Menschen zu lieben, die uns nicht liebenswert erscheinen, weil sie weniger Glück haben als wir. Herablassung oder Mitleid sind nicht die Motive christlicher Wohltätigkeit. Christliche Wohltätigkeit gründet sich auf die Kreuzestheologie, die, wie wir eben gesehen haben, bedeutet, dass Gott bei den Leidenden irgendwie besonders gegenwärtig ist. Christliche Wohltätigkeit heißt, dass ich meinem durstigen Mitmenschen einen Becher kaltes Wasser reiche, weil ich weiß, dass es auf eine geheimnisvolle Weise Christus ist, der da dürstet und meine Liebesgabe empfängt.

Darüber hinaus zeigt sich christliche Spiritualität in der Fürsorge für Gottes Schöpfung. Wenn wir danach fragen, wie man den globalen Krisen der Umweltverschmutzung, des biologischen Raubbaus, der Überbevölkerung und der Ressourcenverknappung am besten begegnen sollte, dann sind das alles spirituelle Fragen. Zur christlichen Spiritualität gehört auch die Teilnahme an Gottes Plan, sein Reich zu bauen und seine ganze Schöpfung wiederherzustellen. Dazu sollte auch eine Umweltethik gehören, die aus der Verpflichtung zu Gerechtigkeit, Frieden und Haushalterschaft erwächst. Die Zielrichtung sollte der biblische Maßstab des Schalom sein, des Friedens und des Heils. Dieser Maßstab gilt für die Natur ebenso wie für die Menschen und ihre Beziehungen.

9. Christliche Spiritualität feiert diese Güte in der christlichen Gemeinschaft. Feier und Gemeinschaft sind der Kontext der gereiften christlichen Spiritualität. Denn christliche Spiritualität treibt uns nicht nur aus dem Heiligtum hinaus in die Welt, sondern sie treibt uns auch von der Selbstverkapselung zur Eingliederung in die christliche Gemeinschaft. Ohne Beziehung zu einer Glaubensgemeinschaft kann man nicht spirituell heil sein. Die Gemeinde schützt und bestätigt das geistliche Wachstum und ist unverzichtbar, um es zu nähren und zu feiern. Gemeinsame Anbetung hat das Potenzial, eine ungemein starke Quelle für die Seelsorge zu sein.

Es dürfte deutlich geworden sein, dass christliche Spiritualität mit dem ganzen Leben zusammenhängt und sich auf das ganze Leben auswirken sollte. Dallas Willard merkt an: ‹Die Spiritualität der Menschen ist keine zusätzliche oder ‹höhere› Daseinsform ... keine verborgene Strömung einer eigenständigen Wirklichkeit, kein separates Leben, das parallel zu unserer körperlichen Existenz abläuft.»[100] Spiritualität macht das Leben ebenso grundlegend aus wie Körperlichkeit. Aus Staub und aus dem Atem Gottes geschaffen, können wir keinem von beiden entrinnen. Unsere Spiritualität lässt sich von keinem anderen Aspekt unseres Lebens abtrennen. Sie erfüllt und durchdringt alle Aspekte unseres Daseins. Unsere Arbeit, unser Vergnügen, unsere Sexualität, unsere Gebete, unser Humor, unsere Leidenschaft und unsere Aggression gehören allesamt mit zu unserem spirituellen Leben, das die Gemeinschaft mit Gott ist, die uns unsere wahre Identität, unseren Sinn und unser Leben finden lässt.

Ebenso dürfte deutlich geworden sein, dass unsere Spiritualität ihren Sitz mitten im Herzen dessen hat, was wir normalerweise als die psychischen Aspekte unserer Lebensfunktionen bezeichnen würden. Wenn Spiritualität unsere Reaktion auf das tiefe, fundamentale Verlangen nach Sinn, Identität, Bindungen und Hingabe ist, welcher Teil unseres psychischen Apparates könnte dann von diesem Streben ausgeklammert bleiben? Wie wir im nächsten Kapitel noch deutlicher sehen werden, durchdringen das Spirituelle und das Psychische einander so vollständig, dass sich das eine nicht sinnvoll vom anderen trennen lässt.

Bei der Anleitung zum geistlichen Leben haben Christen oft die psychischen und biologischen Aspekte unseres Daseins vernachlässigt. Wo das so ist, wird den Leuten eine pathologische, destruktive Spiritualität vermittelt. Unsere Spiritualität ist die Beziehung unseres gesamten Selbst zu Gott. Wenn irgendetwas von unserer Spiritualität ausgeschlossen wird, wird es zwangsläufig zu einem dissoziierten Teil unseres Selbst, losgelöst vom Rest unseres Lebens. Ob dies nun unser Körper, unser Unbewusstes, unsere Emotionen, unser Verstand, unsere Sexualität oder irgendein anderer Bestandteil unseres Selbst ist, das Ergebnis ist immer dasselbe – eine Fragmentierung der Persönlichkeit und eine verkapselte Spiritualität. Christliche Spiritualität macht uns entweder heiler, oder sie fördert, wenn sie in irgendeiner begrenzten Sphäre unseres Daseins eingeschlossen wird, unsere Fragmentierung. Nur das Erstere ist es wert, mit dem Geist Christi in Verbindung gebracht zu werden, der die Erfahrung, die wir christliche Spiritualität genannt haben, antreibt, sie anleitet und ihr den Namen gibt.

6. Der psychospirituelle Fokus der Seelsorge

Weiter oben haben wir gesagt, dass Seelsorge zwar die Fürsorge für den ganzen Menschen umfasst, ihr besonderer Fokus aber darauf liegt, das innere, psychospirituelle Leben dieser Menschen zu nähren. Ohne die Art und Weise zu vernachlässigen, wie das innere Leben eines Menschen in der äußeren Welt ausgelebt wird und von ihr beeinflusst wird, richten diejenigen, die für Seelen sorgen, ihr Hauptaugenmerk auf die innere Welt der psychospirituellen Sehnsüchte, Bedürfnisse und Probleme. Im Bemühen um die Gesundheit und das Wohlbefinden der ganzen Person versuchen sie, das Wachstum der Menschen im Kern ihres Wesens zu nähren. Wenn Gesundheit und Wohlbefinden vom psychospirituellen Kern der Persönlichkeit ausgehen, wirken sie sich auf den ganzen Menschen aus. Ebenso ruft eine nicht entsprechend behandelte Pathologie in diesem Kern überall im Dasein des Betroffenen Probleme hervor.

Die psychospirituelle Dynamik der Persönlichkeit
Wie wir am Ende des letzten Kapitels feststellten, hat unsere Spiritualität ihren Sitz mitten im Herzen dessen, was wir normalerweise als die psychischen Aspekte unserer Lebensfunktionen bezeichnen. Spiritualität, auch unsere spezifisch christliche Spiritualität, betrifft nicht irgendeinen neuen, zusätzlichen Teil der Persönlichkeit, durch den wir Kontakt zum Göttlichen haben oder einen Sinn für unser Leben etablieren. Unsere Reaktionen auf das tiefe Verlangen nach Kohärenz und Eingebundensein, das die menschliche Psyche prägt, sind spirituelle Reaktionen, unabhängig davon, ob sie offensichtlich religiöse Elemente enthalten oder nicht. Welche Beziehung zum Göttlichen wir auch pflegen oder welche Haltung zu Sinn und Kohärenz wir auch entdecken mögen, es ist immer unser gesamtes Wesen daran beteiligt. Hinzu kommt, dass unsere Beziehung zum Gött-

lichen durch dieselben psychischen Prozesse und Mechanismen vermittelt wird wie unsere Beziehungen zu anderen Menschen.

Der Ausdruck *psychospirituell* nimmt Bezug auf die Tatsache, dass die innere Welt keine getrennten Abteilungen für Spirituelles und Psychisches hat. Menschen sind in ihrer inneren Persönlichkeit psychospirituelle Wesen. Kein Problem des inneren Menschen ist entweder spirituell *oder* psychisch; alle Probleme sind psychospirituell. Psychische und spirituelle Aspekte der menschlichen Funktionsabläufe sind identisch. Jede Trennung von Spiritualität und Psychologie ist aus diesem Grund sowohl künstlich als auch dem echten Verständnis des Menschen abträglich.

Wenn wir vom Spirituellen sprechen, müssen wir uns deshalb klarmachen, dass wir damit die spirituelle Facette dieser psychospirituellen Dynamik meinen, eine Dimension, die in der verkürzten psychologischen Diskussion und Analyse meistens stillschweigend übergangen wird. Ebenso müssen wir, wenn wir vom Psychischen sprechen, verstehen, dass wir damit eben die psychische Seite derselben psychospirituellen Dynamik meinen, eine Dimension, die im verkürzten spirituellen Diskurs ebenso vernachlässigt wird.

Jede Psychologie, die die menschliche Verfassung verstehen will, muss sich mit dieser gesamten Bandbreite der psychospirituellen Dynamik auseinandersetzen. Und jede Theologie, die relevant für die menschliche Verfassung sein will, muss begreifen, dass das spirituelle Leben des Christen in der Tat zutiefst relevant für eben diese gesamte Bandbreite der psychospirituellen Dynamik ist. Die Kategorien «psychisch» und «spirituell» sind menschliche Erfindungen, und sie sind noch nicht sehr alt. Sie verzerren das biblische Verständnis der Ganzheitlichkeit der menschlichen Persönlichkeit, von der in Kapitel 3 die Rede war. Die wesentliche Aussage der biblischen Anthropologie ist, dass die menschliche Persönlichkeit aus einem Stück gefertigt ist. Wir bestehen nicht aus getrennten oder unabhängigen Teilen, seien es Körper und Seele oder Seele und Geist.

Wer sich um andere in ihrer Tiefe und Ganzheit kümmern will, muss all die falschen Unterscheidungen wieder verlernen, die zwischen dem psychischen und dem spirituellen Aspekt des Menschen getroffen wurden. Stattdessen muss er die psychospirituelle Dynamik erkennen und verstehen lernen, die in Gesundheit ebenso wie in Krankheit zutage tritt. Vor allem muss er lernen, die spirituelle Facette jener Dinge zu erkennen, die scheinbar rein psychischer Natur sind, und die psychische Facette jener Dinge, die scheinbar rein spiritueller Natur sind. Sogenannte «spirituelle» Nöte und Probleme manifestieren sich in und durch psychische Symptome und Mechanismen. Ebenso manifestieren sich sogenannte «psychische» Nöte und Probleme in und durch Dinge, die scheinbar eher spiritueller Natur sind. Wenn der Fokus des seelsorgerlichen Dialogs auf der inneren, psychospirituellen Welt liegen soll, müssen diejenigen, die für die Seelen sorgen, die Abläufe in dieser Welt verstehen.

Das Spirituelle im Psychischen erkennen lernen

Das im letzten Kapitel entwickelte Spiritualitätsverständnis weist darauf hin, dass jeder Mensch in der einen oder anderen Form spirituelles Verlangen verspürt. Wo dies nicht bewusst mit dem Göttlichen in Zusammenhang gebracht wird, nimmt es meist die Form psychischer Bedürfnisse an. Nehmen wir diese Bedürfnisse jedoch genauer unter die Lupe, so können wir in ihrem Kern oft ein spirituelles Streben ausmachen. Indem wir diesen spirituellen Kern erkennen, sind wir in der Lage, auf eine nicht nur psychologische, sondern auch spirituelle Art und Weise auf jene Bedürfnisse einzugehen.

Die Suche nach Identität

Früher war es üblich, die Suche nach Identität als ein pubertäres Phänomen zu betrachten. Doch obwohl es zutrifft, dass dies die Lebensphase ist, in der Identitätsfragen sich zum ersten Mal in den Vordergrund des Erlebens drängen, sind auch

Kinder von Identitätsfragen betroffen, und viele Erwachsene haben für einen Großteil ihres Lebens weiterhin damit zu kämpfen.

Während in der Kindheit die Suche nach Identität meist die Form annimmt: «Wer werde ich sein, wenn ich groß bin?», verlagert sich in der Pubertät die Suche von der Zukunft in die Gegenwart. In dieser Lebensphase lautet die Frage meist: «Wer bin ich?», oder sogar: «Gibt es überhaupt ein wirkliches Ich?» Die Panik, die beim Stellen dieser Fragen oft aufkommt, bringen wir gern mit der pubertären Identitätskrise in Verbindung. Doch im Lauf der folgenden Lebensjahre lässt die Dringlichkeit dieser Fragen nach. Irgendeine Form von Identität wird gefunden, und der Heranwachsende stürzt sich ins Dasein als junger Erwachsener und ist viel mehr mit Job, Karriere, Beziehungen und manchmal auch schon mit der Ehe beschäftigt. Diese neuen Schwerpunktsetzungen lassen die Identitätsprobleme für eine Weile in den Hintergrund treten. Fürs Erste ist die Identitätsfrage durch die Lebensumstände geklärt. Ich definiere mich jetzt anhand meiner Rollen: Ich bin mein Job, mein Familienstand oder vielleicht auch mein wirtschaftlicher Status.

Die Mitte des Lebens erfordert eine Neuanpassung der Antworten, die wir zuvor auf spirituelle Kernfragen gegeben haben. Oft wird nun die Identität wieder zum Problem. Nachdem sie fünfzehn Jahre in ihre Kinder oder eine berufliche Laufbahn investiert haben, fangen viele Leute an, sich zu fragen, ob das alles sei, was das Leben ihnen zu bieten habe. Könnten sie vielleicht auch jemand ganz anderes sein? Vielleicht unverheiratet? Oder vielleicht in einem anderen Beruf oder in einer anderen Gegend? Diese Sehnsüchte sind Identitätssehnsüchte. Wieder einmal lautet die Frage: «Wer bin ich? Bin ich durch die Umstände meines Lebens definiert, oder ist noch etwas anderes an mir? Könnte ich meine Umstände verändern und passender machen für die Person, als die ich mich wirklich empfinde? Könnte ich vielleicht dadurch, dass ich die äußerlichen Aspekte meines Lebens verändere, mein wahres Ich entdecken?» All dies sind spirituelle Fragen, und die Suche nach Identität sollte unabhängig von der Lebensphase, in der sie sich bemerkbar macht, als Widerspiegelung der spirituellen Suche verstanden werden.

Die Suche nach Identität ist eng mit der Suche nach Ziel und Sinn verbunden, die weitaus deutlicher als spirituelle Suche zu erkennen ist. Nach Viktor Frankls Anschauung ist die Suche nach Sinn und Ziel eigentlich die erstrangige Manifestation der spirituellen Suche.[101] Die Frage «Wer bin ich?» ist nur im Kontext einer Lebensphilosophie befriedigend zu beantworten. Durch sie bekommt das Dasein eine Richtung, und dies ist letzten Endes für eine stabile Identität notwendig. Wenn ein 45-jähriger Geschäftsmann sich fragt, ob es vielleicht noch eine andere Art zu leben gebe als die einer Identität, die ganz und gar in seinem Geschäft aufgeht, dann fragt er nach dem Sinn des Lebens, und zwar speziell nach dem Sinn *seines* Lebens. Ähnlich ist es auch bei einer Jugendlichen, die sich fragt, wer sie sei: Sie fragt nach dem Ziel und Sinn ihres Lebens. Die Frage «Wer bin ich?» hängt immer eng mit der noch tiefer greifenden Frage «Warum bin ich?» zusammen.

Die Suche nach Identität ist zugleich auch eine Manifestation der Suche nach einem Platz. Statt «Wer bin ich?» könnte man auch fragen: «Wo passe ich hin? Wo gehöre ich hin?» Wenn wir die Rastlosigkeit unseres Lebens betrachten, erkennen wir dahinter oft das grundlegende, fundamentale Motiv der Suche nach unserem Platz. Manche Leute wechseln alle paar Jahre den Job, andere wechseln die Gemeinde, die Freundeskreise, die Ehepartner oder die Lebensstile. Andere ändern nichts an ihren äußeren Umständen, sondern leben weiter damit, sich am falschen Platz zu fühlen. Vielleicht haben sie das Gefühl, dass der Platz, an dem sie sich eingerichtet haben, nicht der Ort ist, wo sie wirklich hingehören, aber sie haben keine Ahnung, wie sie ihren Weg nach Hause finden sollen.

Wir haben vergessen, wer wir sind und wo wir hingehören. Und meistens vergessen wir sogar, dass wir das vergessen haben. Aber unsere Rastlosigkeit verrät, dass wir auf der Suche sind. Wir brauchen das Gefühl, irgendwo hinzugehören. Wir sind alle auf der Suche nach einem Zuhause, und diese Suche ist ein ganz zentraler Teil unseres spirituellen Strebens. Das Paradies ist verloren; nur noch eine schwache Erinnerung daran ist geblieben. Wir sehnen uns danach, dorthin zurückzukehren, aber wir wissen den Weg nicht mehr.

Ein weiterer Aspekt der Suche nach Identität, der ihre zutiefst spirituelle Natur zeigt, ist die Suche nach Werten. «Wer bin ich?» heißt zu fragen: «Woran glaube ich? Welche Wertvorstellungen habe ich oder sollte ich haben?» Werte sind persönlich. Meine Wertvorstellungen definieren, wer ich bin, und dienen als zentrale Schwerpunkte meiner Identität. Nur Moralphilosophen beschäftigen sich im abstrakten Sinne mit Wertvorstellungen. Wir anderen gehen mit Werten als Teil unseres Selbst um. Doch ebenso wie unser Ziel und Sinn bringen uns Wertvorstellungen eindeutig in den Bereich der Spiritualität. Wertfragen verlangen, dass wir einen großen Bezugsrahmen für das Leben haben, eine philosophische Gesamtschau des Lebens. Ob ich Ehrlichkeit höher bewerte als Eigennutz und wie weit ich gehe, um nach diesem Wert zu streben, hängt davon ab, wie ich die Fragen nach dem Wesen des höchsten Gutes für mich selbst und andere beantworte.

Wir sehen also, dass viele Menschen ihre spirituelle Suche als eine Suche nach Identität und als die damit verbundene Suche nach Sinn, nach ihrem Platz und nach persönlichen Werten erleben. Es mag sein, dass sie all dies nicht als Teil der spirituellen Suche erkennen, aber die Antworten und Lösungen, die sie sich zu eigen machen, werden dennoch ihren Geist prägen. Das Streben nach Identität ist darum ein spirituelles Streben. Weil es Konsequenzen für die Persönlichkeitsstruktur hat, wird es auch zu Recht als ein psychisches Streben betrachtet. Doch seine spirituelle Natur zeigt sich deutlich an der Art und Weise, wie Identität, Sinn, Situation und Werte die Richtung der Persönlichkeit definieren.

Die Suche nach Beziehungen

Das Bedürfnis nach Beziehungen geht so tief wie kaum etwas anderes, was Menschen erleben. Neugeborene Kinder sterben binnen Kurzem, wenn ihnen menschlicher Kontakt vorenthalten wird, selbst wenn sie ausreichend mit Nahrung und Wasser versorgt werden. Erwachsene, die den ganzen Tag über von Menschen umgeben sind, schreien innerlich nach Freundschaften, die die Mauern der Einsamkeit niederreißen, in denen sie gefangen sind. Obwohl manche Leute ohne menschliche Nähe und persönliche Beziehungen zurechtzukommen scheinen, sehnen wir uns alle nach tiefen, bedeutsamen Verbindungen mit anderen.

Wenn uns vertraute, erfüllende persönliche Beziehungen fehlen, treibt uns die Suche nach ihnen ersatzweise zu materiellen Dingen. Wir entwickeln Bindungen an Besitztümer. Geld, Häuser, Kleider, Autos und viele andere Dinge schaffen Möglichkeiten, Bindungen einzugehen. Auf die eine oder andere Weise brauchen wir offenbar den Bezug zu jemandem oder zu etwas außerhalb von uns selbst. Es ist, als merkten wir tief im Innern, dass wir in uns selbst unvollständig sind. Das Selbst braucht Menschen und Dinge außerhalb von sich selbst, um ein Ganzes zu sein.

Manchmal bildet die Technik eine interessante Brücke zwischen Menschen und Dingen. Vor allem Männer entwickeln zuweilen eine starke Bindung an mechanische oder technische Dinge, die sie dann oft als Brücke nutzen, um Kontakt zu anderen Männern zu finden, die ihre Interessen teilen. Betreiber von Hobbys aller Art treffen sich wegen gemeinsamer Interessen. Sie binden sich zuerst an Dinge und dann durch die Dinge an Menschen.

Eine besonders faszinierende Brücke bilden hier oft Computer. Viele Leute verbringen jede Woche mehr Zeit mit ihrem PC als mit allen anderen Menschen in ihrem Leben zusammen. Auch wenn es so scheinen mag, als wäre der Computer lediglich ein Werkzeug, um ihre Arbeit zu machen, ist das nicht die ganze Geschichte. Wenn wir genauer hinschauen, müssen wir erkennen, dass solche Leute sich ihrem Computer gegenüber oft so verhalten wie andere ihren Freunden gegenüber. Im Grunde ist ihr Computer ihr engster Freund.

Interessanterweise geben Computer ja Menschen auch die Möglichkeit, miteinander in Kontakt zu treten. Internetfreundschaften und sogar Internetliebschaften sind keine Seltenheit mehr. Virtueller Sex ist für manche Leute zum Ersatz für das Original geworden. Technik bietet die Möglichkeit, nicht nur Verbindungen zu Dingen einzugehen, sondern durch sie auch zu anderen Menschen. Oft macht die Technik diese zwischenmenschlichen Verbindungen ungefährlicher, indem es sie weniger persönlich macht. Dennoch bietet sie ein weiteres Mittel, um zwischenmenschliche Beziehungen einzugehen.

Ist dieses Bedürfnis nach Beziehungen psychisch oder spirituell? Offensichtlich ist es beides. Nach christlicher Überzeugung spiegelt sich darin wider, dass wir nach dem Bild eines auf Beziehung ausgerichteten Gottes geschaffen sind. Wir sind in uns selbst unvollständig, und unsere spirituellen Sehnsüchte zeigen sich teilweise als Suche nach Beziehungen. Wir brauchen die Verbindung zu anderen Menschen, und wir brauchen die Verbindung zu der Welt um uns her. Verbundenheit ist grundlegend für die Spiritualität.

Die Suche nach Glück

Die Suche nach Glück ist voller Paradoxe. Solange es unser wichtigstes Ziel ist, das Glück zu erlangen, scheint es unerreichbar für uns zu sein. Streben wir dagegen nach anderen Zielen, stellt sich Glück oft als Nebenprodukt ein. Das Streben nach Glück als Hauptziel scheint ein von vornherein zum Scheitern verurteiltes Unternehmen zu sein. Die Chance, das Glück zu finden, ist größer, wenn wir gar nicht daran denken und unser Streben auf andere Dinge richten.

Paradox ist auch, dass anscheinend Leute, die sich selbst als noch auf der Suche nach dem Glück erleben, oft mehr Gespür für ihre tieferen spirituellen Sehnsüchte haben als solche, die rundum zufrieden sind. Wer noch nach dem Glück sucht, ist auch noch empfindsam für die Sehnsucht nach Erfüllung, eine Sehnsucht, die sich aus seinen tiefsten spirituellen Bedürfnissen ergibt. Andererseits spüren diejenigen, die das Gefühl haben, das Glück gefunden zu haben, und die mit ihrem Leben zufrieden sind, ihre spirituellen Sehnsüchte oft weniger intensiv. Zufriedenheit gebiert Selbstgefälligkeit, und die ist immer der Feind der spirituellen Reise.

Die meisten Menschen können sich mit der Suche nach Glück ohne Schwierigkeiten identifizieren. Wir scheinen sicher zu sein, dass wir das Glück erkennen werden, wenn wir es finden, und dass wir es als unser unveräußerliches Anrecht empfinden werden. Auf jeden Fall merken wir es, wenn wir kein Glück haben. In solchen Zeiten fühlen wir uns vom Leben unfair behandelt, erheben wütend die geballte Faust zum Himmel und fordern ein besseres Schicksal. Das zeigt, wie sehr wir Glück anhand unserer Lebensumstände definieren. Wir meinen, wir wären glücklich, wenn wir vom Krebs geheilt wären, wenn wir mehr Geld hätten, wenn wir einen Ehepartner hätten oder vielleicht einen anderen Ehepartner oder wenn unsere Kinder aufhören würden, ihr eigenes und unser Leben zu ruinieren.

Dieser nach außen gerichtete Blick auf die Quelle des Glücks ist der Grund, warum das Glück so schwer zu erlangen ist. Wir werden vom Krebs geheilt, nur um später eine Herzerkrankung zu entdecken. Unser Einkommen verdoppelt sich, und wir sind immer noch unzufrieden, da wir nun sehen, dass wir unterschätzt haben, wie viel Geld wir brauchen, um glücklich zu sein. Wir lassen uns scheiden und heiraten jemand anderen, und plötzlich stellen wir fest, dass wir wieder vor denselben Problemen und Unannehmlichkeiten stehen. Diese Blickrichtung auf äußere Dinge ist mit ein Grund, warum manche Leute im Urlaub Depressionen bekommen. Sie reden sich monatelang ein, sie seien unglücklich wegen ihrer Arbeit, wegen der Kälte oder wegen ihres Chefs, nur um dann am Strand ihres Urlaubsparadieses herauszufinden, dass sich ihnen das Glück immer noch entzieht.

Die Suche nach Glück ist eine spirituelle Suche. Sie ist die Sehnsucht nach allem, was das Leben zu bieten hat, nach einem erfüllten Dasein und erfüllter Persönlichkeit. Diese Sehnsucht entspringt aus dem tiefen inneren Ruf, das Leben auf einer höheren Ebene zu leben. Es ist ein Ruf zur Selbsttranszendenz und zur spirituellen Hingabe. Das Glück war nie in Dingen zu finden. Letzten Endes ist der Ruf des Glücks ein Ruf zu der tiefen Freude im Leben, die man findet, wenn man seinen Platz, sein Ziel und seine Identität in der Beziehung zu Gott entdeckt.

Die Suche nach Erfolg

Eng verwandt mit der Suche nach Glück ist die Suche nach Erfolg. Für viele Leute ist beides gleichbedeutend. Für eben diese Leute ist beides oft schwer zu fassen.

Erfolg wird sehr unterschiedlich definiert. Am häufigsten wird er zweifellos mit finanziellem Status gleichgesetzt. Erfolg heißt, reicher zu werden, egal, wie viel man zu irgendeinem gegebenen Zeitpunkt auf dem Konto hat. Ein anderer definiert Erfolg vielleicht eher anhand des sozialen oder beruflichen Status. Wieder ein anderer definiert ihn vielleicht anhand von Macht. Hinter der jeweiligen konkreten Definition lauert jedoch oft der Vergleich mit einer Person, die wir als erfolgreich betrachten.

Freilich fällt dabei auf, dass wir dazu neigen, uns unsere Vergleichspunkte oberhalb von uns selbst zu suchen, nicht unterhalb. Das heißt, wir vergleichen uns mit jemandem, den wir als erfolgreicher einschätzen als uns selbst. Wenn ich also Erfolg haben will, muss ich mindestens so erfolgreich sein wie diese Person (oder am besten noch erfolgreicher). Bei dieser Definition ist Erfolg hoffnungslos unerreichbar. Was ich dabei wahrscheinlich in Wirklichkeit erlebe, ist ein Wettbewerb mit einer anderen Person, nicht der Antrieb, ein persönliches Ziel zu erreichen oder einen bestimmten Maßstab zu erfüllen. Befeuert wird dieser Wettbewerb oftmals durch Zorn oder Groll, und diese Gefühle lassen sich niemals durch erreichte Erfolge beschwichtigen.

Erfolg ist ebenso wie Glück ein illusorisches Ziel, wenn er anhand von Leistungen oder Besitz definiert wird. Wegen seiner Mehrdeutigkeit jedoch dient er als eine hervorragende Tarnung für die spirituelle Suche. Statt einen Ruf zu Selbsttranszendenz und Hingabe zu hören, definiere ich den Ort, nach dem ich suche, anhand von äußeren Dingen. Doch dieser Ort liegt viel zu nahe an dem, wo ich bereits bin. Er ist nicht der Ort, an dem ich meine wahre Identität oder das Ziel meiner Suche finden werde.

An und für sich ist die Suche nach Erfolg nichts Verkehrtes; sie geht lediglich in die falsche Richtung. Wie alles menschliche Streben und Verlangen spiegelt sich in der Suche nach Erfolg ein Grundbedürfnis wider, das an sich gut ist, aber aus der Spur geraten ist. Die Suche nach Erfolg lässt sich deuten als das spirituelle Verlangen, unser Potenzial voll auszuschöpfen. Doch wenn sich dieses Verlangen auf Leistungen ausrichtet statt auf Lebensqualität oder einen Charakterzustand, dann ist das eine falsche spirituelle Richtung, die letzten Endes nicht befriedigen kann.

Die Suche nach Vollkommenheit

Obwohl noch nie jemand von uns etwas absolut Vollkommenes, Reines oder Richtiges erlebt hat, scheinen wir alle eine gewisse Vorstellung von solchen Zuständen zu haben. Unser verinnerlichtes Idealbild zieht uns hin zur Vollkommenheit. Insofern ist die Suche nach Vollkommenheit eine der größten Quellen der Veredelung im menschlichen Dasein. Doch weil sie sich zugleich beständig an all den Punkten reibt, an denen die Unvollkommenheiten unseres Lebens deutlich werden, hat sie das Potenzial, eine Quelle unendlicher Qualen zu sein.

Aus der Sicht der Psychologen ist Perfektionismus meistens keine Tugend. Zumindest die Perfektionisten, die zu uns in die Sprechstunden kommen, sind meist unentspannte, starre Charaktere, bei denen das perfektionistische Verlangen aller Kreativität und Energie den Atem abschnürt. Solche Leute sind getrieben, zwanghaft Maßstäben nachzujagen, die zwar vom Talent und den Möglichkeiten her erreichbar sein könnten, aber durch die innere Erstarrung der betreffenden Personen unerreichbar werden. Psychodynamisch orientierte Psychologen betrachten solche Leute oft als terrorisiert durch quälende Introjektionen ihrer Eltern, die zumindest aus der Perspektive des Kindes als kritisch, fordernd und nie zufrieden mit dessen Leistungen erlebt wurden. Der Anlass dafür, dass diese Menschen sich in Behandlung begeben, sind oft die Frustration und das Elend, die aus ihrem unrealistischen perfektionistischen Verlangen entstehen. Daher ist leicht einzusehen, wieso Therapeuten die Suche nach Vollkommenheit inzwischen fast durchweg als Symptom von Neurosen bewerten.

Natürlich gibt es zweifellos auch gutartigere Formen von Perfektionismus. Im Gegensatz zum eben Geschilderten können diese anpassungsfähig und sogar tugendhaft sein. Perfektionisten sind Leute mit bewundernswert hohen Qualitätsmaßstäben, die sich nicht ohne Weiteres mit Schlamperei oder halbherzigen Bemühungen zufriedengeben. Sie legen sich mit allem, was sie haben, ins Zeug, und solange das Ergebnis nicht ihren Ansprüchen genügt, werden solche Menschen immer weiter versuchen, sich und ihre Leistung zu verbessern.

Perfektionismus hat wie der Idealismus eine Qualität an sich, die darauf schließen lässt, dass irgendwo in einem dunklen Winkel des Unbewussten noch eine schwache Erinnerung an das verlorene Paradies vorhanden ist. Vielleicht ist es ein Archetyp des Paradieses im kollektiven Unbewussten, der uns an die Werte und Möglichkeiten eines Lebens im Paradies erinnert und in uns die Sehnsucht weckt, dorthin zurückzukehren. So betrachtet, ist das Verlangen, vollkommen zu sein, ein guter und grundlegender Aspekt unseres Menschseins. Doch der Weg zur Vollkommenheit ist mit Frustration überfrachtet, es sei denn, wir bewegen uns in einem Bezugsrahmen der Gnade, aus dem uns sowohl eine gewisse Befähigung als auch eine Toleranz oder Vergebung für das Scheitern zuteilwerden. Ohne solche

Gnade liegen unsere Ideale so hoffnungslos jenseits unserer Leistungsfähigkeit, dass wir für immer im Frust und in dem Gefühl, versagt zu haben, stecken bleiben werden.

Die Suche nach Vollkommenheit ist somit eine spirituelle Suche. Sie ist die Suche nach dem Heil, der Ganzheit. In ihr spiegelt sich viel mehr als in der Abwesenheit von Fehlern die Sehnsucht nach dem Ideal wider, nach dem, was richtig, schön und rein ist. Diese Begriffe lassen sich zwar leicht als Ausdruck naiver Unschuld abtun, aber andererseits ist ein Mensch, der allen Idealismus und allen Antrieb zur Vollkommenheit verloren hat, nur zu bemitleiden. Perfektionistische Sehnsüchte erinnern uns beständig an unsere Unzulänglichkeiten und Grenzen, aber ohne diese Erinnerungen wäre es viel leichter für uns, das Paradies zu vergessen, das zwar verloren, aber dennoch der Ort ist, nach dem wir uns sehnen.

Die Suche nach Wahrheit und Gerechtigkeit

In unserer Zeit herrscht eine verbreitete zynische Einstellung, die die Suche nach Wahrheit und Gerechtigkeit als naiv abtut. Es gebe keine letztgültige Wahrheit, wird uns gesagt. Wahrheit sei das, was wir dazu machen, was immer wir dafür halten. Ebenso wird Gerechtigkeit als utopische Spinnerei betrachtet. Die Erhaltung des Eigennutzes wird als so grundlegend für die menschliche Persönlichkeit angesehen, dass Gerechtigkeit unerreichbar erscheint, falls es nicht zu einem totalen Machtausgleich kommt, der, wie jeder erkennt, höchst unwahrscheinlich ist. Doch für eine große Zahl von Menschen, die dieser relativistischen Botschaft der Verzweiflung noch nicht erlegen sind, ist die Suche nach Wahrheit und Gerechtigkeit immer noch sehr real.

Unter denen, die noch auf der Suche nach Wahrheit sind, sind viele junge Leute, die ihren Idealismus noch nicht verloren haben. Denken Sie an die Leidenschaft eines Studenten, der die klassischen Werke der Philosophie und der Religion verschlingt, um herauszufinden, was es mit dem Leben eigentlich auf sich hat. Oder denken Sie an die vielen Tausend jungen Leute, die irgendwelchen Sekten anhängen. Diese jungen Männer und Frauen tun alles, was ihr messianischer Führer von ihnen verlangt, egal, ob es für ihren ansonsten rationalen Verstand einen Sinn ergibt oder nicht – weil sie von der Wahrheit seiner Botschaft und der utopischen Hoffnung seiner Ideale überzeugt sind. Hinter dieser Hoffnung und diesem inbrünstigen Verlangen nach Wahrheit steckt die spirituelle Suche des Menschen.

Doch nicht nur junge Leute sind hinter der Wahrheit her. Denken Sie an das mühselige, unermüdliche Forschen einer Wissenschaftlerin, für die ihre Forschungen nicht nur ein Job sind, sondern ein persönliches Bemühen, die Rätsel des Universums zu lösen und so der Wahrheit einen Schritt näherzukommen.

Oder denken Sie an den Psychotherapeuten, der geduldig verzerrte Erinnerungen und falsche Wahrnehmungen auseinandersortiert, um die Wahrheit zu finden – die Wahrheit, die die Verheißung in sich birgt, den Patienten frei zu machen. Oder denken Sie an einen Patienten in der Psychotherapie. Hier besteht die Suche nach der Wahrheit vielleicht darin, dass er sich Klarheit über ein persönliches Erlebnis verschaffen und das Netz aus Wirrungen und Irrungen durchdringen will, das sich über sein Leben gelegt hat. In welcher Form auch immer sie sich zeigt, die Suche nach Wahrheit ist ein spirituelles Verlangen.

Ebenso ist auch das Streben nach Gerechtigkeit eine spirituelle Suche. Denken Sie an die Begeisterung eines Studenten, der zum ersten Mal Marx liest und plötzlich Hoffnung und eine Vision für die Besserung der gesellschaftlichen Übel in sich aufkeimen spürt, die ihm so schmerzlich bewusst sind. Oder denken Sie an die Politikerin, den Sozialamtsmitarbeiter oder die Sozialarbeiterin in der Innenstadt, die in ihrer täglichen Arbeit durch die Hoffnung motiviert werden, den Menschen in ihrem Verantwortungsbereich die Gerechtigkeit zu verschaffen, die sie verdienen. Die Hoffnung auf Gerechtigkeit und die Überzeugung, dass die Welt besser sein sollte und könnte, ist wieder eine schwache Erinnerung an das verlorene Paradies. In ihr spiegelt sich die grundlegende spirituelle Sehnsucht des Menschen.

So betrachtet, ist der Schrei der Unterdrückten ein spiritueller Schrei, ob er nun so verstanden wird oder nicht. Aus ihm spricht die Sehnsucht nach einem Erlöser, der sie aus ihrer misslichen Lage erretten und gerecht herrschen wird. Wir Christen im Westen mit unserem behaglichen Mittelschichtdasein sind oft über die zahlreichen alttestamentlichen Psalmen irritiert, in denen der Schrei nach Gerechtigkeit laut wird. Vielleicht scheuen wir manchmal sogar vor der Gerechtigkeit zurück, weil wir fürchten, unter einer wahrhaft gerechten Regierung wären wir womöglich nicht mehr so gut dran. Vielleicht würde mehr Gerechtigkeit unsere Eigeninteressen in Gefahr bringen. Doch der unterdrückte Psalmist – und mit ihm die Millionen Unterdrückten der Welt heute – schreit nach Gerechtigkeit und sieht seine einzige Hoffnung in einem gerechten Richter, der die Ungerechtigkeit der gegenwärtigen Situation erkennt und Recht spricht. Die Suche nach Gerechtigkeit ist die Sehnsucht nach dem Reich Gottes, einem Reich, in dem durch die gerechte Herrschaft Gottes das «Schalom» regiert.

Die Suche nach Schönheit

In dem Film *Amadeus* schrie der Komponist Salieri voller Not zu Gott, weil er spürte, dass seine Fähigkeiten nicht mit seiner Leidenschaft für Musik mithalten konnten. Salieris Wertschätzung für großartige Musik rührte ihn zu Tränen, wenn er Mozart spielen hörte oder auch nur dessen Partituren las. Sie zwang ihn auch, jedes Konzert Mozarts zu besuchen, so schmerzlich das für ihn wegen seiner Rivalität mit dem jüngeren, aber viel talentierteren Mann auch war. Diese Leidenschaft für Musik war ein Ausdruck der spirituellen Suche Salieris, denn darin spiegelte sich seine Sehnsucht nach Selbsttranszendenz wider. Eifersucht und Neid trübten seine spirituelle Flamme und brachten sie schließlich zum Erlöschen, als er sich von Gott lossagte und ganz in seinem Hass gegen Mozart aufging – all das, weil er wahrnahm, dass zwischen seiner unermesslichen Wertschätzung für die Musik und seinem mittelmäßigen Talent eine große Kluft bestand.

Ästhetischer Genuss ist eine spirituelle Erfahrung. Denken Sie an das Erlebnis, von einer großartigen Opernaufführung oder einem herrlichen Musikstück emotional aufgewühlt zu sein. Oder denken Sie an die Wirkung, die ein großes Kunstwerk auf Sie hat. Für diejenigen, die gelernt haben, diesen Ausdruck von Schönheit zu würdigen, sind solche Erlebnisse so bewegend und vielleicht auch so tief wie kaum etwas anderes im Leben. Sie heben uns aus uns und über uns selbst hinaus.

Wenn die Wertschätzung der von anderen geschaffenen Schönheit eine spirituelle Erfahrung ist, wie viel mehr gilt das dann für das Erlebnis, selbst solche Werke der Schönheit zu schaffen. In ihrem Buch *The Mind of the Maker* sagt Dorothy Sayers, die menschliche Kreativität offenbare die Tatsache, dass wir nach dem Bilde Gottes erschaffen sind.[102] Weiter führt sie aus, wir würden dadurch, dass wir unsere Kreativität entdecken und ausleben, zu Mitarbeitern Gottes an der Schöpfung. Gott erschuf aus dem Nichts. Wir nehmen das, was er gemacht hat, um daraus Schönheit zu machen und sie zu genießen.

Abraham Maslow bezeichnet die Suche nach Schönheit als ein menschliches Bedürfnis und stellt fest, dass Ästhetik eine notwendige Komponente der Selbstverwirklichung zu sein scheint.[103] Er klassifiziert Ästhetik als ein höheres Bedürfnis, wobei diese höheren Bedürfnisse erst dann empfunden werden, wenn die niedrigeren Bedürfnisse (etwa die nach Nahrung, Wärme und Sicherheit) dauerhaft befriedigt werden. Wer jedoch die Wertschätzung der Schönheit nie erlebt, der schöpft nach Maslow sein menschliches Potenzial nicht aus.

Die Suche nach Stimulation

Augustinus sprach davon, dass unsere Herzen unruhig sind, bis sie ihre Ruhe in Gott finden. Die Ursache dieser Unruhe ist meistens sehr unklar, doch die Erfahrung der Unruhe ist vielleicht die häufigste Form, in der Menschen heute die spirituelle Suche erleben.

Stimulation ist die am leichtesten verfügbare Ablenkung von der Unruhe. Unsere Gesellschaft bietet eine fast unendliche Vielfalt solcher Stimulationsquellen. Fernsehen, Bücher, Reisen, Musik, Sportereignisse, Alkohol, Drogen, Essen, Glücksspiel, das Internet, Konsum, Fitness und zahllose weitere Aktivitäten dienen uns als hervorragende Stimulationsquellen und Fluchtmöglichkeiten vor unserer Unruhe. Durch solche Stimulationen können wir uns angeblich entspannen und dem Druck unseres viel beschäftigten Lebens entkommen. Bis zu einem gewissen Grad trifft das auch zu. Freilich neigen wir zugleich dazu, süchtig nach diesen Stimulationen zu werden oder, besser gesagt, süchtig nach dem Zustand des Stimuliertseins. Damit entfliehen wir dann nicht einfach nur dem Druck, unter dem wir stehen, sondern unserem inneren Selbst. Auf diese Weise töten diese Stimulationsquellen letzten Endes unsere Spiritualität ab.

Um spirituell zu wachsen, müssen wir fähig zur Stille sein. Um die leise Stimme unseres inneren Selbst hören zu können, müssen wir die Lautstärke der äußeren Lärmquellen in unserem Leben herunterdrehen. Wir müssen Einsamkeit aushalten können. Henri Nouwen meint sogar, das Streben nach der «Einsamkeit des Herzens», wie er es nennt, sei der erste Schritt zum geistlichen Wachstum.[104] Damit meint er nicht in erster Linie äußere Abgeschiedenheit, wenn er auch sagt, dass wir mit der Einsamkeit des Herzens nicht weit kommen, solange es uns nicht gelingt, äußere Einsamkeit zu begrüßen und zu nutzen. Er meint vor allem eine Empfindsamkeit gegenüber unseren inneren Stimmen. Es ist ja gerade unser Verlangen, vor diesen Stimmen zu fliehen, das uns zu all diesen Stimulationen hintreibt.

Unsere Suche nach Stimulation ist also nicht so sehr eine direkte Erfahrung unserer Spiritualität als vielmehr die Erfahrung unseres Bemühens, vor unserer Spiritualität zu fliehen. Das Streben nach Stimulation ist das Mittel, mit dem wir die leise innere Stimme übertönen, die aus unserem Innern her spricht – niemals ruft. Die Unruhe, die unser Bedürfnis nach Stimulation antreibt, ist schon eher ein unmittelbarer Ausdruck des spirituellen Rufs. Doch wenn wir nicht auf diese Unruhe hören, vielmehr vor ihr fliehen, werden wir nie verstehen, was sie letztlich bedeutet, und die Chance verpassen, uns von ihr in die Richtung spirituellen Wachstums führen zu lassen.

Die Suche nach dem Mysterium
Wir leben in einer Zeit, die das Mysterium auszumerzen versucht. Das Unerklärliche erleben wir nicht mehr als mysteriös, sondern eher als noch nicht verständlich. Wofür es heute noch keine Erklärung gibt, das wird morgen die neue Entdeckung sein, erwarten wir. Wir haben vergessen, wie man ehrfürchtig vor den Dingen steht, die unseren Verstand übersteigen.

Doch in dieser Welt ohne Mysterium gibt es hin und wieder Erlebnisse, die unsere Abwehr gegen die Ehrfurcht durchbrechen. In einer sternenklaren Nacht geraten wir für einen Moment ins Staunen über ein Universum, das sich mit Lichtgeschwindigkeit ausdehnt. Oder wir studieren die Funktionsweise des Gehirns und kommen immer wieder auf die Frage zurück, ob der Geist wirklich durch die elektrochemischen Reaktionen im Gehirn angemessen zu erklären sei. Vielleicht stellen wir uns sogar die Frage, ob denn die Wissenschaft wirklich das Mysterium eliminiere oder es nur mit Theorien zudecke, die zwar möglicherweise tatsächlich zutreffen, aber doch keine vollständigen Erklärungen liefern.

In seinem klassischen Werk *Das Heilige* bezeichnet Rudolf Otto unser Bewusstsein darüber, dass die Wirklichkeit rationale oder wissenschaftliche Erklärungen übersteigt, als unsere Begegnung mit dem «Numinosen».[105] Das wesentliche Element in der Erfahrung des Numinosen ist für Otto das Kreatur-Gefühl, also das Bewusstsein unserer Kleinheit, wenn wir irgendeiner Ehrfurcht gebietenden, absoluten, überwältigenden Macht gegenüberstehen. In dieser Erfahrung sind laut Otto sowohl Furcht als auch Faszination enthalten. Ähnlich wie die verwandte Erfahrung eines von einer Geistergeschichte in Furcht versetzten und zugleich faszinierten kleinen Kindes ist die Begegnung mit dem Numinosen eine Begegnung mit dem *mysterium tremendum*, das Otto im Folgenden so beschreibt:

> Das Gefühl davon kann mit milder Flut das Gemüt durchziehen in der Form schwebender, ruhender Stimmung versunkener Andacht. Es kann so übergehen in eine kontinuierliche Gestimmtheit der Seele, die lange fortwährt und nachzittert, bis sie endlich abklingt und die Seele wieder in ihren ‹profanen›, nicht religiösen, alltäglichen Gemütszustand zurückkehrt. Es kann auch mit Stoßen und Zuckungen plötzlich aus der Seele hervorbrechen. Es kann zu seltsamen Aufgeregtheiten, zu Rausch, Verzückung und Ekstase führen.[106]

Die Erfahrung des Numinosen ist das Erlebnis, mit etwas vollkommen anderem konfrontiert zu sein – etwas, das unentrinnbar über oder jenseits von uns selbst ist. Das *mysterium tremendum* ist eine spirituelle Erfahrung, und der Ruf, den wir darin hören, ist der Ruf zur selbsttranszendenten Hingabe an Gott.

Das Mysterium umgibt uns. Wir können es ignorieren, können wütend werden über seine beharrliche Gegenwart, oder wir können lernen, es zu lieben und uns von ihm in eine tiefere Erfahrung des Lebens hineinführen zu lassen. Spiritualität und Mysterium sind eng miteinander verwandt. Das Mysterium mag nicht immer spirituell sein, aber eine Spiritualität, die keinen Raum fürs Mysterium hat, ist seicht und verarmt.

Das Psychische im Spirituellen erkennen lernen

So wichtig es ist, die spirituelle Signifikanz von Dingen erkennen zu lernen, die rein psychischer Natur zu sein scheinen, so wichtig ist es ebenso, die psychische Dimension von Dingen identifizieren zu lernen, die rein spirituell zu sein scheinen. Das Spirituelle ist immer ins Psychische eingebettet. Spirituelle Erfahrungen vollziehen sich in denselben psychischen Strukturen und Mechanismen, die auch unsere Beziehungen zu uns selbst und zu anderen Menschen vermitteln. Es gibt keinen speziellen «spirituellen» Teil unserer Persönlichkeit. Persönlichkeit ist in ihrer Gänze spirituell. Wer für die Seelen anderer sorgen möchte, muss lernen, die breiten psychospirituellen Grundlagen spiritueller Erfahrung zu verstehen.

Gott zu vertrauen ist nicht einfach deshalb eine spirituelle Angelegenheit, weil Gott der Fokus unserer Spiritualität ist. Vertrauen in Gott ist eine psychospirituelle Hingabe, die möglich wird durch die Entwicklung der Vertrauensfähigkeit und zustande kommt durch das Geschenk des Glaubens. Der Punkt ist: Vertrauen ist Vertrauen. Wenn die psychische Entwicklung eines Menschen so schwer geschädigt wurde, dass er nicht imstande ist, anderen zu vertrauen, wird er ebenso wenig in der Lage sein, Gott zu vertrauen. Hier muss das Geschenk des Glaubens von dem Erleben psychospiritueller Heilung begleitet werden. Für diese Heilung wird es meist notwendig sein, dass der Betreffende zumindest die Vertrauenswürdigkeit eines anderen Menschen erlebt.

Ebenso ist die Erfahrung, Gottes Vergebung zu empfangen, unauflöslich mit menschlichen Vergebungserfahrungen verbunden. Wer nie von einem Menschen Vergebung empfangen hat, wird es schwer haben, Gottes Vergebung zu erfahren. Doch wenn dieser Person das Geschenk zuteilwird, dazu befähigt zu werden, so ist dies eine Sache von psychologischer Bedeutung, nicht nur spiritueller. Die Erfahrung der Gnade hat Auswirkungen auf psychospirituelle Abläufe, die sich niemals künstlich auf eine spirituelle oder eine psychische Abteilung der Persönlichkeit beschränken lassen.

Christen verstecken sich oft hinter frommem Gerede. Sie benutzen einen religiösen Jargon, um es zu vermeiden, direkter, persönlicher und ehrlicher über sich selbst zu reden. Ein aufmerksamer Seelsorger ist in der Lage, die psychische Bedeutung solchen Redens herauszuhören und dasselbe auch der Person zu ermöglichen, der er helfen möchte. Hinter Debatten darüber, warum Gott die Gebete eines Menschen nicht zu erhören scheine, versteckt sich vielleicht eine Depression. Ebenso kann die Rede davon, wie man Gottes Willen erkenne, lediglich eine Ablenkung von den Angstzuständen sein, um die es möglicherweise in dem Dialog eigentlich gehen sollte. Leider kann religiöse oder geistliche Sprache sowohl ein Mittel sein, um über unsere tiefsten Sehnsüchte und Erfahrungen zu sprechen, als auch zu anderen Zeiten ein Mittel, um einer ehrlichen Begegnung mit unserem tiefsten Selbst aus dem Weg zu gehen.

Einen psychospirituellen Fokus in die Seelsorge einbringen heißt, die psychische Seite des spirituellen Diskurses erkennen zu lernen und der Person behutsam zu helfen, diese Seite ebenfalls zu erkunden. Manche Leute brauchen Hilfe dabei, mehr über ihren irdischen Vater zu reden, nicht nur über ihren himmlischen Vater. Andere brauchen Hilfe dabei, über sich selbst zu reden, nicht nur über ihre Theologie.

Ein psychospiritueller Fokus in der Seelsorge bedeutet, dass diejenigen, die für Seelen sorgen, ständig daran arbeiten müssen, die Spiritualität in der verkörperten Persönlichkeit zu erden. Erinnern Sie sich, dass unsere Spiritualität die Beziehung unseres gesamten Selbst zu Gott ist – mitsamt unseren Gefühlen, unseren Gedanken, unserem Körper, unserer Sexualität, unserem Unbewussten, unseren Leidenschaften und unseren Ängsten. Ein psychospiritueller Fokus bedeutet, dass Seelsorger anderen ganzheitlich begegnen und der Versuchung widerstehen, deren Probleme und Erfahrungen lediglich mit diesem oder jenem sogenannten Teil oder Aspekt der Persönlichkeit zu assoziieren.

Psychospirituelle Gesundheit und psychospirituelles Wachstum

Weiter oben haben wir das Ziel der Seelsorge als die Unterstützung und Wiederherstellung des Wohlergehens von Personen in ihrer Tiefe und Ganzheit mit besonderem Augenmerk auf ihrem inneren Leben definiert. Nachdem wir uns damit beschäftigt haben, wie das Psychische und das Spirituelle in der Seele aufeinander einwirken, können wir dieses Ziel nun als die Förderung der psychospirituellen Gesundheit und des psychospirituellen Wachstums beschreiben. Aber wie äußern sich diese Gesundheit und dieses Wachstum? Und woher wissen wir, dass wir uns in die richtige Richtung bewegen?

Psychospirituelle Gesundheit zeigt sich in jedem Aspekt des Lebens eines Menschen. In erster Linie spiegelt es sich in der Bewegung weg von der Egozentrizität und dem Kreisen um sich selbst hin zur selbstlosen Liebe wider. Im vollen Sinne zu lernen, Mensch zu sein, heißt, lieben zu lernen. Die Schule der psychospirituellen Gesundheit ist die Schule der Liebe. Doch in der Schule der Liebe zu sein heißt zu lernen, in vollerem Sinne menschlich zu werden, denn Liebe ist die Erfüllung nicht nur des Gesetzes Gottes, sondern auch unseres Daseins. Das bedeutet, dass zunehmende psychospirituelle Gesundheit auch mit sich bringt, dass man lebendiger wird und mit mehr Leidenschaft, Einfühlsamkeit, Integrität, Authentizität und Unmittelbarkeit lebt. Eine Veränderung, die nicht von zunehmender Liebe und einem lebendigeren Dasein gekennzeichnet ist, hat nichts mit psychospirituellem Wachstum zu tun.

Darüber hinaus spiegelt sich psychospirituelle Gesundheit auch in einer Bewegung von der Eigenwilligkeit hin zur Bereitwilligkeit wider, also vom Streben nach Kontrolle hin zur Unterordnung unter den Willen Gottes. Wir möchten gern Herren unseres eigenen Geschicks sein, die Kontrolle behalten, doch Jesus lädt uns ein, die Kontrolle über unser Leben ihm zu überlassen. Er fordert uns auf, unser verzweifeltes und illusorisches Streben nach Autonomie aufzugeben. Außerdem lädt er uns ein, der Isolation und Starre zu entsagen, die mit unserer Egozentrizität einhergeht. An ihrer Stelle bietet er uns Ruhe, Erfüllung und die Entdeckung unseres wahren und tiefsten Selbst-in-Christus an.

Wenn wir diesen Schritt des Aufgebens tun, entdecken wir plötzlich den Platz, nach dem wir uns unbewusst gesehnt haben. Wie ein Werkzeug, das von einer starken Hand ergriffen wird, wissen wir endlich, wohin wir gehören. Wir wissen, dass wir gefunden wurden. Paradoxerweise kommt das überfließende Leben, das uns in Christus verheißen ist, nicht dadurch, dass wir zugreifen, sondern dass wir loslassen. Es kommt nicht so sehr durchs Nehmen als vielmehr durchs Geben. Aufgabe ist die grundlegende Dynamik der christlichen Spiritualität – die Aufgabe meiner Anstrengungen, mein Leben jenseits des Zugriffs der Liebe Gottes zu führen, und die Ergebung in den Willen und den gnädigen Geist Gottes, der damit zu einer ständigen inneren Präsenz wird.

Psychospirituelle Gesundheit kommt auch in einer zunehmenden persönlichen Freiheit zum Ausdruck – Freiheit von Schuld und übermäßiger Angst, Freiheit von Bindungen an die Vergangenheit und die Freiheit, in der Gegenwart völlig lebendig zu sein. Außerdem spiegelt sie sich in zunehmender Vertrautheit mit anderen Menschen, einer stets wachsenden Selbsterkenntnis, einer offenen Beziehung zwischen den bewussten und den unbewussten Aspekten des Selbst, einer Verwirklichung meines einzigartigen, zutiefst wahren Selbst und einer zunehmenden Integration meiner Persönlichkeit wider. Schließlich zeigt sie sich auch in dem, was Kierkegaard «Reinheit des Herzens» nannte, also in der Fähigkeit, eine einzige Sache zu wollen und mit der Zielstrebigkeit und der klaren Richtung zu leben, die mit einem solchen Fokus einhergehen.[107]

In alldem sind psychische und spirituelle Reifung unauflöslich miteinander verwoben. Was wirklich gut für unser psychologisches Wachstum ist, hat auch das Potenzial, in spiritueller Hinsicht gut für uns zu sein. Umgekehrt sollte echtes spirituelles Wachstum uns auch psychisch guttun. Spirituelle und psychische Gesundheit sind eng miteinander verwandt. Über diese Verwandtschaft sagt Howard Clinebell: «Spirituelle Gesundheit ist ein unverzichtbarer Aspekt der mentalen Gesundheit. Beides lässt sich nur auf theoretischer Ebene voneinander trennen. Bei lebendigen Menschen sind spirituelle und mentale Gesundheit unauflöslich miteinander verwoben. Was der Beziehung zu sich selbst und zu anderen schadet oder nützt, wird oft auch der Beziehung zu Gott schaden oder nützen und umgekehrt.»[108]

Man beachte jedoch, dass ich sage, dass Wachstum in einem Bereich das Potenzial hat, auch Wachstum im anderen Bereich hervorzurufen. Eine Garantie dafür gibt es allerdings nicht. Durch den psychopathologischen Prozess, den wir «Dissoziation» nennen, sind wir in der Lage, Dinge künstlich voneinander abzuspalten, die eigentlich zusammengehören. Gefühle können von Gedanken getrennt werden, Erinnerung von Erfahrung und das Spirituelle vom Psychischen. Die traurige Wahrheit ist, dass wir manchmal im Bereich der psychischen Gesundheit und Reifung Wachstum erleben, das keinerlei spirituelle Spuren hinterlässt. Ebenso können spirituelle Erfahrungen, die uns eigentlich bis in die Tiefe verändern müssten, manchmal relativ wirkungslos verpuffen.

Offensichtlich ist es möglich, über ein gewisses Maß an psychischer Gesundheit zu verfügen, ohne dass die innere Welt auf einen selbsttranszendenten Bezugspunkt hin, der Sinn, Ziel, einen Platz und eine Identität vermitteln würde, integriert und ausgerichtet ist. Ebenso ist es möglich, ein gewisses Maß an spirituellem Wachstum zu erleben, das sich nicht auf die psychische Gesundheit überträgt. Das Ideal jedoch ist, dass die Auswirkungen jedes Wachstums im inneren Selbst in der gesamten Persönlichkeit spürbar werden.

Leute, die sich um die Seelen anderer kümmern, streben nach der Erhaltung und Wiederherstellung des Wohlergehens der Menschen in ihrer Tiefe und Ganzheit. Aber wie machen sie das genau? Wenn wir uns nun dieser wichtigen Frage zuwenden, werden wir sehen, dass Seelsorge durch eine auf Dialog basierende Beziehung geleistet wird. Eine Betrachtung dieser anspruchsvollen, aber ungemein lohnenden Form des zwischenmenschlichen Umgangs ist der Gegenstand des nächsten Kapitels.

Teil 2:
Seelsorge geben und empfangen

7. Dialog in der Seelsorge

Es gibt wenige Dinge, die uns so selbstverständlich erscheinen und doch in Wirklichkeit herausfordernder sind als der Dialog. Reduziert man ihn aufs bloße Gespräch oder noch weiter aufs bloße Reden, so ist die Sache natürlich ganz einfach. Die meisten Menschen sind in der Lage, ein Gespräch zu führen, und noch mehr sind fähig zur verbalen Kommunikation, zumindest auf einer einfachen Ebene. Richtig verstandener Dialog jedoch beinhaltet viel mehr als diese schlichten Aktivitäten. Er bildet die Grundlage der Interaktion zwischen Seelsorgern und denen, die Seelsorge empfangen.

In dem Wort *Dialog* stecken zwei griechische Wurzeln: *dia*, «miteinander», und *logos*, «Wort» oder «Rede». Daraus ergibt sich die Kernbedeutung einer gemeinsamen Rede oder eines Gesprächs. Im Sprachgebrauch jedoch schwingen bei dem Wort *Dialog* weitere Bedeutungen mit, die über diese Minimaldefinition hinausgehen. Meist wird Dialog im Sinne eines tiefen, bedeutsamen Gesprächs verwendet. Dialog ist mehr als das Erteilen von Ratschlägen, der Austausch von Informationen oder die Mitteilung von bereits Bekanntem. Richtig verstanden, ist Dialog Erkundung und Entdeckung durch die Begegnung im Gespräch. Er ist ein gemeinsames Fragen mit dem Ziel, mehr Erkenntnis, Verständnis und Einsicht zu erlangen.

Der Physiker und Kommunikationstheoretiker David Bohm meint, im echten Dialog hätten die Teilnehmer Zugang zu einem größeren Bedeutungspool als jedes einzelne Mitglied für sich allein.[109] Durch den tiefen Austausch in einer Atmosphäre empathischen Zuhörens, durch den die unausgesprochenen Denkvoraussetzungen ans Licht gebracht werden, die man sonst für selbstverständlich nimmt, bietet der Dialog die Möglichkeit, über die Sichtweisen der einzelnen Teilnehmer hinauszukommen. Das ist ja auch das Ziel des Dialogs – ein Verständnis zu schaffen, das über das der einzelnen Teilnehmer vor dem Eintritt in den Dialog hinausgeht und es ersetzt.

Dialog erfordert Gegenseitigkeit und beinhaltet immer Synergie. So betrachtet, können wir uns den Dialog als kollaborative Kreativität denken. Es wird etwas Neues geschaffen oder entdeckt, nämlich ein neues Verständnis irgendeines Aspekts der Wirklichkeit. Dieses neue Verständnis wird gemeinsam entwickelt und von den Dialogteilnehmern miteinander geteilt. Wenn dabei eine echte Begegnung mit einem anderen Menschen im Spiel ist und etwas Wahres über sein Leben ans Licht gebracht wird, so liegen in diesem Verständnis Veränderungsmöglichkeiten für alle Teilnehmer des Dialogs.

Somit können wir Dialog begreifen als eine Gesprächsbegegnung, die das Verständnis jedes Teilnehmers von sich selbst, von anderen und von der Welt verändert. Insofern erweitert er das Selbst. Im echten Dialog versuche ich, mitzuteilen, wie ich die Welt erlebe, und zu verstehen, wie der andere es tut. Dabei berührt jeder den andern und wird von dem andern berührt, und das Ergebnis ist, dass jeder sich verändert. In einem echten Dialog kann man gar nicht anders, als verändert zu werden.

Debatte, Diskussion, Unterhaltung und Dialog

Im Vergleich zwischen Dialog und anderen Formen verbaler Interaktion gibt es sowohl wichtige Gemeinsamkeiten als auch bedeutende Unterschiede. Obwohl man Gefahr läuft, künstliche Grenzen zu schaffen, indem man den Dialog von anderen Kommunikationsformen differenziert, ist dies doch hilfreich für unser Bemühen, die spezifischen Merkmale des Dialogs herauszuarbeiten.

Bei einer Reihe von Dimensionen markieren Dialog und Debatte die entgegengesetzten Enden einer Skala, auf der Diskussion und Unterhaltung mehr in der Mitte zu finden sind – wobei die Diskussion der Debatte und die Unterhaltung dem Dialog näher steht. Anschaulich wird dies in Tabelle 1, die einige der wichtigsten Unterschiede zwischen diesen vier Kommunikationsformen zusammenfasst.

7. Dialog in der Seelsorge

Tabelle 1
Formen verbaler Kommunikation

	Debatte	Diskussion Unterhaltung	Dialog
Inhalt	Reglementiert	←——————→	Unreglementiert
Ergebnis	Gewinner/Verlierer	←——————→	Gewinner/Gewinner
Vertrauen	Wenig Vertrauen	←——————→	Viel Vertrauen
Respekt	Intolerant gegenüber Differenzen	←——————→	Begrüßt Differenzen
Austausch	Fakten und Argumente	←——————→	Gefühle, Werte, Deutungen
Format	Aussagen	←——————→	Fragen und Aussagen
Fokus	«Was weiß ich?»	←——————→	«Was kann ich lernen?»
Fragen	Dienen zur Entwaffnung und zur Tarnung von Meinungen	←——————→	Dienen zur Vertiefung des Verständnisses
Wissen	Dient als Waffe	←——————→	Dient als Gabe
Risiken	Risiken vermeiden	←——————→	Risiken eingehen
Ziel	Beweis	←——————→	Erforschung
Zuhören	Einstudierung und Vorbereitung zum Gegenschlag	←——————→	Aktive Empathie
Willenshaltung	Eigenwillige Kontrolle, nicht bereit zur Veränderung	←——————→	Bereitwillige Ergebung, bereit zur Veränderung

Nach Materialien von David Gouthro, einem Berater der Firma The Cutting Edge in Vancouver. Mit freundlicher Genehmigung.

Die Unterschiede zwischen diesen vier verbalen Interaktionsformen werden besonders deutlich, wenn wir die Extrempositionen des Dialogs und der Debatte betrachten, aber auch zwischen Dialog und Diskussion oder zwischen Debatte und Unterhaltung sind sie ohne Weiteres erkennbar. Da die Grenzen zwischen diesen vier Formen alles andere als starr sind, treten die Unterschiede zwischen benachbarten Positionen auf der Skala oft weniger klar zutage und sind willkürlicher.

Der Hauptunterschied zwischen Dialog und Diskussion wird deutlich, wenn wir uns vor Augen halten, dass das Wort *Diskussion* vom lateinischen *discutere* kommt, das «in Stücke schlagen» bedeutet.[110] Darin steckt dieselbe Wurzel wie in den englischen Wörtern *percussion* (Schlaginstrument) und *concussion* (Gehirnerschütterung). Die Diskussion ist eine Gesprächsform, die oft eine zersplitternde Wirkung hat. In eine Diskussion gehen die Teilnehmer oft in dem Bewusstsein, dass es bei solchen Begegnungen darum geht, Ansichten und Standpunkte zu vertreten, mit dem Ergebnis, dass es Gewinner und Verlierer gibt. Das Zuhören ist hier oft sehr zweitrangig gegenüber dem Einstudieren des eigenen bevorstehenden Beitrags. Insgesamt besteht das Ziel weniger darin, das gegenseitige Verständnis zu fördern, als darin, dem eigenen Standpunkt zum Sieg zu verhelfen.

Diese Unterschiede werden natürlich noch deutlicher, wenn wir die Debatte betrachten. Niemand, der die Regeln einer Debatte kennt, geht in eine solche Begegnung mit der Erwartung, die diskutierten Themen hinterher besser zu verstehen, während der Debatte oder in ihrer Folge seinen Standpunkt zu verändern oder von seinem Gegenüber zu lernen. Debatten sind eine zivilisierte Form des Kampfes – manchmal mehr, manchmal weniger zivilisiert. Sie sind keine Foren für den freien Gedankenaustausch als Mittel der Begegnung und Entdeckung.

Debatten, und in geringerem Maß auch Diskussionen, unterscheiden sich vom Dialog auch insofern, als sie sowohl einen Fokus als auch implizite Regeln haben, die dafür sorgen sollen, dass sich die Teilnehmer an das festgelegte Thema halten. Debatten drehen sich um formell vereinbarte Themen, während der Fokus einer Diskussion eher informell festgelegt wird. Im Vergleich zur Unterhaltung oder zum Dialog jedoch steht außer Frage, dass bei Diskussionen eine gewisse Reglementierung des Inhalts wirksam ist. Diskussionen haben ein bestimmtes Thema. Gute Diskussionen bleiben dicht daran, statt von einem Thema zum anderen zu schweifen, wie es bei einer guten Unterhaltung typischerweise der Fall ist. Man könnte daher sagen, dass Diskussionen um Konvergenz bemüht sind, auch wenn sie in Wirklichkeit oft Divergenz hervorbringen.

Im Gegensatz dazu herrscht in Unterhaltungen und Dialogen eine große Toleranz gegenüber Divergenzen. Divergenz gilt sogar oft als Markenzeichen einer interessanten Unterhaltung. Unterhaltungen und Dialoge zielen nicht auf einen bestimmten Ausgang, und sie haben weder stillschweigend vorausgesetzte noch ausdrücklich vereinbarte Regeln, was den Inhalt betrifft. Es findet einfach freier Austausch von Gedanken und Gefühlen statt. Aus diesem Grund ärgert es uns auch, wenn jemand ein Gespräch anfängt, das wir für eine Unterhaltung halten, nur um dann zu entdecken, dass dies bloß ein Köder für ein Verkaufsgespräch oder einen religiösen Bekehrungsversuch ist.

Unterhaltungen und mehr noch Dialoge setzen ein höheres zwischenmenschliches Vertrauen voraus als Debatten und Diskussionen. Deshalb ermöglichen sie es, nicht nur Fakten und Argumente auszutauschen, sondern auch Gefühle, Wertvorstellungen und Deutungen. Statt sich auf die Fragen «Was weiß ich?» und «Wie kann ich es möglichst überzeugend vortragen?» zu konzentrieren, geht es bei der Unterhaltung und beim Dialog um die Fragen «Was kann ich lernen?» und «Wie kann ich mein Gegenüber möglichst gut verstehen?».

Bei einem Dialog sind immer beide die Gewinner. Im Vergleich zur Diskussion und zur Debatte geht es dabei mehr ums Erforschen als ums Beweisen, mehr ums Entdecken als darum, Standpunkte zu untermauern. Im Dialog wird Wissen als Gabe und Geschenk eingesetzt, während es in der Debatte als Waffe dient. Das eigentliche Geschenk im Dialog ist aber nicht das Wissen, das man mitbringt, sondern das eigene Selbst. Auch deshalb kann ein Dialog nur in einer Atmosphäre gegenseitigen Vertrauens und Respekts stattfinden. Schon um seine Meinungen und Kenntnisse mitzuteilen, braucht man eine gewisse Sicherheit. Wie viel mehr muss die Umgebung frei von Bedrohungen sein, damit man sich sicher genug fühlt, um sein innerstes Selbst mitzuteilen!

Ein Dialog strebt die Begegnung von zwei oder mehr Personen an, bei der sowohl ihre Eigenständigkeit als auch ihre Verbundenheit respektiert werden. Zudem unterstützt ein Dialog die Teilnehmer dabei, ihr Verständnis für sich selbst, für die anderen und für die erörterten Themen zu vertiefen. Wenn ein Dialog für konkretere Aufgaben in Dienst genommen wird, etwa dazu, Probleme zu lösen oder irgendwelche von einem der Teilnehmer gewünschten Veränderungen zu bewirken, besteht die Gefahr, dass er als Gelegenheit zur freien und gegenseitigen Selbstmitteilung an Potenzial verliert. Das gilt besonders dann, wenn einer der Dialogteilnehmer mit oder an dem anderen irgendein bestimmtes Ziel verfolgt – auch wenn es etwas so Positives ist, wie das Wachstum des anderen zu fördern. Wenn der Dialog allerdings auf mehr Gegenseitigkeit beruht, sind Ziele wie Wachstum und Entwicklung durchaus mit dem nicht manipulativen Ideal der zwischenmenschlichen Begegnung, die ich Dialog nenne, vereinbar.

Die Unterscheidung zwischen diesen vier Formen verbaler Interaktion lässt sich vielleicht so veranschaulichen: Stellen Sie sich eine Unterhaltung vor als eine Plauderei zwischen zwei Leuten, die über alles Mögliche reden, was ihnen in den Sinn kommt. Sie reden vielleicht über Gefühle, Gedanken, übers Wetter, ihre nächsten Pläne, ihre Beziehung, über Politik, gemeinsame Bekannte, über gelesene Bücher oder gesehene Filme. Eine gute Unterhaltung misst sich nicht an Ergebnissen, sondern ganz und gar am Prozess; sie ist gegenseitig und interessant.

Eine gute Diskussion dagegen kann zwar jedes der Themen

7. Dialog in der Seelsorge

zum Gegenstand haben, die während der eben geschilderten Unterhaltung berührt worden sind, aber sie verläuft in engeren Grenzen als eine gute Unterhaltung. Der Fokus einer Diskussion ist etwas, wozu man einen Standpunkt einnehmen kann. Das bedeutet, dass es in einer Diskussion mehr um Meinungen geht als um Gefühle, mehr um Positionen als um Wahrnehmungen. In einer Diskussion sagt der eine zum anderen: «Sag mal, wie denkst du über XY (die bevorstehenden Wahlen, einen aktuellen Film, eine soziopolitische Frage oder eine theologische Aussage)?» Doch eine gute Diskussion kann nur eines dieser Themen auf einmal erörtern. Und obwohl die Erörterung in einer Diskussion mehr Risiken und Selbstmitteilung mit sich bringt als in einer Debatte, gehört dazu immer noch weniger zwischenmenschliches Vertrauen und weniger Risikobereitschaft als zum Dialog.

Debatten sind natürlich die am stärksten strukturierte und kämpferischste Form der verbalen Interaktion. Das Thema ist vorgegeben, die Regeln der Interaktion sind klar, und bei dem Austausch, das wissen alle Teilnehmer, geht es nicht darum, etwas zu entdecken oder zu erforschen, sondern darum, wer gewinnt und wer verliert.

Im Gegensatz dazu geht es beim Dialog darum, dass zwei oder mehr Menschen zu dem alleinigen Zweck miteinander sprechen, sich in der Tiefe zu begegnen. Beim Dialog sagt jeder zum anderen: «So erlebe ich die Welt. Sag mir, wie du sie erlebst.» Zum guten Dialog gehören Selbstmitteilung, ein tiefes Eingehen auf ein anderes Selbst und die daraus resultierende Erweiterung des Selbst beider.

Martin Buber bezeichnete den Dialog als die Gesprächsform, bei der eine wahre Hinwendung zu und Begegnung mit einem anderen Menschen stattfindet und bei der der andere nicht als Objekt, sondern als echtes menschliches Wesen wahrgenommen wird.[111] Solche Begegnungen nannte Buber «Ich-Du-Begegnungen» im Gegensatz zu «Ich-Es-Begegnungen», bei denen der andere als Objekt aufgefasst wird. Ein Dialog in einer Ich-Du-

Beziehung ergibt ein gegenseitiges persönliches Kennen, das ganz anders ist als das unpersönliche Wissen, das durch Ich-Es-Begegnungen entsteht. Persönliches Kennen heißt *jemanden* kennen, während unpersönliches Wissen ein Wissen *über* jemanden oder etwas ist. Beim Dialog geht es im Kern um das persönliche Kennen.

Nach Buber findet alles echte Leben in der Begegnung mit anderen statt, und der Ort, wo wir ihnen begegnen, ist der Dialog. Beim echten Dialog wird der andere nicht nur in der Vorstellung oder in den Gefühlen, sondern in der Tiefe des eigenen Wesens präsent. Das erfordert, dass jede Person eine eigenständige Person ist. Eine Begegnung unter diesen Bedingungen führt dazu, dass jeder am Leben des anderen Anteil nimmt. Was zwischen zwei Menschen war, ist nun in jedem von ihnen. Das ist das Mysterium des Dialogs.

Das therapeutische Gespräch

Ein wichtiger Aspekt bei Bubers Sicht des Dialogs ist seine Aussage, ein wahrer Dialog könne nur in einer Beziehung zwischen Gleichgestellten stattfinden. Daraus ergeben sich wichtige Konsequenzen für nicht wechselseitige seelsorgerliche Beziehungen wie die zwischen Therapeut und Patient. In einem Gespräch mit Carl Rogers argumentierte Buber sogar, wegen dieser erforderlichen Gleichrangigkeit sei das therapeutische Gespräch dem echten Dialog zwangsläufig unterlegen, da Therapeut und Patient niemals gleichrangige Partner in der Beziehung sein könnten.[112] Sobald man eine Helferrolle professionalisiere, so Buber, erzeuge man eine Ungleichheit zwischen den Personen. Diese Ungleichheit mache die freie Begegnung, die zum echten Dialog gehöre, unmöglich.

Psychotherapeuten verwenden zwar manchmal den Begriff Dialog, sprechen aber häufiger davon, ein Interview zu führen. Das heißt nicht, dass sie einfach nur Fragen stellen. Die therapeutische Seelsorge hat inzwischen zu gut begriffen, wie wichtig das Zuhören ist, als dass sie eine schlichte Befragung tolerieren könnte. Doch obwohl das therapeutische Gespräch viel zum Verständnis und zur Praxis des seelsorgerlichen Dialogs beitragen kann, ist es eine sehr eingeschränkte Form eines solchen Dialogs. Bevor wir uns diese Einschränkungen näher anschauen, lassen Sie uns zuerst darauf zu sprechen kommen, was es leisten kann.

Jede der wichtigen psychotherapeutischen Schulen betont andere Aspekte des therapeutischen Gesprächs. Die erste in der Reihe, die Psychoanalyse, konzentrierte sich darauf, wie und auf was wir hören. Freud selbst leistete zwei sehr wichtige Beiträge zum Verständnis und zur Praxis des Zuhörens. Erstens betonte er die Notwendigkeit, nicht nur auf die verbale, sondern auch auf die nonverbale Kommunikation zu achten. Zum Zuhören, sagte er, gehöre das Beobachten ebenso wie das Hören. Seine Ausführungen dazu sind sehr aufschlussreich.

> Als ich mir die Aufgabe stellte, das, was die Menschen verstecken, nicht durch den Zwang der Hypnose, sondern aus dem, was sie sagen und zeigen, ans Licht zu bringen, hielt ich die Aufgabe für schwerer, als sie wirklich ist. Wer Augen hat zu sehen und Ohren zu hören, überzeugt sich, dass die Sterblichen kein Geheimnis verbergen können. Wessen Lippen schweigen, der schwätzt mit den Fingerspitzen; aus allen Poren dringt ihm der Verrat. Und darum ist die Aufgabe, das verborgenste Seelische bewusst zu machen, sehr wohl lösbar.[113]

Die verborgenen Winkel des Geistes bewusst zu machen ist kein üblicher Teil des seelsorgerlichen Dialogs. Dennoch ist Freuds Betonung, dass es wichtig sei, auf nonverbale Kommunikation zu achten, von großem Wert für alle, die sich bemühen, anderen zuzuhören. Menschliche Sprache enthält verbale (die Worte selbst), stimmliche (Tonfall, Geschwindigkeit, Stimmhöhe, Modulation usw.) und verhaltensmäßige Komponenten (darunter Dinge wie Gesichtsausdruck, Körperhaltung, Gesten, Eigenarten usw.). Ein guter Zuhörer achtet auf alle drei Kanäle.

Freuds zweiter wichtiger Beitrag zum Verständnis und zur Praxis des therapeutischen Gesprächs ist von noch größerer Bedeutung, nämlich sein Rat, mit «gleichschwebender Aufmerksamkeit» zuzuhören, wie er es nannte.[114] Er stellte fest, dass wir allgemein die Tendenz haben, während eines Gesprächs unsere Aufmerksamkeit auf die Dinge zu lenken, die uns am relevantesten oder interessantesten zu sein scheinen. Dagegen schlug er vor, mit einem etwas weicheren, diffuseren Fokus zuzuhören. Ziel dieser Art und Weise des Zuhörens ist es, sich dafür zu öffnen, den anderen mit so wenig eingeengter Aufmerksamkeit zu erleben wie möglich. Konzentration während eines Gesprächs birgt nach Freud das Risiko, nur das zu hören, was wir bereits wissen, und nur für das offen zu sein, was wir bereits vorausgeahnt haben.

Freud machte auch darauf aufmerksam, dass die Wünsche eines Therapeuten die Begegnung in der Tiefe stören können. Selbst offenkundig positive – wie der Wunsch, sich Dinge zu merken, oder das Anliegen, gut hinzuhören – können gemäß Freud beim Zuhören stören. Sein etwas überraschender Ratschlag für Psychoanalytiker war, ganz ohne Wünsche, Erinnerung oder gar Verständnis in das therapeutische Gespräch hineinzugehen und einfach darauf zu vertrauen, dass eine tiefe Empfänglichkeit für die Person und ihre Erlebnisse am besten dazu verhilft, die Person zu verstehen und ihr zu begegnen. Viele Leute haben diesen Ratschlag als außerordentlich hilfreich empfunden.

Carl Rogers leistete seinen wichtigsten Beitrag zur Praxis des Therapiegesprächs zweifellos dadurch, dass er die drei notwendigen und hinreichenden Bedingungen therapeutischer Veränderung benannte.[115] Nach Rogers sind diese drei Bedingungen Eigenschaften des Therapeuten – nämlich Empathie, Respekt und Kongruenz. Empathie ist die Fähigkeit, in die Erfahrung anderer einzutreten oder, besser gesagt, ihre Erfahrung, wenn sie sie

7. Dialog in der Seelsorge

mitteilen, zu empfangen und sie innerlich so festzuhalten, dass man sie nicht mit der eigenen Erfahrung verwechselt. Respekt beschreibt Rogers als bedingungslos positive Hochachtung. Er ist eine tiefe Wertschätzung oder Würdigung des anderen, die sich durch das Fehlen jeglicher Verurteilung und jeglicher Vorbedingungen für den Wert des anderen mitteilt. Diese Eigenschaft beschrieb Rogers auch als nicht besitzergreifende Herzlichkeit. Kongruenz bezeichnet die Eigenschaft, bis in die Tiefe man selbst zu sein – keine Rolle zu spielen und nichts auszudrücken, was nicht mit dem eigenen tiefsten Selbst übereinstimmt.

Obwohl Rogers mit Empathie, Respekt und Kongruenz in erster Linie keine Techniken, sondern persönliche Eigenschaften meinte, war es wohl unvermeidlich, dass andere daraus therapeutische Techniken machten. Die Konsequenz für das therapeutische Gespräch waren eine Schwerpunktsetzung auf die Gefühle und das innere Erleben des anderen und die Tendenz, dem Gegenüber dieses empathische Verstehen zurückzumelden durch Formulierungen wie: «Ich glaube, ich verstehe Sie so, dass ...», oder: «Es hört sich an, als ob Sie das Gefühl haben, dass ...» Hier liegt der Fokus des Zuhörens auf der phänomenologischen Erfahrung des anderen. Es wird durch Empathie versucht, die innere Erfahrung des anderen zu verstehen.

Harry Stack Sullivan leistete seinen Beitrag zum Verständnis und zur Praxis des therapeutischen Gesprächs, indem er den Mythos der Objektivität bei klinischen Interviews entzauberte.[116] Er stellte fest, das psychotherapeutische Interview könne keine objektiven Informationen über Patienten ergeben, sondern lediglich Informationen über ihre Begegnung mit einem bestimmten Interviewer unter bestimmten Umständen zu einem bestimmten Zeitpunkt. Aus dieser Sicht ist das psychotherapeutische Interview von jedem der daran Beteiligten geprägt und wirkt sich auf jeden von ihnen aus. Es ist also kein klinisches Werkzeug, das den Therapeuten unbeeinflusst lässt, sondern eine Begegnung.

Worauf hören Psychotherapeuten in ihren Gesprächen mit

denen, denen sie helfen wollen? Dies ist zwar bis zu einem gewissen Grad abhängig von der jeweiligen psychotherapeutischen Herangehensweise, doch typischerweise hören Therapeuten *durch* den Rahmen ihrer stillschweigenden oder ausdrücklichen Denkvoraussetzungen über das Wesen der Persönlichkeit, der Psychopathologie und des psychotherapeutischen Prozesses *auf* Probleme und die Bestätigung oder Widerlegung von Hypothesen, die dazu beitragen können, diese Probleme zu erklären. Wenn wir die wichtigsten psychotherapeutischen Schulen zusammenfassen, erkennen wir vier Fokusse des Zuhörens im therapeutischen Gespräch: den manifesten Inhalt des Gesprächs, die phänomenologische Erfahrung des Gegenübers, den latenten Inhalt des Gesprächs und die eigene phänomenologische Erfahrung.

Gutes therapeutisches Zuhören beginnt immer mit dem genauen Achten auf die vom Gegenüber tatsächlich gesprochenen Worte. Das ist gemeint, wenn vom Hören auf den manifesten Inhalt die Rede ist. Beim Zuhören auf dieser Ebene richtet man die Aufmerksamkeit auf die direkte, explizite Bedeutung der Worte, die der andere gebraucht, um so gut wie möglich zu verstehen, was er kommunizieren möchte. Das heißt, man widersteht der Versuchung, zu tieferen, unausgesprochenen Bedeutungen des Gesagten vorzudringen. Stattdessen geht man davon aus, dass die erzählte Geschichte die Geschichte ist, um die es wirklich geht.

Solches Zuhören ist nicht so einfach, wie es auf den ersten Blick scheint. Es erfordert aktives Engagement und eine gewisse stille, innere Verarbeitung des Gehörten. Während der Therapeut auf der Ebene des manifesten Inhalts zuhört, muss er sich bei jeder Aussage fragen: «Könnte dies auch etwas anderes bedeuten als das, was mir als Erstes dabei einfällt?» Diese Frage wird nicht verbalisiert; sie richtet sich an den Therapeuten, nicht an den Patienten. Nicht die Aufrichtigkeit des anderen wird dabei angezweifelt, sondern die konventionelle Sprache. Ja, je konventioneller die Sprache, desto notwendiger ist es, sich zu fragen: «Bin ich sicher, dass ich weiß, was diese Person mit diesem Wort oder Ausdruck meint?»

Zuhören auf der zweiten Ebene, also auf der Ebene der phänomenologischen Erfahrung des anderen, bedeutet, auf die von Carl Rogers beschriebene Weise empathisch zuzuhören. Dabei geht es darum, den inneren Bezugsrahmen und die innere Erfahrung des anderen zu verstehen. Dies beginnt mit dem, was ich den manifesten Inhalt genannt habe, schließt aber auch alle verfügbaren nonverbalen Informationen mit ein. Ziel des Therapeuten ist es, die Welt so erfahren zu können, wie sie vom Patienten oder Klienten erfahren wird, also die phänomenologische Erfahrung des anderen empathisch zu erfassen.

Auf den latenten Inhalt zu hören heißt, auf die Geschichte hinter der Geschichte zu achten. Es versucht, über die bewusste Erfahrung des Sprechers hinauszugehen, indem man auf Hinweise auf die tieferen, unbewussten Bedeutungsebenen lauscht, die man hinter den Worten vermutet. So empfahl Freud zum Beispiel, auf solche Dinge wie Versprecher, ungewöhnliche oder unangemessene Gefühle und Widerstandsmuster als mögliche Wege zum Verständnis des latenten Inhalts der Kommunikation zu achten. Psychoanalytiker sind der Auffassung, dass der latente Inhalt im manifesten Inhalt codiert sei, und haben ausführliche klinische Strategien entwickelt, um auf diese tiefere Bedeutungsebene zu hören.

Die letzte Ebene des psychotherapeutischen Zuhörens ist das Hören auf die eigene phänomenologische Erfahrung. Es mutet zunächst seltsam an, dass ich, wenn ich Ihnen zuhöre und zu verstehen versuche, was Sie mir sagen, zumindest einen Teil meiner Aufmerksamkeit meinem inneren Erleben zuwenden soll. Doch dies ergibt sich logisch aus dem von Sullivan formulierten Prinzip, nämlich dass ein klinisches Gespräch kein Mittel zu einer objektiven Einschätzung ist, sondern ein subjektiver, persönlicher Begegnungsprozess. Während mein bewusster Verstand versucht, auf den Ausdruck Ihres bewussten Verstandes zu hören, so die Annahme, hören und reagieren die unbewussten Ebenen meines Verstandes auf die unbewussten Ebenen Ihrer Kommunikation. Theodore Reik nannte dies das Zuhören mit dem dritten Ohr.[117]

In der Praxis erfordert es, dass der Therapeut oder die Therapeutin seine oder ihre abschweifenden Gedanken, Fantasien, Intuitionen, Assoziationen und Gefühle im Auge behält, um in der eigenen inneren Erfahrung nach Schlüsseln zur Deutung des latenten Inhalts zu suchen.

Solche psychotherapeutischen Auffassungen vom Zuhören und Reden können zwar im seelsorgerlichen Dialog berücksichtigt werden, aber das therapeutische Gespräch ist, wie schon gesagt, eine sehr eingeengte Form des Dialogs. Da Psychotherapeuten leicht dazu neigen, das Tun stärker zu betonen als das Sein und das Technische stärker als das Persönliche, ist therapeutisches Zuhören oft sehr eingeschränkt. Psychotherapeuten können sich nicht den Luxus des Dialogs leisten, wie wir ihn definiert haben. (Vielleicht sollte man besser sagen, dass sich ihre Patienten diesen Luxus nicht leisten können und deshalb lieber ein begrenztes, auf die Symptome fokussiertes Gespräch buchen.) Ein therapeutisches Gespräch ist zwangsläufig stärker fokussiert als die freie und beiderseitige Äußerung und Begegnung von Menschen im Dialog. Nur Psychoanalytiker bieten die Möglichkeit an, absolut alles zu erkunden, was ins Bewusstsein gelangt. In Wirklichkeit jedoch ist das psychoanalytische Gespräch viel eher ein Monolog als ein echter Dialog.

Psychotherapeuten sind dafür geschult, mithilfe von Gesprächen therapeutische Ziele zu erreichen. Zu ihrer Ausbildung gehört meist, dass sie molekulare Gesprächstechniken lernen wie Aufmerksamkeit zeigen, Gefühle reflektieren, zur Konkretheit ermutigen, Konfrontation einsetzen und Fragen formulieren. Doch die weitgesteckten, ehrgeizigen Ziele des echten Dialogs werden leicht auf dem Altar sorgfältig einstudierter Zuhörerposen und Eingreifstrategien geopfert. Stetiger Blickkontakt, sorgfältig platzierte und überlegte Reflexionen des Gehörten und das Erkennen von Diskrepanzen und thematischen Zusammen-

7. Dialog in der Seelsorge

hängen können einen echten Dialog bereichern, aber für sich allein sind sie nur ein armseliger Ersatz dafür.

Der klinische Charakter der therapeutischen Seelsorge ist ebenfalls dem echten Dialog abträglich, da er dem Therapeuten, der sie anbietet, von vornherein vorschreibt, sich auf Probleme und ihre Lösungen zu konzentrieren. Wenn die Linderung oder Beseitigung von Problemen das Ziel ist, dann ist der Dialog einfach nur ein Werkzeug – ein Mittel zum Zweck. Doch das Ziel der Problemlösung ist viel zu eng gefasst für einen Dialog, der auf die Fürsorge und Stärkung des Menschen in seinem psychospirituellen Kern ausgerichtet ist. Im Rahmen eines solchen Dialoges können auch Probleme angegangen werden, aber eine enge Fokussierung auf Schwierigkeiten schmälert zwangsläufig das reiche Spektrum des Dialogs.

Nach Bubers Anschauung ist die Alternative zum Dialog als persönlicher Begegnung zwischen Leuten, die einander als Menschen gegenübertreten, eine unpersönliche Begegnung, bei der man dem anderen als einem Objekt gegenübertritt. Auch wenn dies in bester Absicht geschieht, stellt eine solche Objektifizierung eines Menschen zwangsläufig eine Entmenschlichung dar. Leider ist bei therapeutischen Gesprächen allzu oft eine solche Objektifizierung und Entmenschlichung im Spiel. Wo immer wir einem Fall, einer diagnostischen Kategorie, einem Beispiel für ein bestimmtes Problem oder einer bestimmten Bewältigungsstrategie oder auch einem Patienten begegnen, begegnen wir eben nicht einem Menschen. Schlimmer noch, indem wir uns auf solche Art und Weise anderen gegenüber verhalten, setzen wir sie tatsächlich in ihrem Menschsein herab. Wir können ihnen vielleicht bei einer Funktionsstörung in irgendeinem Bereich ihrer Persönlichkeit helfen, aber wir steigern nicht die Vitalität und Robustheit ihres gesamten Selbst. Im Mittelpunkt der Seelsorge sollten nicht Probleme, sondern Personen stehen. Und diesen Personen sollten wir im Dialog gegenübertreten.

Im Blick auf die Schwierigkeit, im therapeutischen Gespräch einen echten Dialog zu erreichen, stellt Maurice Friedman fest:

«Psychotherapeuten geben anderen oft technische Hilfe, ohne in eine Beziehung zu ihnen zu treten. Hilfe ohne Gegenseitigkeit ist Anmaßung. ... Sie ist ein Versuch, Magie zu praktizieren.» Weiter sagt er: «Echten Dialog erreichen wir nicht, indem wir darauf abzielen, sondern indem wir den Anderen als anderen Menschen existieren lassen, nicht nur als Inhalt unserer Erfahrung und unseres Denkens. Als ganzen, einzigartigen Menschen können wir die andere Person nur wahrnehmen, indem wir die Haltung eines Partners einnehmen, nicht durch jenen reduzierenden, analytischen und abgeleiteten Blick, der heute vorherrscht.»[118] Die Herausforderung für Psychotherapeuten ist, sich nicht mit weniger zufriedenzugeben als mit der tiefen Begegnung, die Buber als den Ort beschrieb, wo das wirkliche Leben und jede echte Heilung und Reifung stattfinden.

Das pastorale Gespräch

Wenn die Herausforderung für das therapeutische Gespräch darin besteht, die echte, tiefe Begegnung zweier Menschen nicht durch reduktionistische Analyse, klinische Techniken oder therapeutische Rollen beeinträchtigen zu lassen, so liegt die Herausforderung für das pastorale Gespräch darin, einen Pfad zwischen dem Hören auf den anderen und dem Reden im Namen Gottes zu finden, auf dem sich Dialog nicht mit Predigt vermischt. Die Haltung des Dialogs haben wir so beschrieben: «So sehe ich die Welt. Sag mir, wie du sie siehst, damit ich klarer sehen kann.» Das pastorale Gespräch kommt im schlimmsten Fall kaum über die folgende Haltung hinaus: «So sieht Gott die Welt. Was gibt es sonst noch zu sagen?»

Das ist offensichtlich keine echte Dialoghaltung. Es ist auch kein zutreffendes Bild eines typischen pastoralen Gesprächs. Unter dem Einfluss der klinisch-pastoralen Schulungsbewegung wurden die pastorale Seelsorge und das pastorale Gespräch empfindsam dafür, dass es aufs Zuhören ankommt, nicht nur darauf, Gottes Wort zu verkünden. Wenn freilich pastorale Seelsorger an den Wert des Zuhörens erinnert werden, dann ist das

7. Dialog in der Seelsorge

für sie nicht einfach nur ein Destillat der neuesten psychotherapeutischen Trends, sondern eher eine Rückbesinnung auf die besten Vorbilder aus ihrer eigenen Tradition. Nehmen Sie zum Beispiel den Ratschlag des französischen Pastors François Fénelon, wie man anderen geistlichen Rat spenden solle:

> Sprich wenig; höre viel zu; denke viel mehr daran, Herzen zu verstehen und dich an ihre Bedürfnisse anzupassen, als ihnen kluge Dinge zu sagen. Zeige, dass du einen offenen Geist hast, und lass alle aus Erfahrung erkennen, dass Geborgenheit und Trost darin liegen, dir ihren Geist zu öffnen.[119]

Jahrhunderte später betonte Dietrich Bonhoeffer denselben Gedanken, nur mit noch stärkeren Worten:

> Viele Menschen suchen ein Ohr, das ihnen zuhört, und sie finden es unter den Christen nicht, weil diese auch dort reden, wo sie hören sollten. Wer aber seinem Bruder nicht mehr zuhören kann, der wird auch bald Gott nicht mehr zuhören, sondern er wird auch vor Gott immer nur reden. … Wer nicht lange und geduldig zuhören kann, der wird am andern immer vorbeireden und es selbst schließlich gar nicht mehr merken.[120]

Die Berufung des Pastors, Gottes Wort zu verkünden, hängt mit dem wohl größten Beitrag zusammen, den das pastorale Gespräch zur nicht pastoralen Seelsorge leisten kann – sie erinnert an die Wichtigkeit moralischen Fragens im seelsorgerlichen Dialog. Auch wenn die pastorale Seelsorge ihren moralischen Rahmen bisweilen aus den Augen verloren hat, ist sie doch unter allen heutigen Formen der Fürsorge für die Seele noch am ehesten dem Bewusstsein treu geblieben, dass zur Seelsorge auch eine moralische Perspektive gehören muss. Die Herausforderung ist, dieses moralische Fragen so zu gestalten, dass es nicht in moralische Manipulation oder bloßes Präsentieren von Moralismen ausartet. Pastorale Seelsorge im besten Sinn meistert dies regelmäßig. Andere, die einen moralischen Bezugsrahmen für ihr eigenes Seelsorgeangebot wiederentdecken möchten, können viel daraus lernen, sich mit pastoraler Seelsorge zu beschäftigen.

Moral ist ein so tief greifender, grundlegender Teil der menschlichen Persönlichkeit, dass sie zwangsläufig das ganze Leben strukturiert. Leben ist unmöglich in einem Umfeld, das alle Moralurteile als unangebracht verwirft. Viele Menschen jedoch glauben von bestimmten Aspekten des Lebens, dass diese zu einer moralisch wertfreien Sphäre gehörten. Wie weiter oben gesagt, argumentieren manche irrtümlich, die Psychotherapie operiere in einer solchen Sphäre. Andere könnten die Auffassung vertreten, dass die wissenschaftliche Grundlagenforschung, die Reparatur eines Radios oder das Schreiben eines Briefs am Computer jede moralische Reflexion erübrigen. Doch wie C.S. Lewis feststellte, sind Recht und Unrecht in unsere Auseinandersetzung mit der Welt so tief und unauslöschlich einprogrammiert, dass ihre Gegenwart als Hinweis auf die Tiefenstruktur der Wirklichkeit oder, in seinen eigenen Worten, als «Wegweiser zum Sinn des Universums» gedeutet werden muss.[121]

Damit ist moralische Reflexion ein wertvoller Bestandteil jedes Dialogs. Wenn das Ziel des Dialogs die tiefe Begegnung zweier oder mehrerer Personen ist, die im Gespräch zusammen versuchen, sich ein gemeinsames, wahres Verständnis ihrer selbst, ihres Gegenübers und der Welt zu erarbeiten, dann kommt der Moral ein wichtiger Platz in einem solchen Gespräch zu. Wahrheit kann nicht unabhängig von Moral erstrebt oder wahrgenommen werden. Wahrheit existiert nicht abseits der Frage nach dem Recht. Das verstehen Christen unter der theologischen Aussage, dass Christus sowohl Wahrheit als auch Gerechtigkeit verkörpert.

Wenn aber moralische Reflexion schon im Dialog allgemein eine wichtige Rolle spielt, dann spielt sie im seelsorgerlichen

7. Dialog in der Seelsorge

Dialog erst recht eine unverzichtbare Rolle. Als wir weiter oben über die Geschichte der Seelsorge sprachen, stellten wir fest, dass Seelsorge bis zum Aufkommen der therapeutischen Psychologie immer auch eine moralische Dimension hatte. Bei der Betrachtung der Geschichte der spezifisch christlichen Seelsorge wurde erneut deutlich, dass eine Fürsorge für die Seele, die den Namen «christlich» verdiente, stets in einem moralischen Kontext operierte. Christliche Seelsorge sollte nicht nur mit Liebe, Vergebung und Gnade assoziiert werden, sondern sie sollte auch eine Möglichkeit bieten, danach zu fragen, wie man denn leben solle. Das ist moralisches Fragen. Dass Seelsorge eine moralische Komponente hat, heißt aber nicht, dass sie dasselbe ist wie moralische Unterweisung oder moralische Beeinflussung. Was Seelsorge zu bieten hat, ist ein Kontext für die moralische Reflexion.

Unter denen, die Seelsorge anbieten, nehmen die Geistlichen eine einzigartige soziale und symbolische Rolle ein. Sie sind religiöse Autoritätsfiguren, die, ob ihnen das gefällt oder nicht, symbolisch religiöse Werte repräsentieren. Das hat den großen Vorteil, dass die Leute, wenn sie zu einem Geistlichen gehen, schon wissen, dass sich diese Begegnung in einem moralischen Bezugsrahmen abspielen und dass die moralische Dimension des Lebens in ihrem Dialog zur Sprache kommen wird. Manche Menschen suchen Geistliche gerade deswegen auf, weil sie sich einen Rat wünschen, der diesem beiderseitig akzeptierten moralischen Bezugsrahmen entspringt. Andere tun es vielleicht nur deswegen, weil sie von ihnen ganz allgemein eine moralische Lebensperspektive erwarten. Solche Leute wollen vielleicht gar keinen Rat, und vielleicht akzeptieren sie auch den moralischen Bezugsrahmen des Geistlichen überhaupt nicht, aber sie wünschen sich trotzdem Zuwendung von Geistlichen, die ihnen die Möglichkeit zur moralischen Reflexion bieten.

Aus genau denselben Gründen freilich gehen viele andere Leute aber auch den Geistlichen aus dem Weg. Erlebnisse emotionaler Manipulation, die Schuldgefühle als Motivation benutzt, führen manche Leute zu dem Schluss, eine moralische Perspektive sei das Letzte, was sie gebrauchen könnten. Sie glauben schon zu wissen, wie eine solche Perspektive auf ihr Leben aussehen wird, und lehnen diese Perspektive und jeden, den sie damit in Verbindung bringen, ab. Darin zeigt sich die Schattenseite des Redens über Moral. Wenn es mit Verurteilung, emotionalem Druck oder irgendeiner Form von moralischer Schikane geschieht, ist es immer von Übel.

Christus machte keinen Hehl aus seinem moralischen Bezugsrahmen, doch sein Umgang mit den Menschen war durchweg von Gnade und vom Verzicht auf jeglichen Zwang gekennzeichnet. Seine moralische Perspektive war mit echtem Dialog vereinbar, weil er jedem die Freiheit ließ, sich zu äußern, und die Menschen in der Freiheit ihrer Wahl unterstützte. Christliche Seelsorge ist nicht der richtige Ort, um alles Notwendige zu tun, damit andere die Dinge, um die es geht, so sehen und so handhaben, wie Sie es tun (oder wie Sie meinen, dass Gott es tut). Dagegen ist sie ein idealer Ort, um das Leben aus christlicher Perspektive zu betrachten und darüber nachzudenken, welches Licht diese Perspektive auf das Leben und seine Entscheidungen wirft.

In seinem Buch *The Moral Context of Pastoral Care* stellt Don Browning fest, es sei sowohl möglich als auch angebracht, sich eines moralischen Urteils vorläufig zu enthalten, solange der moralische Bezugsrahmen klar ist. So war es auch bei den Dialogbegegnungen Jesu. Weil sein Wertesystem allen, die ihn trafen, vollkommen klar war, hatte Jesus die Freiheit, seine moralischen Urteile manchmal unausgesprochen zu lassen. Wenn der moralische Rahmen klar ist, ist es nicht nötig, das Offensichtliche ständig auszusprechen. In solchen Situationen kann das Urteil oft vorausgesetzt werden. Browning argumentiert weiter, eben weil Geistliche im Kontext einer Gemeinschaft arbeiteten, die bemüht sei, ihre Wertvorstellungen deutlich zu machen, hätten sie das Privileg, vorübergehend über moralische Probleme der Menschen in ihrer Obhut hinwegzusehen.[122]

7. Dialog in der Seelsorge

Aber was ist mit denen, die nicht in einem solchen Kontext tätig sind und keinen moralischen Bezugsrahmen für ihre Gespräche anbieten? Wo solch ein Rahmen fehlt, entsteht leicht der Eindruck, moralische Überlegungen seien belanglos. Ein solches moralisches Vakuum führt letzten Endes zur Auflösung des Wertesystems des Individuums und der Gesellschaft. Außerdem stiftet es moralische Verwirrung. Leider sind die Psychotherapeuten nicht die Einzigen, die in die Falle getappt sind, zu meinen, ein Verzicht auf Verurteilung erfordere einen Verzicht auf jedes moralische Nachdenken und Fragen. Unter dem Einfluss der therapeutischen Psychologie sind auch pastorale Seelsorger allzu oft in diese Torheit verfallen.

Fehlt der moralische Rahmen in der Seelsorge, so entsteht der Eindruck, als wäre Moral eine persönliche Privatangelegenheit. Auf die Spitze getrieben, besagt dieser Standpunkt, jeder sei letztlich nur für sich selbst verantwortlich. Die Privatisierung der Moral war eine Folge der Säkularisierung der westlichen Welt. Die meisten Leute räumen zwar ein, dass man im Leben moralische Entscheidungen treffen muss, scheinen aber von der Annahme auszugehen, es habe, da diese Entscheidungen ja persönlich und individuell zu treffen seien, nicht viel Sinn, sich mit anderen gemeinsam darüber Gedanken zu machen. Das ist sehr bedauerlich. Moral ist viel zu kompliziert, als dass sie irgendeinem von uns allein überlassen werden könnte. Wir brauchen dringend Beziehungen, in denen wir gemeinsam gründlich über die moralische Dimension unseres Lebens nachdenken können.

Wo findet man solche Beziehungen? Wohin können Menschen sich wenden, um über die ethischen und moralischen Fragen ihres Geschäftslebens und ihrer persönlichen Lebensgestaltung zu reflektieren? Mit wem kann ein Mensch darüber reden, wie man Beruf und Privatleben ausbalanciert? Wohin gehen Leute, die ihre Reaktion auf Ungerechtigkeiten in ihrem sozialen Umfeld überprüfen wollen? Es stehen nur wenige Kontexte zur Verfügung, in denen man gemeinsam mit anderen über die moralischen Fragen des Lebens nachdenken kann. Früher einmal nahm für die Mehrzahl der Menschen in der westlichen Gesellschaft die Kirche diese Rolle ein. Leider ist sie durch die Randstellung, die sie heute in der säkularisierten Gesellschaft einnimmt, in dieser Rolle erheblich eingeschränkt.

Psychotherapeuten und Lebensberater, die bereit sind, sich gemeinsam mit anderen mit diesen moralischen Fragen zu befassen, konnten manchen Menschen in dieser Hinsicht eine Hilfe sein. Wie oben gesagt, ist die Mehrheit der Fachleute in der Psychotherapie der irrigen Ansicht auf den Leim gegangen, psychische Probleme hätten nichts mit Moral zu tun und moralische Überlegungen hätten deshalb im therapeutischen Kontext nichts zu suchen. Die meisten Menschen finden noch am ehesten in ihren Freundschaften einen Kontext für moralische Reflexion. Vermutlich ist es ohnehin so, dass der größte Teil der Seelsorge sich zwischen Freunden abspielt, die keine Ahnung haben, dass sie damit beschäftigt sind, sich gegenseitig *cura animarum* zuteilwerden zu lassen. Leider herrscht aber auch in Freundschaften oftmals dasselbe Verständnis einer privatisierten Moral vor. Infolgedessen akzeptieren Freunde oft willkürliche Grenzen im Gespräch, die das Reden von Moral und die ethische Reflexion zur Peinlichkeit werden lassen.

Der seelsorgerliche Dialog

Es gibt einen großen Bedarf an Seelenfreundschaften, die Gelegenheiten zur Reflexion im Kontext einer echten dialogischen Begegnung schaffen. Aber kann forschendes, entdeckendes Fragen einen Platz in Gesprächen haben, die sich im Rahmen christlicher moralischer Reflexion abspielen, oder müssen solche Gespräche sich in ihrer Zielsetzung auf moralische Unterweisung und Beeinflussung beschränken? Kann Seelsorge je den Idealen der Gegenseitigkeit gerecht werden, die Buber für notwendig hält, damit wir sie als Dialog beschreiben können? Warum ist Dialog in der Seelsorge so schwierig und so selten? Dies sind die Fragen, denen wir uns nun zuwenden müssen, um

7. Dialog in der Seelsorge

den Begriff des Dialogs wieder zurück in den Zusammenhang der seelsorgerlichen Beziehung zu stellen.

Es ist betrüblich, wenn man feststellt, wie viele Christen der Meinung sind, der Dialog, wie er in diesem Kapitel beschrieben wurde, sei in der Seelsorge weder möglich noch wünschenswert. Da sie Seelsorge als eine Beziehung der geistlichen Unterweisung oder Beratung betrachten, halten sie die Absicht, das geistliche Wachstum eines anderen zu unterstützen, zumindest zum Teil für unvereinbar mit den Idealen der Gegenseitigkeit und des forschenden, entdeckenden Fragens. Aus dieser Sicht ist Seelsorge eine Beziehung, in der eine Person anerkanntermaßen die Aufgabe hat, der anderen zu helfen. Wenn diese erste Person von dieser Beziehung überhaupt etwas hat, dann sind das allenfalls Nebeneffekte. Erwarten darf sie jedenfalls vernünftigerweise nichts davon. Da diese Leute ihrer Wahrnehmung der Wahrheit ziemlich gewiss sind, erwarten sie auch nicht, dass sich ihr Verständnis der Dinge aufgrund ihrer Interaktionen mit den Menschen in ihrer Obhut nennenswert verändern könnte. Darum ist aus der Sicht solcher Leute in der Seelsorge wenig Raum für Gegenseitigkeit.

Diese Sicht der Seelsorge hat sehr wenig mit dem gemein, was wir auf diesen Seiten entwickeln. Wer meint, er könne nichts mehr lernen, der hat es nicht verdient, dass man ihm die enorme Verantwortung der Seelsorge anvertraut. Und wer sich davor fürchtet, einem anderen auf eine Art und Weise zu begegnen, die es zulässt, dass sein eigenes Selbst dabei verändert werden könnte, sollte von seelsorgerlichen Aufgaben so weit wie möglich ferngehalten werden.

Gegenseitigkeit erfordert keine Symmetrie der Rollen. Auch in Situationen, in denen die Aufgabe, sich um einen anderen Menschen zu kümmern, erkennbar vorrangig mir zufällt, kann es Gegenseitigkeit geben, sofern ich die folgenden drei Fragen mit Ja beantworten kann: Bin ich bereit, nicht nur meine Fürsorge, sondern mich selbst in die Begegnung einzubringen? Kann ich den anderen als ganze, eigenständige Person akzeptieren, so wie er oder sie ist? Und bin ich bereit, mich für seine oder ihre Erfahrungen und Gedanken so weit zu öffnen, dass meine eigenen Erfahrungen und Gedanken sich infolge unserer Interaktion verändern könnten? Wenn ich diese Fragen bejahen kann, ist Dialog möglich. Wenn nicht, kann es eine fürsorgliche und sogar eine hilfreiche Beziehung sein, aber es wird keine Begegnung sein, die den Namen Dialog verdient.

Es gibt vieles, was uns von solchen Begegnungen abhält. Menschen, die sehr rational geprägt sind, strukturieren Dialoge oft so, dass nur sehr wenig Raum bleibt, um Emotionen nachzugehen. Bei einem solchen Prozess bleibt auch alles außen vor oder wird heruntergespielt, was irrational zu sein scheint. Unbewusste Prozesse und Konsequenzen werden übergangen, ebenso Sehnsüchte, Träume, Intuitionen, Gipfelerlebnisse und dunkle Nächte der Seele. Auch das Mysterium wird wohl in einem Dialog mit jemandem, der allzu viel Wert auf Rationalität legt, nicht sonderlich gewürdigt werden.

Ebenso setzt auch eine Intellektualisierung dem Dialog Grenzen. Während Abstraktion und Analyse sicherlich viel zum Verständnis beitragen können, schnürt ihr übermäßiger Einsatz dem echten Dialog rasch die Luft ab. Das ist dann der Fall, wenn persönliches Kennen sich in unpersönliches Wissen verwandelt. Intellektualisierung schafft eine große Distanz zwischen dem Beobachter und dem Beobachteten und zwischen dem Analysierenden und dem, was analysiert wird. Dadurch verzerrt sie die Erfahrung, die sie zu verstehen versucht, indem sie gerade das besonders Persönliche daran unberücksichtigt lässt. Wo dies für die betreffende Person die vorherrschende Art ist, sich mit Gedanken, Gefühlen und Erfahrungen auseinanderzusetzen, wird das forschende Fragen immer beschnitten sein. Auch das Gespräch zwischen einer solchen Person und anderen wird selten den Namen Dialog verdienen.

Analyse ist oft eine Reaktion auf eine niedrige Toleranz gegenüber dem Mysteriösen oder Mehrdeutigen. Menschen, die eine solche geringe Toleranz haben, fassen etwas Mehrdeutiges

7. Dialog in der Seelsorge

bestenfalls als Herausforderung und schlimmstenfalls als Bedrohung auf. Ihre Reaktion ist jedoch in beiden Fällen dieselbe: Sie versuchen das Mysterium auszuschalten, indem sie alles, was sie nicht verstehen, analysieren. So verstanden, ist Analyse oft eine emotionale Reaktion auf eine Bedrohung oder Unsicherheit und nicht nur eine intellektuelle Antwort auf ein Problem. Doch was für den einen ein Problem ist, ist für den anderen eine Gelegenheit zu psychospirituellem Wachstum. Das Mysterium sollte nicht gleichförmig entweder verehrt oder verabscheut werden. Stattdessen sollte man es als fruchtbaren Boden für den erforschenden Dialog sehen.

Ein Mangel an echter Selbsterkenntnis ist ein weiteres häufiges Hindernis für den Dialog. Dialog ist die Begegnung zweier oder mehrerer «Selbste». Was ich anderen zu geben habe, ist direkt proportional zu dem Maß meiner echten, tiefen Selbsterkenntnis. Das Selbst ist das Einzige, was ich anderen zu bieten habe – entweder eines von vielen verfügbaren falschen Selbstbildern (meinen *personae*) oder mein wahres und wirkliches Selbst. Wenn ich mein Selbst nicht kenne, kann ich im Dialog nur ein falsches Selbst anbieten – irgendeine egozentrische, selbst konstruierte Kreation. Wenn ich aber einem anderen mein falsches Selbst anbiete, mache ich es dieser Person äußerst schwer, mir mit ihrem tiefsten und wahrsten Selbst zu begegnen. Stattdessen lädt das falsche Selbst dazu ein, mir ebenfalls mit einem falschen Selbst entgegenzutreten. Die wahre, authentische Wesensart kann sich gegenüber einem falschen Selbst nicht zeigen. Doch in dem Maße, wie ich zutiefst kongruent, authentisch und mein wahres oder wirkliches Selbst bin, gebe ich anderen, die mir begegnen, die Gelegenheit, auch ihrerseits ein wahres oder wirkliches Selbst zu sein. Vielleicht merken sie gar nicht, wodurch ihnen das möglich wird, aber irgendwo tief im Innern erkennen sie die äußerst seltenen Möglichkeiten zu einer tiefen Begegnung.

Ohne gründliche Kenntnis meiner selbst kann es mir nicht gelingen, die Person, der ich im Dialog begegnen möchte, von mir selbst zu unterscheiden. Im Dialog begegne ich dem anderen in mir selbst, nicht irgendwo da draußen.

Das ist der Unterschied zwischen persönlichem Kennen und unpersönlichem Wissen über jemanden. Dialog ist keine Begegnung mit Informationen über eine andere Person; er ist eine direkte Begegnung mit der Person selbst. Weil der Ort, wo wir uns begegnen, irgendwo tief in uns selbst ist, ist es unabdingbar, dass ich in der Lage bin, ihn oder sie von mir selbst zu unterscheiden – also das Individuum in seiner Eigenständigkeit von dem Individuum als Introjektion in meiner inneren Wirklichkeit. Deshalb hängt dieses persönliche Kennen des anderen im Dialog so sehr davon ab, wie gründlich ich mich selbst kenne. Ich kenne mich selbst, damit ich das Selbst anderer kennen kann, und indem ich das Selbst anderer kenne, lerne ich mein eigenes Selbst tiefer kennen.

Auch Mangel an Mut und Furcht vor Nähe können den Dialog blockieren. Es erfordert Mut, die Einladung, mich einem anderen Menschen mitzuteilen, anzunehmen. Wenn ich Angst davor habe, einem anderen Selbst wirklich zu begegnen, werde ich lieber eine Gesprächsform wählen, die ihren Teilnehmern weniger abverlangt. Echter Dialog ist eine intime Begegnung. Sie ist nichts für Leute, denen der Mut fehlt, einem anderen ehrlich zu begegnen.

Schließlich wird der Dialog auch durch das Bedürfnis nach Kontrolle beeinträchtigt. Interviews und Gespräche kann man kontrollieren, aber im Dialog muss man sich hingeben und mitnehmen lassen. Es ist etwa so, wie wenn man in einen fließenden Strom eintaucht. Wenn man in einen Dialog eintritt, muss man bereit sein, loszulassen und sich davontragen zu lassen. Wir schaffen *Gelegenheiten* zum Dialog, und wir nehmen daran teil; den Dialog selbst können wir weder erzeugen noch kontrollieren.

Wenn ich unbedingt unter Kontrolle behalten muss, wohin ich gehe und wohin das Gespräch oder die Beziehung sich bewegt, kann ich mir einen Dialog nicht leisten. Bin ich dagegen in der Lage, mein Bedürfnis, mich selbst, andere und meine Beziehung zu ihnen zu kontrollieren, für eine Weile aufzugeben, bietet der Dialog mir und ihnen eine einzigartige Möglichkeit zu einer Hingabeerfahrung, die allen Beteiligten eine Erweiterung ihres Selbst bringt.

Praktische Ratschläge für Seelsorger

Es kann ebenso befreiend wie beängstigend sein, sich in dem Wissen, dass dazu Dialog gehört, in eine seelsorgerliche Beziehung hineinzubegeben. Einerseits bedeutet es, dass ich mir weniger Gedanken darüber machen muss, irgendwelche Theorien zu beherrschen oder kluge Dinge zu tun. Andererseits bedeutet es aber auch, dass es nichts gibt, wohinter ich mich verstecken könnte.

Bei dieser Begegnung eines Selbst mit einem anderen, beim «Dialog» also, kommt es nicht so sehr aufs *Tun* als vielmehr aufs *Sein* an. Richtig verstanden, ist es eher ein Privileg als eine Aufgabe, eher ein Geschenk als eine Leistung. Die Kraft des Dialoges liegt nach Buber darin, dass Beziehung die Essenz des Lebens ist. Sein heißt, in Beziehungen stehen. Darum ist der Dialog das Herz des persönlichen Lebens – etwas, was uns einen kleinen Blick in die Ewigkeit gewährt. Er ist das «unvorhersagbare, unbesitzbare Zusammentreffen mit dem anderen».[123] Durch die Gnade Gottes, nicht durch unser eigenes Geschick oder unsere Klugheit, bietet uns ein solches Zusammentreffen tief greifende Möglichkeiten, das Leben mit mehr Bewusstsein für unser Selbst, Vitalität, Ganzheit und Zielstrebigkeit zu leben. Das ist das Wunder des Dialogs, und es ist der Kern der Seelsorge.

Wie schafft jemand, der Seelsorge anbietet, die Möglichkeit zum Dialog? Worüber sollte man sprechen, und wie sollte das Gespräch geführt werden? Es folgen einige praktische Ratschläge.

1. *Dialog wird erleichtert durch persönliche Vorbereitung.* Obwohl ein Dialog auch spontan entstehen kann, kann er durch eine gewisse persönliche Vorbereitung erleichtert werden. Mich auf den seelsorgerlichen Dialog vorbereiten heißt, einen Raum der Stille in mir selbst herzurichten, einen Raum, in den ich eine andere Person einladen und der ich dort begegnen kann. Es ist schwer, sich auf einen echten Dialog einzulassen, wenn mich äußere Belastungen ablenken oder ich mit inneren Problemen beschäftigt bin. Stilles, betendes Nachdenken beruhigt meine eigene Seele, bringt mich in Kontakt mit Gott und hilft mir, einen inneren Raum für den anderen frei zu machen. Außerdem macht es mich bereit, der anderen Person zu begegnen, wie sie ist – klar unterschieden von mir, von meinen Gedanken über sie und sogar von meinen bisherigen Erfahrungen mit dieser Person.

2. *Dialog wird ebenfalls erleichtert, indem ich alle Wünsche außer der Liebe beiseitelege.* Wünsche mit Ausnahme der Liebe sind ein Hindernis für den seelsorgerlichen Dialog. Selbst so positive Wünsche wie der, behilflich oder ein erfahrener, guter Zuhörer zu sein, lenken oft vom echten Dialog ab, weil sie meinen Blick auf mich selbst lenken. Nur Liebe gibt mir die Freiheit, mich selbst einschließlich meiner Bedürfnisse und Wünsche zur Seite zu legen. Nur Liebe ermöglicht es mir, vorübergehend aus meinen eigenen Erfahrungen und Deutungen der Welt herauszutreten und mich ganz und gar auf diejenigen einzulassen, denen ich zu helfen versuche.

Wie schon gesagt, wird der Dialog selbst durch den Wunsch gestört, sich Dinge einzuprägen oder etwas zu begreifen. Es liegt viel Weisheit in Freuds Ratschlag, beim Zuhören nicht zu versuchen, sich Dinge zu merken oder sie zu verstehen. Das Bedürfnis, sich zu erinnern oder auch etwas zu verstehen, wirkt verkrampfend, während ein Zuhören unter den Bedingungen einer gleichschwebenden Aufmerksamkeit mich offen und optimal empfänglich für die andere Person bleiben lässt.

7. Dialog in der Seelsorge

3. Der Fokus des seelsorgerlichen Dialogs sollte die innere Erfahrung desjenigen sein, der die Seelsorge empfängt. Seelsorgerlicher Dialog folgt keinem starren Drehbuch. Die Absicht ist, dem Empfänger der Seelsorge die Möglichkeit zu geben, seine Geschichte zu erzählen. Der Anbieter der Seelsorge sollte ihm durch die Art und Weise seines Zuhörens und seiner Interaktionen dabei helfen. Der Aspekt der Geschichte und der Erfahrung, um den es in der Seelsorge besonders geht, ist die innere Erfahrung. Sie umfasst die Gefühle, inneren Auseinandersetzungen, Hoffnungen, Wertvorstellungen und Wünsche der Person. Auch die Gotteserfahrung und andere Aspekte ihres spirituellen Lebens gehören dazu. Hören Sie darum mit dem Ziel zu, sich auf die Erfahrung des Gegenübers einzulassen und die Welt aus der Perspektive seines Bezugsrahmens sehen zu können. Das ist das Ideal des empathischen Zuhörens.

4. Horchen Sie bei allen Äußerungen auf die eingebettete spirituelle Bedeutung. Es wäre irreführend, zu erwarten, dass sich in der christlichen Seelsorge das Gespräch immer oder auch nur meistens um religiöse oder explizit geistliche Dinge dreht. Ein solches Gespräch passt natürlich dorthin, aber es muss nicht erzwungen werden. Stattdessen sollten christliche Seelsorger lernen, bei allem, worüber gesprochen wird, auf die spirituelle Bedeutung zu horchen. Dieses Urteilsvermögen ist eine Gabe des Heiligen Geistes, von dem folglich christliche Seelsorger immer abhängig sein müssen.

5. Hören Sie respektvoll zu. Christliche Seelsorge kann nicht ohne tiefen Respekt vor dem Empfänger der Seelsorge angeboten werden. Dieser Respekt gründet sich auf die Anerkennung des Wertes dieser Person als eines anderen Menschen, der nach dem Bild Gottes erschaffen ist, und auf die Erwartung, dass eine echte Begegnung mit ihm oder ihr Möglichkeiten zum Lernen und zum Wachstum für beide Seiten bietet. Dazu gehört auch die Erkenntnis, dass es ein gewaltiges Privileg ist, in den inneren Garten eines anderen eingeladen zu werden. Diesen inneren, heiligen Raum sollte man nur mit Respekt und Behutsamkeit betreten. Mit schnellen Urteilen sollte man sich zurückhalten.

6. *Achten Sie auf Ihre eigene Erfahrung im Dialog.* Während das Hauptaugenmerk des Seelsorgers auf den Worten des anderen liegen sollte, ist ein kleines Maß an Aufmerksamkeit auf die eigene innere Erfahrung oft hilfreich, um die Erfahrung des anderen zu verstehen. Durch den Blick auf die eigene innere Erfahrung kommen einem oft Metaphern in den Sinn, die sich im Dialog als hilfreich erweisen können. Wenn Sie zum Beispiel jemandem zuhören, der Ihnen von dem Druck erzählt, dem er bei seiner Arbeit ausgesetzt ist, und Sie bemerken dabei ein Engegefühl in Ihrer Brust, sollten Sie überlegen, den Begriff «Enge» in Ihrer empathischen Antwort zu verwenden. Oder jemand schildert Ihnen seine oder ihre Furcht oder eine andere schmerzhafte Emotion, und Ihnen steht plötzlich das Bild von jemandem vor Augen, der oder die sich zu einer Kugel zusammenrollt, in ein Loch kriecht und das Loch hinter sich verschließt, dann vertrauen Sie auf diese intuitive Metapher und nutzen Sie sie in Ihrer Antwort.

Gute Kommunikation berührt mehr als nur unser Bewusstsein. Sie berührt auch die Tiefen unseres Unbewussten und von dort aus auch unseren Körper. Gute Metaphern lassen sich erzeugen, indem wir einfach über das Gehörte nachdenken. Die besten Metaphern ebenso wie die ergiebigsten kreativen Ideen des Menschen kommen jedoch zustande, indem wir die tieferen Schichten unserer Erfahrung anzapfen.

7. *Laden Sie zur moralischen Reflexion der Dinge ein, von denen die Rede ist.* Um moralische Reflexion zu initiieren, laden Sie am besten Ihr Gegenüber dazu ein, diese Reflexion selbst vorzunehmen. Hilfreich sind oft Fragen wie: «Ich frage mich, wie Sie dies beurteilen», oder: «Wie gehen Sie mit dem ethischen oder mora-

lischen Aspekt um?» Natürlich muss man sorgfältig darauf achten, diese moralische Perspektive nicht in verurteilender Weise zur Sprache zu bringen. Moralische Reflexion ist nicht dasselbe wie eine Predigt.

8. *Scheuen Sie sich nicht vor wohlüberlegten Ratschlägen, Anregungen oder Wegweisungen.* Das Ideal in der Seelsorge sollte Respekt sein, nicht Passivität oder Richtungslosigkeit. Zwar ist ein autoritärer Stil fast immer (wenn nicht sogar immer) unangebracht, doch das heißt nicht, dass der Seelsorger niemals Ratschläge erteilen, Anregungen geben oder Wegweisungen anbieten sollte. Wenn der Dialog echt sein soll, muss der Seelsorger eine echte Person sein. Also sollte er sich auch wie eine Person verhalten, nicht nur wie eine Zuhörmaschine. Sich selbst zur Verfügung stellen heißt auch, im richtigen Maß eigene Gedanken und Vorschläge anzubieten.

8. Träume, das Unbewusste und die Sprache der Seele

Im letzten Kapitel haben wir festgestellt, dass im Dialog eine Person einer anderen auf einer tiefen Ebene gemeinsamer Erfahrung begegnet. Bereitschaft zum Dialog beinhaltet die Bereitschaft, auf die Seelenäußerungen des Gegenübers – seine tiefsten Sehnsüchte, Bedürfnisse, Ängste, Hoffnungen, Werte und Überzeugungen – zu hören und darauf zu reagieren. Aber in welcher Sprache äußert sich die Seele? Und wie können wir einem anderen Menschen helfen, seine eigene innere Welt besser kennenzulernen?

Wie schon Daniel vor langer Zeit dem babylonischen König Nebukadnezar erklärte, können Träume eine wichtige Rolle dabei spielen, unsere innere Welt kennenzulernen. König Nebukadnezar hatte einen Traum und wollte ihn gedeutet haben. Wie die meisten Menschen in der antiken Welt sah er in Träumen Gottes Mittel der Kommunikation mit den Menschen, und er wollte sich Gottes Botschaft nicht entgehen lassen. Das Problem war nur, dass er seinen Traum vergessen hatte. Also ließ er die Traumdeuter seines Hofes zu sich kommen, die normalerweise die Aufgabe hatten, die Bedeutung der Träume zu offenbaren, die man ihnen berichtete. Er forderte sie auf, ihm seinen Traum zu erzählen und ihn dann zu deuten. Als sie dazu nicht in der Lage waren, ließ er sie hinrichten.

Als der hebräische Prophet Daniel das hörte, betete er zu Gott, er möge ihm sowohl den Traum des Königs als auch seine Deutung offenbaren. Gott erhörte sein Gebet. Daraufhin ging Daniel zum König und sagte ihm: «Mir aber ist dies Geheimnis offenbart worden, nicht als wäre meine Weisheit größer als die Weisheit aller, die da leben, sondern damit dem König die Deutung kundwürde und du deines Herzens Gedanken erführest» (Daniel 2,30; Luther).

Wie John Sanford anmerkt, fasste Daniel für König Nebukadnezar in einem Satz alles Wesentliche über das Verständnis von Träumen in der modernen Tiefenpsychologie zusammen.[124] Er sagte ihm, dass unsere Träume einen Zweck haben, nämlich uns zu helfen, die Gedanken unseres Herzens zu erfahren. Diese Gedanken des Herzens sind das, was die moderne Psychologie das Unbewusste nennt. Daniels Worte verraten ein Bewusstsein für die Gegenwart des Unbewussten und für Träume als einen der Wege, durch die es sich offenbart. Hier drückt Daniel die vermutlich wichtigste Einsicht der Tiefenpsychologie in Bezug auf Träume aus, nämlich dass wir hinter ihnen oft ein zielgerichtetes, intelligentes, offenbarendes Handeln erkennen können.

Träume sind nicht der einzige Weg, unsere innersten Gedanken und Gefühle kennenzulernen. Regelmäßiges Reflektieren in der Stille über unsere täglichen Erlebnisse, einschließlich einer Betrachtung unserer emotionalen Reaktionen, und betende Auseinandersetzung mit unseren Ängsten und Zwängen liefern uns viele Informationen über den Zustand unserer inneren Welt. Träume jedoch verschaffen uns einen einzigartigen, direkten Zugang zu dieser Welt. Aus diesem Grund ist es oft sehr nützlich und angebracht, im seelsorgerlichen Dialog auf sie einzugehen. Bevor ich konkreter darauf zu sprechen komme, ist es vielleicht hilfreich, zunächst über die Rolle des Unbewussten in der christlichen Spiritualität und im psychospirituellen Heil-Sein nachzudenken.

Das Unbewusste und die christliche Spiritualität

Es ist offenkundig, dass Christen dem Unbewussten oft mit beträchtlichem Argwohn begegnen. Sie betrachten es als den dunklen und sündigen Aspekt des Selbst und setzen das Unbewusste mit unserer gefallenen Natur gleich – in dem Sinne, dass der bewusste Verstand als höher und somit weniger von Sünde beeinträchtigt angesehen wird. Zur Unterstützung solcher Ansichten werden Bibelstellen herangezogen, in denen das Herz als trügerisch bezeichnet wird.

Bei näherer Betrachtung jedoch zeigt sich, dass dieser Argwohn gegenüber dem Unbewussten mehr eine Folge der Aufklärung mit ihrer Betonung des Rationalen ist als eine Konsequenz biblischer Lehre. Die zentrale Rolle, die Träume, Visionen und andere ekstatische Erfahrungen sowohl im Alten als auch im Neuen Testament spielen, zeigt deutlich den Wert irrationaler Erfahrungen, die durch das Unbewusste vermittelt werden, ihre Quelle aber in Gott haben.

Eine hohe Wertschätzung für das Unbewusste ist auch im Inhalt und in der Vorgehensweise der Lehre Christi zu sehen. Er forderte seine Anhänger auf, zu werden wie die kleinen Kinder. Damit machte er unter anderem deutlich, dass sie sich weniger auf die Vernunft und mehr auf den Glauben stützen sollten. Darüber hinaus macht sein ausgiebiger Gebrauch von Gleichnissen, Metaphern und Paradoxen deutlich, dass er wusste, dass gute Kommunikation oft am bewussten Verstand vorbeiläuft und sich direkt ans Unbewusste richtet. Sein Ruf war der Ruf zu einer Spiritualität des Herzens, nicht nur zu einer Religion des Verstandes.

Die hohe Bewertung der Rationalität, die im Geist der Aufklärung eine so zentrale Rolle spielte, führte zu einem Misstrauen gegenüber dem Unbewussten und allen seinen Früchten (also gegenüber allem, was mit Mystik, Intuition und Ekstase zu tun hat). Verstärkt wurde dies durch Freuds Sicht des Unbewussten als des Sitzes der sexuellen und aggressiven Triebe. Die Erlösung wurde unter diesen Einflüssen als Antwort auf eine persönliche, bewusste Entscheidung und Handlung eines Individuums betrachtet. Ebenso wurde geistliches Wachstum zunehmend im Sinne einer Unterdrückung oder Kreuzigung der unbewussten Welt zugunsten der bewussten Welt des Denkens, Willens und Verhaltens betrachtet. Kein Wunder, dass unter solchen Einflüssen Spiritualität oft auf dem Altar der Religion geopfert wurde.

Theologisch ist es höchst problematisch, das Unbewusste mit Sünde gleichzusetzen. Manche derer, die das tun, betrachten das Unbewusste als eine Folge des Sündenfalls. Doch durch den Sündenfall wurde nichts erschaffen. Schöpfung *ex nihilo* ist Gottes alleinige Domäne. Sünde ist lediglich eine Verzerrung der ursprünglich guten Schöpfung Gottes. Andere unter denen, die das Unbewusste mit Sünde gleichsetzen, halten das Unbewusste für den Teil der Persönlichkeit, der am meisten durch Sünde beeinträchtigt ist. Aus dieser Perspektive wird es ebenfalls für gefährlich und nicht vertrauenswürdig gehalten. In Wirklichkeit jedoch ist Sünde eine Krankheit, die alle Aspekte der Persönlichkeit in Mitleidenschaft zieht, das Unbewusste genauso wie das Bewusstsein. Sünde lässt sich nicht in irgendeinem Teil der Persönlichkeit lokalisieren.

Das Unbewusste ist ebenso ein Teil der guten Schöpfung Gottes wie das Bewusstsein. Beides ist eine wunderbare Gabe. Die eine macht uns Dinge bewusst; die andere verleiht uns die Fähigkeit, uns nicht durch das, was uns bewusst ist, einschränken zu lassen.

Eine christliche Religiosität, die nicht das Unbewusste einbezieht, bleibt zwangsläufig seicht, schal und rational. Das Erlebnis der Anbetung packt uns eindeutig auf der unbewussten Ebene, auch wenn Protestanten oft eine strikt rationale, bewusste Angelegenheit daraus machen. Erfahrungen der Gegenwart Gottes, der Furcht des Herrn, der mystischen Vereinigung mit Christus oder der Führung des Heiligen Geistes sprechen allesamt das Unbewusste an. Gott ist viel zu groß, als dass unsere Begegnung mit ihm oder unsere Reaktion auf ihn sich adäquat nur auf der bewussten Ebene abspielen könnte. Wenn Gott der Schöpfer sowohl unseres Bewusstseins als auch unseres Unbewussten ist, dann wird er uns zweifellos auch in den Tiefen unseres unbewussten Daseins ansprechen und uns dort begegnen wollen.

Richtig verstanden, kann man das Unbewusste als die Quelle spiritueller Erfahrungen betrachten, von Visionen, Prophezeiungen, dem «stillen, sanften Sausen» und dem Spüren der Gegenwart Gottes. Das Unbewusste ist der Ort, an dem wir in erster Linie Gott begegnen. Es ist der stille Garten in unserem Innern, in dem er wandert und die Gemeinschaft mit uns sucht. Wir mögen über Gott bewusste Gedanken denken und bewusste Überzeugungen bekennen, aber unsere eigentliche Gotteserfahrung findet vor allem im Unbewussten statt. Erst in zweiter Linie wird sie dann bewusst. Das Unbewusste mag zwar alles andere als ein vollkommenes Medium für die Begegnung mit Gott sein, aber in vieler Hinsicht ist sie das bevorzugte Medium dafür.

Darum sollte man das Unbewusste nicht als geschlossenes System betrachten, das von früheren Erfahrungen und instinktiven Trieben gesteuert wird, sondern als offenes System, dessen einzigartiges Merkmal seine Empfänglichkeit und Ausdrucksfähigkeit für kreative, irrationale und spirituelle Dinge ist. Religion ist eine Errungenschaft des Bewusstseins; Spiritualität ist eine Gabe des Unbewussten. Gott ruft uns auf, ihm mit der Gesamtheit unseres Wesens zu begegnen und auf ihn zu reagieren. Ein reiches spirituelles Leben haben wir dann, wenn unsere Begegnung mit Gott sich nicht auf den bewussten Daseinsbereich der Vernunft, der Aussagen und des Willens beschränkt, sondern auch die intuitiven, symbolischen, emotionalen und kreativen Daseinsweisen umfasst, die aus dem Boden des Unbewussten erwachsen.

Das Unbewusste und das Heil-Sein

Das Unbewusste spielt nicht nur eine wichtige Rolle dabei, es uns möglich zu machen, Gott zu erfahren und ihm zu antworten, sondern es ist auch entscheidend für unsere Gesundheit und unser Heil-Sein. *Health*, das englische Wort für «Gesundheit», ist aus dem alten angelsächsischen Wort *hal* abgeleitet, von dem «heil» stammt und ebenso das englische *whole* («ganz», «heil»). Mit dem Grußwort «Hallo» wünschen wir unserem Gegenüber Heil, und dieses Heil-Sein ist die Essenz der Gesundheit.

Heil-Sein beinhaltet nicht nur die Abwesenheit von Krankheitssymptomen, sondern, was viel wichtiger ist, Ganzheit und

8. Träume, das Unbewusste und die Sprache der Seele

Vollständigkeit. Der Körper ist ein gutes Beispiel für ein Ganzes: Wenn ein Teil davon leidet, leidet das Ganze. Ich sage vielleicht, dass mir das Bein wehtut, aber ich in meiner Ganzheit bin es, der darunter leidet, nicht nur mein Bein. Dies betont Jesus auch in seinen Gleichnissen vom verlorenen Schaf und von der verlorenen Münze (Lukas 15,3–10). Heil- und Ganzsein verlangt, dass alle Glieder vorhanden sind und es ihnen gut geht. Heil werden bedeutet nicht, vollkommen zu sein, nur vollständig.

Eine der wichtigsten Lehren, die wir aus der Tiefenpsychologie gezogen haben, ist, dass es ohne die Erlösung des Unbewussten keine heile Persönlichkeit geben kann. Freud drückte diese Einsicht in der Beobachtung aus, dass unsere Fähigkeit zu freier Wahl und freiem Handeln durch unsere Gebundenheit durch Persönlichkeitsfaktoren jenseits unseres Bewusstseins eingeschränkt ist. Mit anderen Worten, die Dinge an uns, die wir nicht wissen oder akzeptieren wollen (also das, was wir unterdrücken, verleugnen oder auf andere Weise ins Unbewusste verbannen), haben die größte Macht über uns. Das Maß, in dem wir Gebundenheit unseres Willens und Handelns erleben, wird bestimmt durch die Dinge, denen wir uns nicht stellen können oder wollen. Je mehr solcher Dinge es gibt und je weniger wir bereit sind, uns ihnen zu stellen, desto größer ist unsere Gebundenheit.

Jung sah psychospirituelles Wachstum darin, dass man sich das Unbewusste zugänglich macht und eine Beziehung dazu herstellt. Damit baute er auf Freuds Einsicht auf und erweiterte sie beträchtlich. Nach Jung erfordert psychospirituelles Heil-Sein eine Partnerschaft zwischen den bewussten und den unbewussten Aspekten des Seins. Der Gedanke an eine solche Partnerschaft kann durchaus beängstigend wirken, da ja das Unbewusste manche dunklen Züge enthält. Wir sind versucht, zu denken, dass wir diese Aspekte unserer Persönlichkeit eliminieren sollten, indem wir ihre Existenz verleugnen. Doch damit würden wir gerade ihre Macht vergrößern.

Wer die innere Welt verleugnet, entrinnt damit nicht ihren

beängstigenden Aspekten, sondern macht sich eher noch angreifbarer für sie. John Sanford schreibt: «Das Böse gewinnt Macht, wenn seine Existenz verleugnet wird oder wenn wir uns so daran gewöhnt haben, dass wir uns nicht mehr darüber aufregen. Wer die Wirklichkeit des Unbewussten verleugnet, kennt sich selbst nicht, und wenn wir uns selbst nicht kennen, laufen wir Gefahr, von dem, was wir ignoriert haben, besessen zu werden.»[125] Die Grundregel des Unbewussten scheint zu sein, dass etwas umso bösartiger ist, je mehr es vom Bewusstsein abgeschnitten ist. Um Dinge an uns loszuwerden, die nicht verwirklicht, sondern gekreuzigt werden sollten, fangen wir darum am besten damit an, uns ihre Gegenwart einzugestehen.

Wenn wir auf unsere Träume hören oder auf irgendeine andere Weise auf die Botschaften unseres Unbewussten achten, werden wir unweigerlich mit unangenehmen Dingen konfrontiert. Mit dem Unbewussten kann man nicht feilschen und nur zu den positiven Dingen darin Zugang suchen, während wir uns die negativen ersparen. Deshalb erfordert es Mut, uns dem Inhalt unseres Unbewussten zu öffnen. Wenn wir heil sein wollen, kommen wir allerdings nicht daran vorbei.

Ziel einer Beziehung zum Unbewussten ist es, das Verlorene wiederzuerlangen, das, was in einem unvollkommenen Zustand stecken geblieben ist, wiederherzustellen, und dann alles zu eliminieren, was wirklich böse oder sündig ist. Doch über die Sündhaftigkeit oder Bosheit dessen, was in unserem Unbewussten ist, können wir erst dann Klarheit gewinnen, wenn wir uns ihm frontal stellen.

Viele Dinge, die in den dunklen Schatten der inneren Welt monströs aussehen, gewinnen völlig andere Proportionen, wenn sie dem Tageslicht ausgesetzt sind. Fragmente der Persönlichkeit, die wir vom Rest isoliert haben, um sie harmloser aussehen zu lassen, müssen ins Bewusstsein gebracht werden. Ihre Verbindungen zur Gegenwart und zum Rest der Persönlichkeit müssen wiederhergestellt werden. Dann müssen wir entscheiden, wie wir uns zu ihnen verhalten wollen. «Etwas bewusst zu machen ist ein Akt der Erlösung. Erlösung heißt, etwas aus einem unvollkommenen in einen vollkommenen Zustand zurückzugewinnen.»[126] Durch die Gnade Gottes und mit seiner Hilfe ist das unser Bestreben, wenn wir mit anderen umgehen und sie ermutigen, auf die Botschaften des Unbewussten zu hören.

Traumarbeit in der Seelsorge

Träume sind zwar nicht der einzige Weg, auf dem wir beginnen können, auf unser Unbewusstes und seine Botschaften an uns zu hören, aber sie sind das Mittel, mit dem wir am häufigsten Kontakt haben. Ungefähr ein Viertel unserer gesamten Schlafzeit verbringen wir mit Träumen. Das sind zwei Stunden Träume in jedem Nachtschlaf von durchschnittlich acht Stunden. Was für eine Informationsquelle über den Zustand unserer Innenwelt stünde uns zur Verfügung, wenn wir es schaffen würden, diese Botschaften zur Kenntnis zu nehmen.

Auf Träume so hören zu lernen, dass es dem psychospirituellen Wachstum zugutekommt, erfordert – wie jede andere Fähigkeit auch – Übung und Disziplin. Über die Theorie und verschiedene Techniken der Traumdeutung gibt es etliche Bücher,[127] und einige davon behandeln die Nutzung von Träumen für das spezifisch christliche geistliche Wachstum.[128] Doch genauso wie das Lesen von Büchern nicht unbedingt der beste Weg ist, um eine Fremdsprache zu erlernen, ist es auch nicht die beste Methode, um die Sprache der Seele zu studieren. Die meisten Menschen brauchen, um mit ihren Träumen arbeiten zu lernen, das Gespräch über ihre Träume mit jemandem, der in der Traumarbeit erfahren ist.

In der Seelsorge kommen Träume meist erstmals zur Sprache, wenn dazu ermutigt wird, regelmäßig ein Journal (eine Art Tagebuch) zu führen. Ein Journal ist eine der einfachsten Möglichkeiten, damit anzufangen, auf die Botschaften der Seele zu achten. Dies ist nicht dasselbe wie ein herkömmliches Tagebuch, das sich im allgemeinen Verständnis eher mit äußeren Ereignissen befasst. Um für das psychospirituelle Wachstum nutzbar zu sein, muss das Journal das Augenmerk auf das innere Leben richten, also auf Dinge wie Gefühle, Fantasien, Reaktionen, Intuitionen, abschweifende Gedanken, beunruhigende Einstellungen oder Verhaltensweisen und verwirrende Erlebnisse. Indem wir ein solches Journal führen, bauen wir allmählich die Disziplin eines regelmäßigen, betenden Nachdenkens über die Ereignisse des Tages auf. Regelmäßige Journalführung gibt uns eine hervorragende Möglichkeit, damit zu beginnen, auf unsere Träume zu achten.

Ein Journal muss nicht täglich geführt werden. Manche Leute kommen mit einem so hochdisziplinierten Vorgehen gut zurecht, aber für viele andere ist es nicht täglich zu schaffen. Die Herausforderung ist, eine Gewohnheit des Nachdenkens und Schreibens zu entwickeln, die zu den Rhythmen und Anforderungen des eigenen Lebens passt. Meist beginnt es damit, dass man sich ein gebundenes Buch mit leeren Seiten kauft oder eine Journaldatei auf dem Computer anlegt. Das ist ein Signal an das Unbewusste, dass man sich entschlossen hat, die Dinge der Innenwelt von nun an ernst zu nehmen. Eintragungen sollte man dann machen, wenn man Zeit zum Nachdenken hat. Menschen, die sich regelmäßig Zeit zum Beten und Bibellesen nehmen, finden es oft am besten, ihre Journalarbeit in diese Zeiten einzubauen. Das Entscheidende ist jedoch nicht, wann oder wie oft wir daran arbeiten, sondern dass wir es überhaupt tun. Leute, die den Versuch machen, ein Journal zu führen, berichten nahezu durchweg von erheblichen psychospirituellen Erträgen.

Die Möglichkeiten dessen, was man alles in ein Journal hineinschreiben kann, sind vielfältig. Manche Leute halten Einsichten aus dem Bibelstudium fest. Andere notieren sich Gebete. Bei manchen liegt das Hauptaugenmerk auf den Erlebnissen des Vortages, während andere sich mehr auf das konzentrieren, was sie am bevorstehenden Tag erwarten. Manche beschäftigen sich mit Stimmungen und Emotionen, andere mehr mit Reaktionen und Verhaltensweisen. Manche schreiben ganze Dialoge mit Teilen ihres Selbst, die sie erkunden wollen, und andere nutzen ihr Journal hauptsächlich als einen Ort, um Träume aufzuzeichnen und darüber nachzudenken. Wichtig ist, dass die Reflexion und das Schreiben ins Gebet eingebettet werden und die ganze Übung als Dialog zwischen dem eigenen Selbst und Gott verstanden wird. Dies ist zweifellos der Bezugsrahmen, innerhalb dessen Traumarbeit die besten Früchte für das psychospirituelle Wachstum erbringt. Abgesehen davon besteht viel Raum für Flexibilität.

Prinzipien der Traumarbeit

Ratschläge dazu, wie man mit Träumen praktisch arbeiten kann, fallen bei den Vertretern der verschiedenen wichtigen Herangehensweisen in der Traumarbeit sehr unterschiedlich aus. Freudianer suchen nach Hinweisen auf unbewusste Konflikte, Jungianer nach unterentwickelten Persönlichkeitsaspekten und Wegweisungen aus der Weisheit des kollektiven Unbewussten, Adlerianer nach Kompensationen für Minderwertigkeitsgefühle und Objektbeziehungstheoretiker nach Introjektionen nahestehender Personen, die zu problematischen Fragmenten des Selbst geworden sind. Mit anderen Worten, die Techniken hängen sehr stark davon ab, welcher Traumtheorie man anhängt.

Eine umfassende Traumtheorie gibt es zwar bisher noch nicht, aber es besteht doch ein allgemeiner Konsens über die Grundprinzipien und Techniken der Traumarbeit. Bevor wir diese Techniken betrachten, können wir acht Grundprinzipien für die Nutzung von Träumen im christlichen Seelsorge-Dialog vorausschicken.

1. *Begrüßen Sie Träume als ein Geschenk Gottes.* Diese Haltung setzt sich aus mehreren wichtigen Komponenten zusammen. Die erste ist, dass wir Träume mit Dankbarkeit und Erwartung empfangen. Das bedeutet, dass wir sie als etwas Lohnendes, Bedeutsames betrachten sollten, das uns zu unserem Wohl geschenkt wird. Ein Traum, den man nicht untersucht, sei wie ein

ungeöffneter Brief, soll ein unbekannter jüdischer Rabbi gesagt haben. Das trifft die Bedeutsamkeit eines Traums sehr schön. Wenn er eine Mitteilung ist, sollten wir sie erwartungsvoll entgegennehmen. Betrachten Sie sie als Geschenk.

Die Bedeutung dieses Geschenks ist natürlich noch größer, wenn wir in Betracht ziehen, dass uns der Traum von Gott geschenkt worden sein könnte. Bis ins achtzehnte Jahrhundert gab es fast niemanden, der daran ernsthaft gezweifelt hätte. Träumen wurde allgemein eine spirituelle Bedeutung zugeschrieben, und man empfing sie als Botschaften, die entweder die Zukunft vorhersagten oder auf irgendeinen Aspekt der Vergangenheit oder Gegenwart hinwiesen, der die Aufmerksamkeit des Träumenden erforderte. Wenn wir akzeptieren, dass Träume uns von Gott geschenkt werden, heißt das noch nicht, dass wir sie buchstäblich als seine Stimme interpretieren müssen. Träume werden im tiefsten Kern des Unbewussten geschmiedet. Wir können sie uns als eine Kombination von Botschaften über den Zustand unserer Innenwelt und Fragmenten von Erlebnissen denken, die von Gott zu einer Mitteilung gestaltet werden, die zu unserem Wohl dienen soll. Mit anderen Worten, statt irgendeinen unpersönlichen Teil unseres Selbst als Quelle des Traums anzunehmen, können wir Gott als denjenigen ansehen, der uns Träume gibt. Er ist der wohlwollende Geber aller guten Gaben. Warum sollte er nicht auch die Quelle der Botschaften sein, die uns über unser Unbewusstes erreichen?

Wenn wir akzeptieren, dass Gott viel mehr danach verlangt, mit uns zu kommunizieren, als wir je danach verlangen könnten, mit ihm zu kommunizieren (und dies ist ein zentraler Bestandteil der Frohen Botschaft des Christentums), und wenn wir bejahen können, dass er Souverän über seine gesamte Schöpfung ist – einschließlich des Unbewussten –, dann werden wir auch bereit sein, die Möglichkeit zu akzeptieren, dass Gott durch unsere Träume zu uns redet. Wir sollten nicht erwarten, dass Träume an die Stelle von Gottes Reden durch sein Wort, durch die Sakramente und durch das Gebet treten. Aber Träume lassen Gottes Reden zu uns auf eine Weise persönlich werden, die uns hilft, uns selbst zu erkennen und zu wachsen.

So betrachtet, können wir Träume als Geschenke eines Gottes auffassen, der sie gebrauchen möchte, um uns zu helfen, unseres «Herzens Gedanken» zu erkennen, wie Daniel es nennt (Daniel 2,30; Luther). Somit sind Träume ein Mittel, das Gott uns anbietet, um uns zu helfen, uns selbst zu erkennen. Daneben lernen wir uns auch durch unsere Beziehungen kennen, durch das Nachdenken über unsere Handlungen und Reaktionen und durch das betende Studium der Heiligen Schrift. Doch Träume sind eine Ergänzung zu diesen Mitteln der Selbsterkenntnis. Sie bringen uns persönliche Botschaften Gottes, die im Ofen unseres Unbewussten geschmiedet werden.

2. *Machen Sie sich klar, dass manche Träume für die Traumarbeit ergiebiger sind als andere.* Der Nutzen einzelner Träume für die Traumarbeit ist sehr unterschiedlich. Manche Träume sind lediglich ziemlich direkte Abbilder der Ereignisse des Vortages. Zum Beispiel könnte ich davon träumen, wie ich einen Vortrag halte oder zu spät zu meinen Terminen komme. Trotzdem können auch solche Träume von großer Bedeutung sein, wenn eine oder mehrere signifikante Einzelheiten von der Wirklichkeit des Tages abweichen. Andere Träume sind eher so etwas wie ein Kommentar zu den Ereignissen des Tages, was ihre Wichtigkeit steigert. Zum Beispiel könnte es sein, dass ich den Eindruck hatte, mich völlig ausreichend auf den Vortrag des vergangenen Tages vorbereitet zu haben, aber dann träume, dass ich ohne Konzept und völlig unvorbereitet zu dem Vortrag erscheine. Ein solcher Traum lässt auf die ziemlich offensichtliche Botschaft schließen, dass ich irgendeinem wichtigen Aspekt meines Lebens nicht genügend Aufmerksamkeit schenke. John Sanford bezeichnet solche Träume als «tägliche Haushaltung» und sieht darin eine Weisheit, die uns hilft, unser Leben richtig zu zentrieren, auch wenn ihre Botschaft relativ durchsichtig und ihre Bedeutung meist nicht sehr tief greifend ist.[129]

Die ergiebigsten Träume für die Traumarbeit sind diejenigen, die am stärksten vom Unbewussten geprägt sind. Diese treten zumeist spät in der Nacht auf, oft kurz vor dem Erwachen, und sie sind meist überdurchschnittlich lang. Außerdem sind sie mit starken Gefühlen verbunden. Gefühle wie Staunen, Ehrfurcht, Erschrecken oder tiefer Friede sind besonders klare Hinweise auf einen bedeutenden Traum, aber auch jedes andere starke Gefühl ist signifikant. Gefühle, die den Träumenden noch eine Weile nach dem Erwachen begleiten, weisen immer auf einen besonders bedeutsamen Traum hin.

Die bedeutsamsten Träume sind diejenigen, die ein widersinniges Element oder etwas Verwirrendes an sich haben. Träume mit fliegenden Menschen, sprechenden Tieren, mythischen Geschöpfen, überlebensgroßen Gestalten, Außerirdischen oder irgendwelchen anderen Elementen, die nicht aus den Ereignissen unseres Alltags stammen, deuten darauf hin, dass dieser Traum seinen Ursprung in den tiefsten Schichten des Unbewussten hat.

Solche Träume sind oft mit psychischer Energie aufgeladen. Manchmal werden sie als «numinose» Träume bezeichnet, weil sie Anteil an einer autonomen spirituellen Wirklichkeit zu haben scheinen, die unsere eigene persönliche Natur transzendiert (übersteigt). Die klarsten numinosen Träume sind diejenigen, die eine direkte Begegnung mit Gott oder seinen Engeln beinhalten. Solche Träume gehen häufig mit tiefen und ungewöhnlich starken Gefühlen des Staunens und der Ehrfurcht einher. Oft sind sie so lebendig, dass wir sie ein Leben lang nicht vergessen.

Eine Frau, Ende vierzig, berichtete von einem Traum, den sie mit elf Jahren hatte, und sagte, die Einzelheiten stünden ihr immer noch so deutlich vor Augen, als hätte sie den Traum erst in der vergangenen Nacht gehabt. In diesem Traum sah sie sich selbst in der Nähe einer prachtvollen, riesigen Kirche eine Straße entlanggehen. Plötzlich wurde der Himmel hinter der Kirche zurückgerollt, und sie wurde in den Himmel emporgehoben. Dort sah sie eine Szene mit Maria, Josef und Jesus, der sie ansprach und einlud, an ihrem Gespräch teilzunehmen. Die Emotionen, die dieses Erlebnis begleiteten, waren tiefe Ehrfurcht und Seligkeit. Als Erwachsene berichtete sie, dieser Traum habe ihr lebenslang das Gefühl gegeben, für Gott kostbar zu sein.

Ein anderes Mal berichtete ein Mann, er habe im Traum in einer Fabrik gearbeitet und Gegenstände hergestellt, die er dann auf ein Fließband legte. Als sein Blick dem Fließband folgte, sah er, dass es zu einer rechteckigen Öffnung in einer grauen, gleichförmigen Fassade führte, an der nichts zu erkennen war als die Öffnung und ein großes Schild mit der Aufschrift «PFLICHT». Plötzlich rief eine Stimme seinen Namen. Als er sich umdrehte, sah er einen weichen, bauschigen, weißen Vorhang, der sich zu seiner Linken von Horizont zu Horizont erstreckte und weit oben am Himmel seinem Blick entschwand. Dann rief die Stimme wieder seinen Namen und lud ihn ein, den Vorhang anzuheben und einzutreten. Als er das tat, fand er sich sogleich in einem großen Bankettsaal wieder, angefüllt mit Leuten, die aßen, tranken und es sich wohl sein ließen. Jesus stand mit ausgebreiteten Armen am vorderen Ende des Saales und rief ihn nach vorn zu dem einzigen noch freien Stuhl, auf dem sein Name stand. Als er das sah, erfüllten ihn eine unaussprechliche Freude und ein nie gekanntes Gefühl des Friedens.

Numinose Träume dieser Art hängen oft mit wichtigen Veränderungen im Leben und nicht selten mit einer religiösen Bekehrung zusammen. Der Traum, der bei der Bekehrung des Sklavenkapitäns John Newton eine wichtige Rolle spielte, ist ein gutes Beispiel dafür. In diesem Traum sah sich Newton auf einem Segelschiff in Venedig. Plötzlich trat ein Fremder auf ihn zu, überreichte ihm einen Ring und sagte ihm, sein Leben werde voller Glück sein, solange er diesen Ring besitze. Newton war hocherfreut über das Geschenk und behielt es bei sich, bis ein Freund sich wegen seines Aberglaubens über ihn lustig machte. Da warf er den Ring ins Meer. Sogleich jedoch sah er am Ufer ein gewaltiges Feuer und wusste instinktiv, dass er in dieses Feuer hineingezogen werden würde. In tiefer Reue darüber, dass er den Ring weggeworfen hatte, stand er da und starrte auf die Stelle, wo der Ring im Meer versunken war. Plötzlich stand jemand neben ihm und fragte ihn, warum er so traurig aussehe. Er erzählte dem Fremden, er habe einen Ring geschenkt bekommen und sei so dumm gewesen, ihn wegzuwerfen. Da sprang der Fremde ins Meer, verschwand in der Tiefe und tauchte mit dem Ring wieder auf. Daraufhin verlangte Newton den Ring zurück, doch der Fremde antwortete: «Ich werde ihn für dich aufbewahren. Aber wann immer du die Kraft des Ringes brauchst, denk daran, dass ich stets an deiner Seite sein werde.»

Für den Rest seiner Tage bezeichnete John Newton diesen Traum als das wichtigste Ereignis seines Lebens. In dem Moment, als er aus diesem Traum erwacht sei, habe er sich gefühlt wie ein Stück Holz, das gerade aus einem verheerenden Feuer gerettet worden sei. Infolge dieses Traums gab er seine Stellung als Kapitän eines Sklavenschiffs auf und wurde anglikanischer Geistlicher. In der ganzen Christenheit ist er heute als Verfasser des beliebten Chorals «Amazing Grace» bekannt.[130]

3. Machen Sie sich klar, dass mit der Hilfe Gottes der Träumende derjenige ist, der die Bedeutung des Traums am besten zu erkennen vermag. Allzu oft läuft Traumarbeit so ab, dass eine Person sich die Träume einer anderen anhört und dann einfach verkündet, was sie angeblich bedeuten. In manchen Situationen mag das angebracht sein, aber diese autoritäre Herangehensweise passt nicht sehr gut zu den Idealen des seelsorgerlichen Dialogs, wie wir sie in Kapitel 7 dargestellt haben. Wenn Traumarbeit in die Seelsorge einbezogen wird, ist es weitaus besser, davon auszugehen, dass der oder die Träumende am besten in der Lage ist, die Bedeutung des Traums zu erkennen. Das bedeutet nicht, dass nicht auch eine andere Person daran mitwirken könnte. Schon dadurch, dass man seinen Traum einer anderen Person erzählt, stellt man oft den Traum in einen ganz anderen Kontext, und auch ein zurückhaltendes Ausloten des Traums durch die andere Person kann seine möglichen Bedeutungen aufschließen. Letzten Endes jedoch gehört der Traum dem Träumer, und das

Sicherste ist, ihn als eine Interaktion zwischen dem oder der Träumenden und Gott zu behandeln.

Das bedeutet, dass der Träumende ermutigt werden sollte, den Traum betend zu reflektieren und auf Gottes Hilfe zu warten, um zu hören, ob Gott etwas dadurch sagen will, und wenn ja, was. Es besteht keine Notwendigkeit, mit dem Erkennen der Bedeutung eines Traums möglichst schnell zum Abschluss zu kommen. Erforderlich ist eine Haltung betender Reflexion und eine Erwartung, dass Gott die Bedeutung der Botschaft, die er gesandt hat, erhellen wird.

Die Aussage, dass der oder die Träumende letztlich am besten in der Lage ist, die Bedeutung des Traums zu ermitteln, lässt auch darauf schließen, dass Traumdeutung nach Rezept nicht besonders hilfreich ist. Es mag zwar den Anschein haben, dass bestimmte Traumsymbole bestimmte Bedeutungen in sich tragen, aber am nützlichsten ist es, wenn ihre endgültige Interpretation dem Träumenden überlassen bleibt. Manche Traumsymbole können dem Träumenden völlig unbekannt sein, obwohl sie in der Mythologie, in Märchen und in der Folklore häufig vorkommen. Anregungen zu möglichen Bedeutungen und Hinweise, wie man diesen Möglichkeiten weiter nachgehen kann, können sehr hilfreich sein, aber autoritative Übersetzungen nützen selten etwas. Träume werden von Gott geschenkt, um den Empfänger des Geschenks zu ermächtigen. Deshalb muss Traumarbeit so durchgeführt werden, dass dies unterstützt wird.

4. Betrachten Sie den Traum als eine Botschaft, die eher Fragen stellt, als Antworten, Ratschläge oder prophetische Offenbarungen zu geben. Dieses Prinzip trifft den Kern der Unterschiede zwischen den wichtigsten Denkweisen über Träume.

Manche Leute behandeln Träume als prophetische Offenbarungen. Träumt jemand zum Beispiel von Hochzeiten, dann wird das vielleicht so gedeutet, dass jemand, der dieser Person nahesteht, bald heiraten wird, während Träume von Unfällen oder Begräbnissen darauf hindeuten, dass ein Unheil oder ein Todesfall bevorsteht. Solch eine Sichtweise lässt sich leicht als abergläubisch abtun. Andererseits gibt es viele Leute, darunter viele hochgebildet und überdurchschnittlich intelligent, die zugeben, derartige Traumerfahrungen als Quelle außersinnlicher Erkenntnis, die sich später als zutreffend erwies, schon einmal oder mehrmals gemacht zu haben.

Häufiger werden Träume als Ratschläge in irgendeiner Lebensfrage betrachtet. Bei dieser Sichtweise könnte man etwa, wenn man sich gerade zwischen zwei Arbeitsstellen entscheiden muss, einen Traum, in dem man sich für eine von beiden entschieden hat, als Ratschlag in dieser Richtung interpretieren. Oder eine Person, deren Lebensstil sehr stark von Konsum und Materialismus geprägt ist, könnte einen Traum, in dem es um einen extrem einfachen Lebensstil geht, als Ratschlag verstehen, dass sich bestimmte Dinge in ihrem Leben ändern müssen.

Im Gegensatz zu diesen beiden Interpretationshaltungen ist es nach meiner Erfahrung am nützlichsten, einen Traum als Frage zu deuten, die man sich selbst stellen sollte. In diesem konservativeren Sinne verstanden, legt uns der Traum etwas nahe, worüber wir nachdenken oder reflektieren sollten. So könnte ein Traum von einem Krieg Fragen nahelegen wie diese: «Welchem inneren Feind stehe ich gegenüber?» Oder: «In Beziehung zu wem fühle ich mich bedroht, oder wem gegenüber bin ich feindselig?» Ähnlich kann ein Traum, in dem man fällt, Fragen wie diese nahelegen: «Worüber fürchte ich die Kontrolle zu verlieren?» Oder: «Welcher Aspekt meines Lebens ist außer Kontrolle geraten?» Bei dieser Herangehensweise geht es nicht darum, die eine wahre Bedeutung des Traums zu finden, sondern über die Fragen, die er aufwirft, zu reflektieren.

5. *Betrachten Sie Träume als Gleichnisse.* Während es nicht hilfreich ist, einem Traum unbedingt seine eine wahre Bedeutung entlocken zu wollen, ist es sehr nützlich, zu versuchen, die eine grundlegende Aussage oder Frage des Traumes herauszufiltern.

Wenn wir einen Traum als Gleichnis betrachten, werden wir viel leichter erkennen können, dass er inmitten des oft verwirrenden Aufgebots an Einzelheiten ein durchgängiges Thema hat. Wenn wir jedes einzelne Element in einem Gleichnis in seine Bedeutung übersetzen wollen, interpretieren wir die Geschichte zu buchstäblich. Für Gleichnisse wie für Träume gilt, dass sie im Wesentlichen eine grundlegende Aussage enthalten.

Träume sind wie Gleichnisse eine Form der Kommunikation, die anfangs provokativ ist, manchmal sogar verstörend. Es sind keine passiven Mitteilungen, die lediglich Informationen präsentieren. Stattdessen laden sie zur Auseinandersetzung ein. Überdies erbringen sowohl Träume als auch Gleichnisse einen Ertrag, der umso größer ist, je mehr Interesse und Mühe man in sie investiert.

Träume als Gleichnisse aufzufassen hilft dem Träumenden, bei seiner Deutung nicht zu buchstäblich zu werden. Träume sind keine Geheimbotschaften, die clever codiert wurden, damit jemand, der zufällig darauf stößt, nicht einfach so hinter ihre wahre Bedeutung kommt. Sie sind Geschichten, die das Selbst in eine Erfahrung hineinführen, die bei der Reflexion wichtige Informationen liefert. Das gilt für Träume wie für Gleichnisse. Sie ziehen einen in ihre Geschichte hinein, bis plötzlich ihre Botschaft ganz klar und meist bemerkenswert einfach wird.

6. *Achten Sie besonders auf Wiederholungen.* Manchmal machen Leute sich Sorgen, dass, wenn sie die Bedeutung eines bestimmten Traums nicht erkennen, diese Botschaft für alle Zeit verloren sei. Das trifft aber offensichtlich nicht zu. Gott scheint sich, wenn er durch Träume mit uns kommuniziert, gern und oft zu wiederholen – zumindest so lange, bis wir ihn endlich verstanden haben. Bei genauer Betrachtung zeigt sich, dass sich in Träumen auf der Ebene des Gesamtthemas vieles wiederholt. Deswegen ist es sehr wichtig, besonders auf diese Wiederholungen zu achten, sowohl innerhalb eines Traums als auch zwischen den Träumen einer Nacht. Natürlich ist es ebenso wichtig, Ähn-

lichkeiten zwischen Träumen über einen längeren Zeitraum im Auge zu behalten.

Eine Teilnehmerin eines Traumworkshops schilderte einen Traum aus der vergangenen Nacht, bei dem sie plötzlich merkte, dass er wichtige Elemente enthielt, die in letzter Zeit schon in mehreren ihrer Träume vorgekommen waren. In dem Traum der vergangenen Nacht war sie in einer Bibliothek gewesen, als plötzlich lauter Bücher aus den Regalen auf sie herabzufallen begannen. Ehe sie sich's versah, steckte sie bis zur Hüfte in Büchern und konnte sich nicht mehr bewegen. Als sie darüber nachdachte, wurde ihr klar, dass schon ein paar Tage zuvor in einem Traum Bücher und Bibliotheken vorgekommen waren und ebenso in mindestens zwei anderen Träumen der letzten Zeit, von denen sie noch Fragmente in Erinnerung hatte. Die Bedeutung dieser Wiederholungen war ihr entgangen, bis sie das Prinzip der Redundanz in Träumen als Mittel, um unsere Aufmerksamkeit zu erlangen, zu begreifen begann. Als sie sich nun anschickte, der Frage nachzugehen, die diese Träume ihr stellten, identifizierte sie die Bücher zunächst mit ihrer Liebe zum Wissen und ihren hohen Investitionen in das intellektuelle Leben. Die Szenen, in denen Bücher auf sie herabfielen, und ein Traum, in dem sie auf einem festlichen Essen gegessen und dann wieder herausgewürgt wurden, führten sie zu der Frage: «In welcher Hinsicht verstecke ich mich hinter Wissen und Gedanken?» Und weiter: «Um welchen Preis habe ich meine Seele an intellektuelle Beschäftigungen verkauft?» Damit begann für sie eine wichtige Selbsterforschung – ein Wachstum, ausgelöst durch ein Traumelement, das sich so lange wiederholte, bis es schließlich ihre Aufmerksamkeit weckte.

7. *Machen Sie sich klar, dass Personen und Gegenstände in Träumen meist am besten als Darstellungen von Teilen des Selbst zu verstehen sind.* Die meisten Menschen träumen zumindest gelegentlich von Freunden und Angehörigen. Da ein Traum jedoch aus meinem Innern kommt, ist es am besten, wenn ich ihn so verstehe,

dass er von mir handelt, nicht von anderen. Aus der Sicht der Objektbeziehungstheorie sind innerliche Darstellungen von nahestehenden Personen ein Teil der tiefsten Schichten unserer Seele und bilden in Wirklichkeit einen Teil unseres Selbst.[131] Zumindest bedeutet es, dass das Element meines Traums, das sich als mein Vater präsentiert, nicht wirklich mein äußerlicher Vater ist, sondern der innere Vater, der in mir lebt. Wenn es in meinem Traum erscheint, sagt mir dieses Element etwas Hilfreiches über mich selbst. Was meinen äußeren Vater angeht, so sagt es mir allenfalls etwas darüber, wie ich meine Beziehung zu ihm erlebe.

Ebenso spiegeln alle Gegenstände und Personen in einem Traum, da sie ja aus meinem Innern kommen, mehr über mich wider als über irgendwelche Leute oder Gegenstände in der Außenwelt, mit denen ich sie leicht in Verbindung bringen mag. Während also ein Traum von einem Streit mit einem Freund auf einer Ebene das Erlebnis eines kürzlichen Zusammenstoßes oder die Gefühle in Bezug auf eine bevorstehende Auseinandersetzung widerspiegeln könnte, ist es am hilfreichsten, danach zu schauen, was er auf einer tieferen Ebene über mich selbst aussagt. Beide Parteien der Interaktion in meinem Traum sind – ebenso wie die Interaktion selbst (der Streit) – ein Teil von mir.

So betrachtet, lädt ein Traum von einem autoritären Chef mich dazu ein, über meine eigenen herrischen Züge zu reflektieren, während ein Traum von einem arglosen, verängstigten Kind mich auffordert, über den arglosen, verängstigten Teil meines Selbst nachzudenken. Bei sorgfältiger Beobachtung werden uns unsere Träume zu ähnlichen Reflexionen über unsere maskulinen und femininen Anteile, unsere trügerischen Anteile, unsere spielerischen Anteile, unsere verführerischen Anteile, unsere masochistischen Anteile, unsere narzisstischen Anteile, unsere hochtrabenden Anteile, unsere wetteifernden Anteile und unsere exhibitionistischen Anteile anregen. Die Kreativität, mit der unser Geist passende Darstellungen für die verschiedenen Teile unseres Selbst findet, ist kaum zu überschätzen. Hinter dem Reichtum und der unglaublichen Vielfalt menschlicher Träume liegt eine noch größere Komplexität und Vielfalt unseres Selbst.

8. *Betreiben Sie Traumarbeit im Kontext geistlicher Übungen und christlicher Gemeinschaft.* Traumarbeit erfordert Urteilsvermögen. Träume bringen uns in Kontakt mit verschollenen und unterentwickelten Teilen des Selbst, die wir integrieren sollen, und mit sündigen oder bösen Elementen, die wir eliminieren sollten. Diese Notwendigkeit der Unterscheidung unterstreicht, wie wichtig es ist, die Traumarbeit gut gerüstet mit den Ressourcen des christlichen Lebens in Angriff zu nehmen. Idealerweise sollte Traumarbeit im Kontext des Gebets und als Teil eines Lebens stattfinden, in dem gemeinsame Anbetung, die Sakramente und das Studium der Bibel ihren Platz haben. Wird sie im Rahmen christlicher Seelsorge durchgeführt, so können diese Ressourcen durch geistliche Wegweisung bzw. Anleitung durch einen anderen Christen ergänzt werden. Obwohl solche Beziehungen manchmal als «Seelenführung» bezeichnet werden, ist der eigentliche Lotse immer der Heilige Geist. Der Seelenfreund ist lediglich ein Reisegefährte.

Techniken der Traumarbeit

Die Vorbereitung auf die Arbeit mit Träumen beginnt vor dem Einschlafen damit, dass man Gott einlädt, so zu reden, wie er will, und den Wunsch ausdrückt, zu hören, was er zu sagen hat. So, wie der junge Samuel Gottes Stimme in der Nacht irrtümlich für die des Priesters Eli hielt, erkennen auch wir manchmal Gottes nächtliche Stimme nicht. Samuels Worte «Rede, denn dein Knecht hört» (1. Samuel 3,10) können zu unseren werden, wenn wir uns im Gebet auf den Schlaf vorbereiten und unseren Wunsch ausdrücken, im Schlaf von Gott umgeben zu sein, der ebenso wenig aufgehört hat, sich zu offenbaren, wie er aufgehört hat, zu lieben.

Die Bereitschaft, Träume als Mitteilungen von Gott zu empfangen, zeigt sich darin, dass man ein Journal und einen Stift bereitlegt. Da Träume sehr schnell aus der Erinnerung schwinden, ist es notwendig, sie beim Erwachen sofort aufzuzeichnen. Indem Sie Journal und Stift neben dem Bett liegen haben, zeigen Sie Gott, dass Ihnen ernst damit ist, sein Wort hören und ihm gehorchen zu wollen.

Wenn ein ungeprüfter Traum sich mit einem ungeöffneten Brief vergleichen lässt, so können wir uns Traumarbeit denken als das Öffnen, Lesen und Reflektieren des Briefs. Das kann auf vielerlei Weise geschehen. Wir konzentrieren uns hier auf die Techniken, die für die Traumarbeit im Rahmen christlicher Seelsorge am vielversprechendsten erscheinen.[132] Die ersten drei davon sind ganz einfache Techniken, die für den Anfänger in der Traumarbeit der Ausgangspunkt sein sollten. Die meisten Leute finden sie sofort nützlich, und viele sehen nie einen Anlass, über sie hinauszugehen. Danach werden wir kurz auf einige komplexere Techniken eingehen.

Grundtechniken

1. *Schreiben Sie unmittelbar nach dem Erwachen aus bedeutsamen Träumen einen Traumbericht.* Den Traum so detailliert aufzuschreiben, wie Sie sich beim Aufwachen an ihn erinnern, ist der erste und wesentliche Schritt zur Traumarbeit. Diese Aufzeichnung des Traums wird dann zur Datenbasis für die Arbeit in allen weiteren Schritten. Der Traumbericht ist nicht der Ort für Reflexionen über die Bedeutung des Traums. Hier geht es lediglich darum, so gründlich wie möglich die Bilder, Handlungen, Reaktionen, Gedanken, Gefühle, Gespräche, Figuren, Figurenentwicklungen, Einstellungen, Farben, Geräusche und Sinneswahrnehmungen festzuhalten, die Sie in dem Traum erlebt haben.

Der Traumbericht sollte rasch geschrieben werden, ohne auf Grammatik, Rechtschreibung oder Interpunktion zu achten. Alles, was Sie aus dem Traum in Erinnerung haben, sollte mit aufgenommen werden, ohne dass Sie etwas zensieren oder kürzen. Das Datum des Traums sollte ebenfalls notiert werden.

Nach der Aufzeichnung des Traums sollten Sie auch Reaktionen vermerken, die Sie nach dem Aufwachen spüren. Gefühle, die bis herüber ins Wachbewusstsein gedrungen sind, unmittelbare Fragen, die durch den Traum aufgeworfen werden, erste Assoziationen zu Bildern und alle anderen spontanen Reaktionen sollten hier verzeichnet werden. Dies ist noch nicht die formelle Traumarbeit. Doch diese ersten Reaktionen sind oft für die anschließende Traumarbeit sehr nützlich und geraten meist in Vergessenheit, wenn sie nicht sofort aufgeschrieben werden.

Es folgt ein Beispiel für einen Traumbericht. Diesen Traum werden wir später noch genauer ausleuchten, wenn wir weitere Techniken der Traumarbeit hinzufügen.

Traumbericht:

In dem Traum ging ich auf ein Haus zu, das ich offenbar gerade gekauft hatte. Es war ein viktorianisches Haus aus dem späten neunzehnten Jahrhundert, mit einer großen Veranda, Türmchen, Erkern und einer hochinteressanten Dachkonstruktion. Als ich eintrat, fielen mir sofort eine große Wendeltreppe, der Mahagonifußboden und besonders die hohen Decken auf. Mein Blick wurde von dem Licht an der Decke und an den oberen Teilen der Räume emporgezogen. Dann bemerkte ich in jedem Raum Fenster gleich unterhalb der Decke. Das fand ich etwas seltsam, aber mir gefiel das Licht, das so hereinkam. Aus irgendeinem Grund fand ich die hohen Decken besonders toll und schaute unentwegt zu ihnen hinauf. Als ich dann von Zimmer zu Zimmer ging, entdeckte ich, dass die Vorbesitzer die meisten ihrer Kleider zurückgelassen hatten. Sie waren in hervorragendem Zustand und von ausgezeichneter Qualität. Mir kam sofort der Gedanke, dass viele davon mir sehr gut stehen würden. Dann bemerkte ich, dass die hohen Fenster in jedem Zimmer offen standen und eine angenehme Brise ins Haus ließen.

Reaktion:

Begeisterungsgefühl aus dem Traum immer noch da, als ich erwachte. Wunderte mich, dass mir ein altes Haus so gut gefiel, obwohl ich doch neue Häuser und neue Sachen immer lieber gemocht habe. Das Auffälligste an dem Traum waren die hohen Decken und die Lichter. Angenehm, aber kurios.

2. *Sobald Sie einen günstigen Zeitpunkt zum Reflektieren haben, geben Sie dem Traum einen Titel und benennen Sie sein Thema, seine vorherrschenden Gemütsbewegungen und die wichtigsten Fragen, die er aufwirft.* Diese einfache Methode, auch TTAQ-Technik genannt (für *Title, Theme, Affect, Question*), ist vielleicht die nützlichste Technik in der Traumarbeit überhaupt. Viele Leute machen nichts weiter mit ihren Träumen, als sie aufzuzeichnen und diese vier Aufgaben zu erledigen. Schon dies kann äußerst ertragreich sein.

Zuerst geben Sie dem Traum einen Titel. Das hilft Ihnen, seinen Kern herauszufiltern, und gibt Ihnen ein Kürzel, mit dem Sie sich von nun an darauf beziehen können. Stellen Sie sich einen Titel vor, wie ein Maler ihn einem Bild in einer Galerie geben würde. Wenn es Ihnen schwerfällt, einen solchen Titel zu finden, denken Sie darüber nach, welchen Titel sich der Traum wohl selbst geben würde, wenn man ihn fragen würde. Und bitten Sie Gott um Hilfe dabei, einen Titel für sein Geschenk an Sie zu finden.

Dann identifizieren Sie das Hauptthema des Traums. Das ist die Antwort auf die Frage «Worum geht es in dem Traum vor allem?». Wenn es mehrere Themen gibt, listen Sie sie in der Reihenfolge auf, in der sie im Traum erscheinen. Danach denken Sie erneut darüber nach, ob dahinter ein übergreifendes Thema steckt. Auch hier vergessen Sie nicht, die Gelegenheit zu nutzen, Gott um Hilfe beim Erkennen dieses übergreifenden Themas zu bitten.

Den allgemeinen Affekt (oder die Gefühlsbewegung) zu identifizieren, der bzw. die in dem Traum zum Ausdruck kommt, ist meist die leichteste der vier Aufgaben. Manchmal empfindet man in einem Traum überhaupt kein Gefühl, aber die meisten Träume beinhalten Empfindungen irgendwelcher Art. Welche Gefühle hat die Hauptfigur, also diejenige, mit der Sie sich am meisten identifizieren in dem Traum? Welche weiteren Gefühle haben die anderen Figuren erlebt oder durch ihr Verhalten angedeutet? Nachdem Sie Ihre Reaktionen auf den Traumbericht notiert haben, welche Gefühle empfanden Sie, als Sie am Morgen aufwachten?

Und schließlich, welche Fragen scheint der Traum an Sie zu richten? Die Erfinder dieser Technik schlagen vor, Sie sollten «dem Traum zuhören, als wäre er ein Freund, der Ihnen eine wichtige Frage stellt».[133] Auch hier zögern Sie nicht, mit betender Reflexion an diese Frage heranzugehen und Gott zu fragen, worauf genau er Ihre Aufmerksamkeit lenken möchte.

Für den Traum von der Erkundung des alten Hauses mit den hohen Decken und lichterfüllten Räumen kam bei der TTAQ-Übung Folgendes heraus:

Titel: Erkundung meines neuen alten Hauses
Thema: Das Alte verheißt neue Entdeckungen
Affekt: Begeisterung, Staunen, Leichtigkeit
Fragen:
- Bin ich im Begriff, neue Teile des Selbst zu entdecken, die aufregende Möglichkeiten eröffnen und die Verheißung bieten, meine Decken höher zu machen und neues Licht und frische Luft in mein Leben hineinzulassen?
- Was ist in meinem Leben alt und vertraut, enthält aber die Möglichkeit, neue Vitalität zu bieten?
- Ich habe mich meistens vom Alten dem Neuen und Innovativen zugewandt. Was habe ich beim Alten vermisst? In meinen eigenen Traditionen? In meiner eigenen Geschichte?

3. *Schaffen Sie Gelegenheiten zum Gebet, zum Bibelstudium und zur Reflexion über die durch den Traum aufgeworfenen Fragen.* Betende Reflexion der Themen und Fragen, die der Traum aufwirft, ist der Kern der grundlegenden Traumarbeit. Nachdem ein Traum einmal aufgezeichnet wurde, gibt es keine zeitliche Begrenzung mehr für diese Reflexion. Nicht selten kommt man auf einen besonders ergiebigen Traum immer wieder zurück. Solche Reflexion legt oft neue Fragen und ertragreichere Möglichkeiten nahe, die Bedeutung des Traums zu verstehen. Die erneute Beschäftigung mit früheren Träumen steigert zudem enorm die Möglichkeiten, Themen und Fragen zu erkennen, die sich von Traum zu Traum wiederholen.

Auch die Einbeziehung des Bibelstudiums zu den durch den Traum aufgeworfenen Fragen kann ein wirkungsvolles Hilfsmittel bei dieser Reflexionsarbeit sein. Ein solches Themenstudium demonstriert, wie ergiebig die Bibel in psychologischer Hinsicht ist, und zeigt ihre Relevanz für die Fragen des inneren Lebens auf eine Weise, wie sie oft in Predigten oder konventionellen Bibelarbeiten nicht zum Ausdruck kommt. Zu Themen wie Verlust, Beherrschung des Zorns, Kontrolle über sich selbst und über andere, Furcht vor Nähe, Vertrauen auf Intuition, Grenzen der Rationalität, Entdeckung und Verwirklichung des eigenen wahren Selbst oder Möglichkeiten der Hingabe lässt sich in der Bibel sehr viel finden.

Eine große Hilfe beim «Auspacken» der Traumbedeutung kann es auch sein, über die erkannten Fragen und Themen mit einem engen, vertrauten Freund zu sprechen. Genau dies ist natürlich die Ressource, die eine seelsorgerliche Beziehung zur Verfügung stellt. Dinge, die bei persönlicher Reflexion selbst unter Gebet oft ziemlich undurchsichtig bleiben, werden manchmal erstaunlich klar, wenn man mit einem anderen Menschen über sie spricht.

Ergebnisse der ersten Reflexion:

Die betende Reflexion bestätigt den ersten Eindruck, dass es um die Entdeckung neuer Möglichkeiten in alten, bisher wenig beachteten und unterschätzten Bereichen meines Erlebens geht. Das Hauptaugenmerk bei der Reflexion lag auf der Zurückgewinnung von Teilen meines religiösen Erbes, die ich abgelegt hatte. Ich habe entdeckt, dass ich an gewissen Stellen das Kind mit dem Bade ausgeschüttet habe.

Im Gebet über diese Dinge kam in mir der Wunsch hoch, dem biblischen Thema der Erinnerung an die Vergangenheit nachzugehen. Dabei habe ich aus dem alten hebräischen Verständnis der Rolle des Gedächtnisses für die Identität reichhaltige Einsichten schöpfen können. Mir ist klar geworden, dass ich mir große Mühe gegeben habe, meine Identität wie ein neues Haus aus neuen Materialien aufzubauen. Doch neuen Häusern fehlt meist die Eleganz und Anmut von älteren Häusern. Ich bitte Gott, mir nach und nach zu zeigen, was ich nach seinem Willen von den alten Materialien meines Lebens zurückgewinnen soll.

Fortgeschrittene Techniken

Fortgeschrittene Techniken der Traumarbeit sollten am besten dann eingesetzt werden, wenn man mit den Grundtechniken bereits Erfahrungen gesammelt hat. Es liegt zwar keine Gefahr darin, sich ihrer von Anfang an zu bedienen, aber im Allgemeinen behindern sie die Traumarbeit eher, als dass sie sie erleichtern würden, solange man mit den Grundlagen nicht gründlich vertraut ist. Sobald man einige Erfahrungen gesammelt hat, können die folgenden Techniken die Arbeit mit Träumen noch erheblich bereichern.

4. Achten Sie genau auf die Details des Traums und notieren Sie sich Ihre Assoziationen zu jedem wesentlichen Symbol. Bisher haben wir bei der Arbeit mit dem Traum die Details zugunsten der großen, grundsätzlichen Themen vernachlässigt. Das entspricht der Vorgabe, den Traum als Gleichnis zu behandeln. Nach dieser ersten Auswertung der groben Züge des Traums jedoch ist es auch angebracht, sich mit den Details zu beschäftigen, vorausgesetzt, diese wurden im Traumbericht aufgezeichnet. Ziel ist es nicht, die Details zu interpretieren, sondern lediglich, sie zur Kenntnis zu nehmen. Lassen Sie die Einzelheiten eine eigene Geschichte bilden oder Ihr Verständnis von den Themen oder Fragen der Geschichte modifizieren, wie Sie sie bisher aufgefasst haben. Dann lassen Sie Ihren Geist zu jedem der wichtigen symbolischen Elemente des Traums frei assoziieren. Um dies zu illustrieren, lassen Sie uns noch einmal den Traum betrachten, der uns bisher durch die verschiedenen Stadien der Traumarbeit begleitet hat.

Wichtige Symbole	Details	Assoziationen
Haus	Viktorianisch, spätes 19. Jh., große Veranda, Türmchen und Erker, interessantes Dach, Wendeltreppe, Mahagonifußboden, hohe Decken, Fenster dicht unter der Decke, angenehme Brise	Haus – Selbst. Viele Zimmer – viele Teile des Selbst. Dieses Haus erinnert mich an ein kleines Schloss – große architektonische Schönheit, Anmut und Eleganz. Hohe Decken und Licht deuten auf endlose Erweiterungsmöglichkeiten hin. Brise wirkt warm und kräftigend. Insgesamt lässt es sich in diesem Haus wunderbar leben – unglaubliche Möglichkeiten für Entdeckungen, Wachstum und Bereicherung.
Kleidung	Gute Qualität, guter Zustand, würde passen	Von früheren Besitzern abgelegt, aber offensichtlich sehr wertvoll. Darf ich es wagen, diese abgelegten Kleider zu nehmen und mir zu eigen zu machen?

5. *Identifizieren Sie Ihr Traum-Ich und achten Sie besonders darauf.*
Wie oben schon gesagt, ist es hilfreich, davon auszugehen, dass jeder Teil des Traums irgendeinen Teil des eigenen Selbst widerspiegelt. Doch ein Teil des Selbst, das normalerweise in jedem Traum auftaucht, ist von besonderer Bedeutung – das Ich. Meist wird unter dem Ich der bewusste, entscheidende, handelnde Teil des Selbst verstanden. Ihm wird die Verantwortung dafür zugeschrieben, die Forderungen der inneren und der äußeren Welt miteinander zu versöhnen. Wegen dieser Verantwortung geht man davon aus, dass das Ich bei der Ausprägung von Träumen eine wichtige Rolle spielt. Deshalb ist seine Gegenwart in unseren Träumen fast immer auszumachen.

Das Traum-Ich ist die Figur oder die Figuren im Traum, die sich am meisten wie der Träumende selbst anfühlen oder mit denen sich der Träumende am meisten identifizieren kann. Geschlecht, Alter und Rasse des Traum-Ichs können mit denen des oder der Träumenden übereinstimmen oder auch nicht. Es kann sogar ein Tier oder eine Pflanze sein. Meist jedoch sind diese Tarnungen ziemlich durchsichtig. Der oder die Träumende ist durchaus in der Lage, sich in einem (oder gelegentlich auch mehreren) der Symbole wiederzuerkennen. Aus einem genauen Studium der Einstellungen, Entscheidungen, Handlungen und Reaktionen des Traum-Ichs können wir viele Rückschlüsse über den Zustand unserer Innenwelt ziehen und Schritte in Richtung auf psychospirituelles Wachstum gehen.

Achten Sie insbesondere darauf, inwiefern sich das Traum-Ich vom wachen Ich unterscheidet. Fragen Sie sich im Blick auf die Unterschiede, ob Ihnen das Verhalten des Traum-Ichs gefällt. Stellen Sie sich die Frage, ob das Traum-Ich vielleicht eine Daseinsweise demonstriert, über die Sie nachdenken sollten. Dann beten Sie um das Urteilsvermögen, zu erkennen, was Gott Ihnen durch das Verhalten Ihres Traum-Ichs vielleicht sagen will.

Verhalten des Traum-Ichs:

Traum-Ich in diesem Traum sehr leicht zu erkennen. Unterscheidet sich von mir nur in einem wichtigen Punkt – er ging viel langsamer und schien viel mehr bei der Sache zu sein, als er sich an dem Haus erfreute. Ich dagegen scheine immer irgendwo anders hin unterwegs zu sein und dasjenige Zimmer, in dem ich gerade bin, nur zu durchschreiten, um in ein anderes zu kommen. Das Traum-Ich ließ sich Zeit, sowohl beim Zugehen auf das Haus als auch im Innern. Reflexion darüber legt eine interessante Einladung nahe – ich sollte mir mehr Muße gönnen, um an den Rosen zu schnuppern, und mich länger an den Orten sowohl in meiner inneren als auch in meiner äußeren Welt aufhalten, wo ich meine Zeit verbringe.

6. *Führen Sie ein imaginäres Gespräch mit dem Traum-Ich.* Fast jeder weiß, was es heißt, ein Selbstgespräch zu führen. Manche Leute tun das sehr häufig und sogar laut. Solch ein innerer Dialog hat nichts Abnormales an sich. Im Gegenteil, er ist völlig normal und birgt sogar viel Potenzial für persönliche Veränderung.

In zwei Fällen werden solche inneren Gespräche pathologisch: Erstens, wenn sie Botschaften aus der Außenwelt übertönen. In dieser Situation ist die Person so in sich selbst vertieft, dass der Kontakt zur Außenwelt beeinträchtigt wird. Besonders deutlich wird das bei manchen Formen der Psychose.

Der zweite Fall ist der, wenn innere Gespräche durch das, was darin gesagt wird, die Wirkung haben, die Person in ihrem Funktionieren in der Außenwelt zu behindern. Negative, gegen sich selbst gerichtete Aussagen wie «Wozu gibst du dir überhaupt Mühe? Du versagst doch sowieso» oder «Es wird nie besser werden» sind fester Bestandteil der meisten Depressionen und offensichtlich geeignet, depressive Gefühle dauerhaft werden zu lassen. Indem wir solche

Aussagen durch positivere ersetzen (z. B. «Es ist nicht wahr, dass du nichts richtig kannst und dass niemand dich leiden kann. Denk zum Beispiel an …»), können wir meist eine dramatische Verbesserung des emotionalen Zustands erreichen.

Derartige Gespräche unterscheiden sich nicht erheblich von solchen mit dem Traum-Ich. In beiden Fällen handelt es sich um ein imaginäres Gespräch zwischen verschiedenen Teilen des Selbst. Beide finden also in der Vorstellung statt. Das Traum-Ich spricht zwar nicht wirklich und beantwortet Fragen nicht so, wie es eine andere Person täte. Dennoch kann das Gespräch ebenso produktiv sein.

Der einzige wesentliche Unterschied zwischen einem Dialog mit dem Traum-Ich und den Gesprächen, die Menschen typischerweise mit sich selbst führen, ist der, dass das Traumarbeitsgespräch weniger stark rational gesteuert ist. Das gibt mir Raum für fantasievolle Entwicklung.

In einem typischen inneren Gespräch versucht ein Mensch zum Beispiel, zu durchdenken, was verschiedene Teile des Selbst sich von einer bestimmten Situation erhoffen. («Einerseits würde ich gerne …, aber auf der anderen Seite würde ich auch wirklich gerne …») Ein Dialog mit dem Traum-Ich lädt den anderen Teil des Selbst ein, für sich selbst zu sprechen, also seine eigene Antwort vorzuschlagen. Diese Antwort kommt zwar aus der Vorstellungskraft, aber das macht sie nicht weniger wertvoll.

Als Johanna von Orléans bei ihrem Ketzerprozess gefragt wurde, ob die Stimmen, die sie hörte und Gott zuschrieb, nicht in Wirklichkeit aus ihrer Vorstellungskraft kämen, soll sie geantwortet haben, sie kämen selbstverständlich aus ihrer Vorstellung, denn wie sonst könnte man je die Stimme Gottes hören.[134] Unsere Träume spielen sich ja auch in unserer Vorstellung ab. Dennoch ist es möglich, dass sie Botschaften von Gott transportieren. Ebenso kann ein Dialog mit einem Element aus unseren

Träumen in unserer Vorstellung stattfinden und dennoch von Gott geleitet sein.

Jakobs Ringkampf mit Gott illustriert viele der Prinzipien des Traumarbeitsdialogs. In 1. Mose 32 wird berichtet, wie Jakob unterwegs zu einem Zusammentreffen mit seinem Bruder Esau war, den er nicht mehr gesehen hatte, seit er einst durch Betrug dessen Erstgeburtsrecht an sich gerissen hatte. Am letzten Abend vor Jakobs Ankunft schickte er den Rest seiner Reisegefährten voraus und verbrachte die Nacht allein. Während der Nacht erschien ihm Gott in einer Vision, in der er und Gott bis zum Tagesanbruch miteinander rangen. Am Ende der Vision wird uns von einem interessanten Wortwechsel berichtet. Gott bittet Jakob, ihn loszulassen, weil es schon fast Tag ist. Doch Jakob will ihn erst gehen lassen, wenn Gott ihn gesegnet hat. Jakob erkennt, dass sein nächtlicher Besucher etwas für ihn hat, und er ist nicht bereit, ihn ziehen zu lassen, bis er das für ihn bestimmte Geschenk empfangen hat. Gott erklärt sich einverstanden, gibt Jakob sein Geschenk – einen neuen Namen –, und Jakob lässt ihn los.

Wenn wir annehmen können, dass die Figuren in unseren Träumen von Gott gesandt sind, um uns mit einer Gabe zu unserem Wohl zu segnen, dann sollten auch wir bereit sein, mit ihnen zu ringen und sie nicht loszulassen, bis wir das Geschenk, das sie uns bringen, empfangen haben. Das ist das Grundprinzip hinter Dialogen mit Traumfiguren.

Oft ist es hilfreich, diesen Dialog mit einem Gebet zu beginnen. Danach könnte sich die Frage anschließen, was das Traum-Ich als Geschenk mitgebracht hat, was es als Ratschlag anzubieten hat, oder auch ganz einfach, warum es sich in dem Traum auf diese und keine andere Weise gezeigt hat. Eine Möglichkeit, wie sich ein solches Gespräch entwickeln kann, wird im folgenden Beispiel illustriert:

Dialog zwischen Wach-Ich (Ich) und Traum-Ich (TI):

Ich: In dem Traum ist mir aufgefallen, dass du dir beim Erkunden des Hauses viel Zeit gelassen hast. Offenbar hattest du es nicht eilig, irgendwo anders hinzukommen. Gibt es etwas, was ich daraus lernen sollte?

TI: Nun, das ist eine Sache, über die du nachdenken solltest. Aber was ist dir noch an meinem Verhalten aufgefallen?

Ich: Offen gesagt, ich wüsste nicht, was ich sonst noch bemerkt hätte.

TI: Versuch dir vorzustellen, wie du mich in dem Traum gesehen hast. Was fällt dir auf?

Ich: Ich weiß nicht, ob das etwas zu bedeuten hat, aber du hast immer nach oben geschaut.

TI: Okay, aber was sonst noch?

Ich: Nun, vielleicht, dass du eine ganze Reihe von Empfindungen sehr genau gespürt hast – die Leichtigkeit, die Luftbewegung in der Brise, die Wärme dieser Luft usw.

TI: Aber du übersiehst immer noch das Offensichtlichste.

Ich: Du meinst, dass du das alte Haus sehr gemocht hast?

TI: Natürlich.

Ich: Und was soll ich daraus lernen?

TI: Was hast du bisher gelernt?

Ich: Nun, vielleicht, dass ich mir Dinge in meinem Erbe, die ich abgelegt habe, noch einmal anschauen sollte. Vielleicht sind darunter Dinge, deren Wert ich noch gar nicht erkannt habe.

TI: Okay. Aber was ich in dem Haus entdeckt habe, war ja nicht irgendetwas Altes. Es waren ein Haus und Kleider. Ringe damit noch ein bisschen.

Das Ergebnis dieses Dialogs ist, dass ich noch einmal zurückgehe und weiter an Assoziationen zu dem Haus und den Kleidern arbeite.

Haus
Ein Haus ist der Ort, wo man wohnt; es ist der private Ort und Raum eines Menschen. Für mich ist ein Haus eine Burg – eine Zuflucht, eine Festung, ein Ort, an den ich mich zurückziehe.

Kleider
Kleider ziehen wir an, um uns in der Öffentlichkeit zu zeigen; mit ihnen präsentieren wir uns anderen. Meine Kleider sind mein öffentliches Selbst.

Altes Haus
Ein altes Haus ist ein Haus wie das, in dem ich wohnte, als ich heranwuchs. Es war immer voller Menschen, und dennoch gab es immer genug Platz für die Privatsphäre.

Alte Kleider
Alte Kleider sind eine bescheidenere Art, anderen zu begegnen. Man stellt sich nicht so zur Schau und investiert vielleicht weniger in sein Image.

Es gibt noch viele weitere Techniken für die Traumarbeit, aber diese sechs sollten mehr als genug sein für jeden, der noch nicht sehr erfahren darin ist. Techniken bergen die große Gefahr, die Traumarbeit zu depersonalisieren und zu mechanisieren. Im besten Fall sind sie Wege, um eine Begegnung mit dem eigenen tiefsten Selbst unter der Leitung des Geistes Gottes zu strukturieren.

Träume sind keine Gegenstände, die man analysieren muss, sondern Teile des eigenen Selbst, die man in einer Ich-Du-Begegnung in die Arme schließt. Solch eine Begegnung kann allein geschehen, aber sie wird durch den Dialog mit einer anderen Person fast immer erleichtert. Das ist die wunderbare, ertragreiche Rolle der Traumarbeit in der christlichen Seelsorge.

9. Formen christlicher Seelsorge

Bisher haben wir uns mit dem Fokus und einigen der Verfahrensweisen der christlichen Seelsorge beschäftigt. Darauf, wer diese Seelsorge leistet, sind wir noch nicht eingegangen. In der Praxis gibt es eine große Bandbreite von Leuten, die in der christlichen Seelsorge engagiert sind – darunter Eltern, Freunde, Lehrer, Geistliche, Psychotherapeuten, Autoren, Lebensberater, Mediziner, Krankenhauskapläne, in Beratung und Seelsorge tätige Laien und «Seelenführer». Manche dieser Gruppen leisten diesen Dienst gegen Entgelt und können aus diesem Grund als professionelle Seelsorger bezeichnet werden. Andere offerieren Seelsorge unentgeltlich und gehören insofern zur Gruppe der Laienseelsorger. Keine dieser Gruppen ist der anderen überlegen. Jede füllt ihre Nische aus, und jede hat Möglichkeiten der Fürsorge, die bei anderen nicht zu finden sind.

Christliche Seelsorge ist viel zu wichtig, als dass sie einer Gruppe von Leuten allein überlassen bleiben sollte. Viel zu lange war sie vorrangig die Aufgabe der Geistlichen. Unter dem Einfluss der aufkommenden therapeutischen Seelsorge fiel sie dann zunehmend in die Verantwortung geschulter Psychotherapeuten. In jüngerer Zeit erleben wir ein wiedererwachtes Interesse an der alten Tradition der geistlichen Führung, und daran sind sowohl Geistliche als auch Laien beteiligt. Außerdem sehen wir zumindest in manchen gemeindlichen Traditionen ein Aufkommen von Kleingruppen als Form gegenseitiger Seelsorge.

Wichtig ist, dass diejenigen, die christliche Seelsorge anbieten, damit einem Ruf Gottes zu diesem Dienst folgen. Seelsorge als christliche Berufung ist nicht durch das Vorhandensein oder Nichtvorhandensein einer finanziellen Vergütung oder einer formalen Ausbildung als Seelsorger legitimiert. Sie hängt allein vom Ruf Gottes zu diesem Dienst ab, und dieser Ruf erreicht sehr unterschiedliche Menschen.

Heute lassen sich mindestens neun zeitgenössische Formen christlicher Seelsorge differenzieren: familiäre Seelsorge, gegenseitige Seelsorge, pastoraler Dienst, Laienseelsorge, christliche Lebensberatung, pastorale Lebensberatung, Seelenführung, christliche Psychotherapie und Intensivseelsorge. Die Abgrenzungen zwischen diesen Aktivitäten sind zwar etwas willkürlich, doch es gibt wichtige Unterschiede und Wechselbeziehungen zwischen ihnen. Abbildung 3 veranschaulicht diese Unterschiede und Wechselbeziehungen, indem es die einzelnen Seelsorgeformen nach ihrem jeweiligen Fürsorge- oder Heilungspotenzial einordnet. In dieser Abbildung sind Herangehensweisen, die dasselbe Potenzial für Heilung und Fürsorge haben, gemeinsam genannt. Diejenigen, die weiter rechts angeordnet sind, haben ein größeres Potenzial für Fürsorge und Unterstützung, während diejenigen, die höher angeordnet sind, mehr Potenzial für Heilung und Wiederherstellung haben.

Abbildung 3:
Formen christlicher Seelsorge

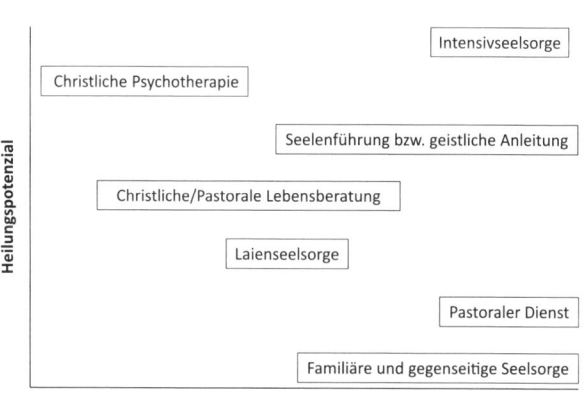

Familiäre Seelsorge

Die einfachste und in mancher Hinsicht wichtigste Form der christlichen Seelsorge wird von Angehörigen und Freunden geleistet. Wenn Menschen sich im Rahmen dieser vertrauten persönlichen Beziehungen umeinander kümmern, denken sie normalerweise nicht daran, dass sie sich seelsorgerlich betätigen. Sie kümmern sich einfach um die Menschen, die sie lieben. Doch könnten wir alle in Beziehungen leben, in denen Freunde und Angehörige sich auf die geschilderte Art um uns kümmern, so wäre der Bedarf an der formaleren Seelsorge erheblich geringer.

Im günstigsten Falle hat die gegenseitige Fürsorge, welche Familienmitglieder einander angedeihen lassen, das Potenzial, ein tiefes psychospirituelles Wachstum zu ermöglichen. Eltern, die die psychospirituelle Entwicklung ihrer Kinder fördern, haben Möglichkeiten zur Einflussnahme auf ihre Kinder, wie sie niemand sonst je haben wird. Ebenso trifft das auf Menschen zu, die sich wirklich Mühe geben, das Innenleben ihrer Ehepartner zu kennen und ihr Wachstum zu unterstützen. Dasselbe gilt für Geschwister, die ihre Rivalitäten hinter sich gelassen und eine vertraute Seelenfreundschaft entwickelt haben. Obwohl diese Fürsorge in der Familie bis zu einem gewissen Grad auch heilen und Schäden reparieren kann, ist das Potenzial dafür erheblich geringer als bei anderen Formen der Seelsorge. Dennoch macht das Potenzial für tiefe Seelenfreundschaften in der eigenen Familie diese zum vorrangigen und wichtigsten Rahmen für christliche Seelsorge.

Leider werden jedoch viele Familien diesem Ideal der Seelenfreundschaft nicht gerecht. Eltern begnügen sich mit Disziplin und Belehrung und versäumen es, sich selbst als Geschenk der Freundschaft in die Beziehung hineinzugeben. Traurigerweise machen es Ehepartner oft genauso. Es kommt sogar häufig vor, dass Leute, die sich außerhalb der Familie in der Fürsorge für andere engagieren, den Mitgliedern ihrer eigenen Familie nicht viel an echter Seelenfreundschaft zu bieten haben. Die Anforderungen einer solchen Freundschaft sind riesig. Die größten sind die des echten Dialogs.

Wenn christliche Seelsorge zu Hause beginnen soll, ist es dringend notwendig, dass Menschen die Kunst des Dialogs erlernen. Bei vielen fängt das damit an, dass sie die Fähigkeit zum tiefen, empathischen Zuhören entwickeln. Manche Leute scheinen einigermaßen gut zuhören zu können, versäumen es aber, sich selbst in die Beziehung einzubringen. Bei anderen hängt es vor allem daran, dass sie nicht genug Zeit mit ihrem Ehepartner oder ihren Kindern verbringen. Welche Schritte auch immer nötig sind – die meisten Familien können ohne Weiteres die Dinge benennen, die sie tun müssten, um aus ihrer Familie ein Netz tiefer Seelenfreundschaften zu machen. Manchmal fehlt nur ein erinnernder Hinweis, wie wichtig das ist.

Gegenseitige Seelsorge
Für die meisten Menschen bestehen die bedeutsamsten seelsorgerlichen Beziehungen zwischen Freunden. Ähnlich wie in der familiären Seelsorge können Freunde sich auf eine Art und Weise gegenseitig psychospirituell unterstützen, die informell ist und selten bewusst als Seelsorge gesehen wird. Im Gegensatz zu dem Dienst von geistlichen Führern und Psychotherapeuten macht die Seelsorge, die Freunde aneinander leisten, nicht ihre ganze Beziehung aus. Und ebenso im Gegensatz zu den professionellen Seelsorgebeziehungen beruht die Fürsorge hier viel stärker auf Gegenseitigkeit.

Jeder braucht solche Freundschaften. Wir alle brauchen andere Menschen, die sich Zeit nehmen, uns zuzuhören, und uns helfen, uns über unsere tiefsten psychospirituellen Sehnsüchte, Bedürfnisse und Nöte auszusprechen. Ebenso brauchen wir Leute, die uns durch die Art, wie sie uns begegnen, helfen zu lernen, wie wir in derselben Weise auf unser tiefstes Selbst eingehen können.

Gegenseitige Seelsorge besteht darin, dass Leute sich um die wichtigsten Menschen in ihrem Leben kümmern und ihnen dadurch helfen, sich besser um sich selbst zu kümmern. Solche Beziehungen beinhalten Freundschaft, aber nicht alle Freundschaften beinhalten gegenseitige Seelsorge. Das Ideal der tiefen Begegnung im Dialog macht deutlich, dass die große Mehrzahl der Freundschaften hinter echten seelsorgerlichen Beziehungen zurückbleibt. In vielen anderen gibt es kaum Gegenseitigkeit. Es sind einseitige Hilfsbeziehungen von Leuten, die sich um andere kümmern wollen, aber im Gegenzug nicht viel dafür erwarten.

Gegenseitige Seelsorge beinhaltet wechselseitige Vertrautheit und Verwundbarkeit. Ebenso beinhaltet sie ein ausgewogenes, abwechselndes Geben und Nehmen. Zwar kann es sein, dass die Beziehung zu einem gegebenen Zeitpunkt nicht ausgewogen erscheint, sondern dass einer vor allem gibt und einer vor allem empfängt. Doch über einen längeren Zeitraum hinweg erfordert gegenseitige Seelsorge, dass die Fürsorge füreinander beiderseitig und einigermaßen ausgewogen ist.

Für eine solche Beziehung braucht es nicht mehr als zwei Leute, aber sie kann auch in kleinen Gruppen entstehen. Verbindliche Kleingruppen sind ideal für diese Art der Seelsorge, die sich leicht mit anderen Aktivitäten wie Bibelstudium oder Gebet verbinden lässt. Dennoch sind nicht alle Bibel- oder Gebetsgruppen Seelsorgegruppen, in denen die Fürsorge für das innere Leben der Teilnehmer Vorrang hat.

Gegenseitige Seelsorge kann auch ohne jede Schulung stattfinden, aber alles, was zu einem besseren Verständnis der psychospirituellen Dynamik des Innenlebens verhilft, befähigt Menschen umso mehr, solche Fürsorge sowohl zu geben als auch zu empfangen. Am besten in der Lage, für die Seelen anderer zu sorgen, sind diejenigen, die ihre eigenen Innenwelten am besten kennen und die psychospirituell gesund und reif genug sind, um liebevoll auf andere zuzugehen. Zum Glück können wir diese Dinge in der Gemeinschaft mit anderen lernen. Das ist das begeisternde Potenzial von gegenseitigen seelsorgerlichen Beziehungen.

Pastoraler Dienst

Als erste der formaleren Formen christlicher Seelsorge wollen wir den pastoralen Dienst betrachten. Im allgemeinen Sprachgebrauch bezeichnet pastoraler Dienst die gesamte Bandbreite der Hilfe, die Pastoren, Älteste, Diakone und andere Mitglieder einer Gemeinde denen zuteilwerden lassen, die der Fürsorge bedürfen. Pastoraler Dienst ist ein Dienst der Barmherzigkeit, der seine Quelle und Motivation in der Liebe Gottes hat. Dazu gehören Krankenbesuche, Seelsorge bei Sterbenden, Trost für Hinterbliebene, Unterstützung für Leute, die in irgendwelchen Kämpfen und Schwierigkeiten stecken, Predigten und Sakramentshandlungen. In seiner einfachsten und allgemeinsten Form findet pastoraler Dienst immer dann statt, wenn ein Christ mithilfe Ermutigung oder Unterstützung für Menschen in Not da ist.

Der pastorale Dienst schließt die pastorale Seelsorge mit ein, ist aber viel weiter gefasst. Pastorale Seelsorge wird meist von demjenigen initiiert, der Hilfe sucht, und ist typischerweise auf ein bestimmtes Problem fokussiert. Im Gegensatz dazu geht pastoraler Dienst häufiger von dem aus, der ihn anbietet, und hat meist nicht einen so engen Problemfokus. Wer pastoralen Dienst leistet, bietet die Gabe christlicher Liebe und Fürsorge an, um dem, der sie braucht, die gnädige Gegenwart Gottes zu vermitteln.

Das Potenzial des pastoralen Dienstes liegt mehr in der Fürsorge als in der Heilung. Für viele Menschen ist er Gottes Rettungsleine, die ihnen in Zeiten der Krise Ermutigung, Unterstützung und Hoffnung gibt. Aber er ist selten so strukturiert, dass er einen anhaltenden Dialog ermöglicht, und deshalb ist sein Potenzial zur Behebung psychospiritueller Schäden und pathologischer Erscheinungen eher bescheiden. Obwohl er auch Schritte in Richtung zu mehr psychospirituellem Wachstum initiieren und fördern kann, reicht er meist nicht aus, um solches Wachstum zu unterstützen und anzuleiten. Er ist jedoch eine gute Ergänzung zu anderen Formen der Seelsorge und vergrößert das gesamte Spektrum der helfenden Beziehungen, die zur Verfügung stehen.

Leider ist sporadischer pastoraler Dienst alles, was viele Christen je an Seelsorge empfangen. Sie hören sich Predigten an, sind Zuschauer bei Gottesdiensten, empfangen hin und wieder die Sakramente und bekommen vielleicht gelegentlich Besuch von einem Pastor, Ältesten oder sonst jemandem aus der Gemeinde. Ist es da ein Wunder, wenn sie den Eindruck haben, dass die Kirche für das innere Leben ihrer Seele kaum Relevanz hat? Und kann es uns wirklich überraschen, dass ihnen die Bedürfnisse und Realitäten dieses inneren Lebens so wenig bewusst sind?

Laienseelsorge

Das Aufkommen der professionellen Lebensberatung hat in manchen kirchlichen Kreisen ein Phänomen nach sich gezogen, das als «Laienseelsorge» bezeichnet wird. Laienseelsorger sind meist Leute, die weder Geistliche noch professionelle Seelsorger sind. Typischerweise sind sie freiwillige Mitarbeiter, die aufgrund ihrer Gaben und ihrer Persönlichkeit auf sich aufmerksam machen und dann eine Schulung in den Grundlagen der therapeutischen Kommunikation erhalten. Manchmal kann diese Schulung sehr umfassend sein, doch bisweilen fällt sie eher minimal aus. Aus diesem Grund ist auch die eigentliche Tätigkeit von Laienseelsorgern sehr unterschiedlich.

In der Praxis hat Laienseelsorge meist einen ziemlich klinischen oder psychologischen Fokus. Das bedeutet, dass Menschen mit Problemen, für die sie Hilfe suchen, zu den Laienseelsorgern kommen, die wiederum an diese Leute herantreten, um ihnen Unterstützung und Rat dabei anzubieten, mit den Problemen umzugehen. Bei diesen Interventionen können auch das Gebet und andere religiöse Ressourcen eine Rolle spielen. Typischerweise jedoch arbeiten Laienseelsorger ähnlich wie die allgemein besser qualifizierten christlichen Lebensberater, nämlich als klinische Therapeuten, die bei Lebensproblemen psychologischen Beistand leisten.

Wenn sie sich als eine Form der Seelsorge positioniert und in das Spektrum der Seelsorgemöglichkeiten eingeordnet wird, das wir hier betrachten, verlagert sich der Schwerpunkt der Laienseelsorge etwas. Wegen der eingeschränkten therapeutischen

Schulung, über die Laienseelsorger verfügen, sind sie im Grunde nicht ausreichend qualifiziert für die tiefe, wiederherstellende Arbeit der Seelenheilkunde. Da sie jedoch im Allgemeinen engagierte Christen und fürsorgliche, einfühlsame Menschen sind, können sie in einer Seelsorge, die hauptsächlich das geistliche Wachstum im Auge hat, einen bedeutenden Beitrag leisten.

Könnte man Laienseelsorge so verstehen, dass sie dazu da ist, Menschen zu helfen, die Gegenwart Gottes zu erfahren und seinen Willen inmitten ihrer wie auch immer gearteten Probleme zu erkennen, dann wäre ihr vorrangiges Ziel das geistliche Wachstum, nicht die psychologische Lösung von Problemen. Das wäre immer noch eine sinnvolle Hilfe. Doch die Leute würden sie nicht als Therapeuten in Anspruch nehmen, die ihre Probleme lösen sollen, sondern als reife, Anteil nehmende Christen, die bereit sind, sie für eine Weile auf ihrem Weg zu begleiten und ihnen wachsen zu helfen. In dieser Form würde die Laienseelsorge eine wichtige Komponente im seelsorgerlichen Spektrum bilden, die mehr Potenzial für die Seelenheilung bietet, als man es typischerweise von der pastoralen Seelsorge erwarten würde, aber weniger, als die anderen, höher spezialisierten Formen der Seelsorge und Psychotherapie.

Christliche Lebensberatung

Christliche Lebensberatung war in den letzten Jahrzehnten eine regelrechte Wachstumsbranche. Mit eigenen Zeitschriften, Berufsverbänden, Schulungsprogrammen und Qualifikationsinstitutionen hat christliche Lebensberatung in Kirchen und Gemeinden in aller Welt rasch ihre Spuren hinterlassen. An diesem Phänomen haben Verlage, Autoren, Berater und Workshopleiter großen Anteil.

Unter denen, die christliche Lebensberatung praktizieren, gibt es eine große Vielfalt: Manche haben Masterabschlüsse oder gar Doktortitel in Psychologie, Sozialarbeit oder Ehe- und Familientherapie, während andere nur einen Kurs oder Workshop in Lebensberatung mitgemacht haben. Manche sind theologisch ausgebildet und haben sogar Erfahrung als Pastoren, während bei anderen keines von beiden der Fall ist. Manche haben eine klare Vision von ihrer Arbeit als christlicher Seelsorger, während andere lediglich die Vision haben, auf einem offenen Markt eine Beratungsdienstleistung anzubieten.

Christliche Lebensberater bieten ihre Dienste auf unterschiedlichen Grundlagen und in einem breiten Spektrum von Rahmenbedingungen an. Manche praktizieren auf Honorarbasis in einer Privatpraxis (Gemeinschafts- oder Einzelpraxis). Andere sind bei Gemeinden fest angestellt und tun ihren Dienst als Mitarbeiter in einem Pastoralteam. Wieder andere arbeiten in Zentren, die von mehreren Gemeinden unterstützt werden, wobei auf Honorare bei Mitgliedern dieser Gemeinden manchmal verzichtet wird, während bei anderen ein variables Honorar fällig wird. Wieder andere tun ihren Dienst unentgeltlich auf freiwilliger Basis.

Angesichts dieser Vielfalt ist es riskant, generelle Aussagen über christliche Lebensberatung zu machen. Dennoch scheint es im Allgemeinen so zu sein, dass die von dieser Gruppe angebotene Lebensberatung psychologischer Natur und auf Probleme fokussiert ist und im Kontext christlicher Wertvorstellungen und Lebensanschauungen angeboten wird. Dabei kommt oft eine Beratung heraus, die sehr direktiv ist, etwa indem Ratschläge erteilt werden, die als biblisch eingestuft werden. In anderen Fällen unterscheidet sie sich nur geringfügig von intensiver Psychotherapie, bei der die Wurzeln der Probleme ermittelt und behandelt werden. Es scheint auch der Fall zu sein, dass christliche Lebensberatung im Allgemeinen mehr auf Seelenheilung als auf Fürsorge zielt. Christliche Charakterbildung spielt manchmal auch eine Rolle dabei, aber allgemein ist das Ziel die Linderung von Problemen.

Christliche Lebensberatung hat großes Potenzial als Komponente im Spektrum der christlichen Seelsorgeangebote. Diejenigen, die sie praktizieren, verstehen häufig mehr von der Dynamik der Psyche und sind besser geschult im therapeutischen

9. Formen christlicher Seelsorge

Dialog als Laienseelsorger und Leute, die pastoralen Dienst anbieten. Infolgedessen können christliche Lebensberater häufig sehr gründliche und wirkungsvolle Hilfe leisten. Jedoch verfügen christliche Lebensberater allzu häufig weder über die psychologische Ausbildung, die nötig wäre, um die tiefe psychotherapeutische Behandlung anzubieten, die sie anstreben, noch über die theologische und geistliche Vorbereitung, die sie befähigen würde, die eventuell benötigte Seelenführung zu leisten. Einerseits haben sie ein großes Potenzial, die Kluft zwischen Geistlichen und Psychotherapeuten zu überbrücken, doch andererseits fallen sie allzu oft zwischen die beiden Extreme dieser Gruppen, ohne sich eine eigene Domäne zu erobern, in der ihre Fähigkeiten am besten genutzt werden könnten.

Wenn christliche Lebensberatung als Seelsorge verstanden und anderen wichtigen Seelsorgeformen gegenübergestellt wird, zeigt sich, dass eine Repositionierung der christlichen Lebensberatung angezeigt sein könnte. Deren wichtigste Komponente wäre es, ihre derzeitige klinische durch eine geistliche Ausrichtung zu ersetzen und sie in die Richtung der geistlichen Charakterbildung umzulenken. Die Problemfokussierung würde dann bestehen bleiben, da Probleme ja meist der Grund sind, warum Menschen Lebensberater aufsuchen. Doch statt nur bloße Problemlinderung zu betreiben, würde christliche Lebensberatung das Ziel des psychospirituellen Wachstums verfolgen.

Würde das Verständnis der Dynamik der Psyche, über das christliche Lebensberater meist verfügen, durch eine klarere Fokussierung auf Ziele im Zusammenhang mit geistlichem Wachstum ergänzt, so könnten christliche Lebensberater eine intensivere Fürsorge anbieten als diejenige, die typischerweise von Laienseelsorgern und anderen Anbietern pastoraler Dienste geleistet wird. Zugleich wäre ihr Dienst stärker psychologisch orientiert als der der pastoralen Lebensberatung. Dadurch könnten christliche Lebensberater eine Lücke im gegenwärtigen Spektrum christlicher Seelsorgedienste ausfüllen, statt lediglich die Leistungen christlicher Psychotherapeuten zu duplizieren.

Pastorale Lebensberatung

Seelsorge, die unter der Rubrik der pastoralen Lebensberatung angeboten wird, ist mindestens so vielfältig wie die der christlichen Lebensberatung. Generell unterscheidet sich die pastorale Lebensberatung von der allgemeineren christlichen Lebensberatung dadurch, dass die pastorale Lebensberatung von jemandem angeboten wird, der Pastor ist oder war. Das bedeutet, dass diese Person ausdrücklich mit der Kirche identifiziert wird, nicht nur mit christlichen Werten. Insofern sind pastorale Lebensberater, ob sie wollen oder nicht, Repräsentanten der christlichen Gemeinde. Als solche werden sie aufgesucht, und entsprechende Erwartungen werden an sie gerichtet.

Pastorale Lebensberater haben gegenüber anderen Lebensberatern eine Reihe von Vorteilen. Ihre Ausbildung umfasst meist nicht nur eine breite theologische Grundlage, sondern schließt oft auch eine klinische pastorale Schulung ein. Im besten Fall verschafft ihnen diese klinische Schulung Gelegenheiten zu tieferer Selbsterkenntnis sowie dazu, sich Beratungstechniken anzueignen. Zudem bieten pastorale Lebensberater ihre Dienste meist im Rahmen einer Kirche oder Gemeinde an. Dadurch steht ihnen ein Netz weiterer Ressourcen zur Verfügung, das in ihre seelsorgerliche Tätigkeit mit einbezogen werden kann.

Insgesamt ermöglichen es diese Besonderheiten dem pastoralen Lebensberater, eine Fürsorge zu leisten, die sowohl psychologisch als auch spirituell gut fundiert ist und zusätzlich bereichert wird durch die Ressourcen der Ortsgemeinde und die breitere christliche Seelsorgetradition.

Leider entsprechen nicht alle pastoralen Lebensberater diesen Idealen oder nutzen die ganze Bandbreite der Ressourcen, die ihnen zur Verfügung stehen. Allzu viele von ihnen geben die Besonderheiten ihrer pastoralen Identität preis, während sie klinischen Qualifikationen und Kompetenzen nachjagen. Andere distanzieren sich von der Psychologie und bieten eine Lebensberatung, die kaum über das Predigen vor einer gebannten Zuhörerschaft, die aus nur einer Person besteht, hinausgeht.

Pastoren, die der Versuchung widerstehen, die Vision und die Normen ihrer Beratungstätigkeit ausschließlich aus den klinischen Psychotherapien zu beziehen, und es trotzdem schaffen, sich die besten Einsichten aus diesen therapeutischen Schulen nutzbar zu machen, sind in einer einzigartigen Position, um spezifisch christliche Seelsorge anzubieten. Eher als alle anderen bisher beschriebenen Gruppen sind sie in der Lage, Seelsorge im vollen Sinne zu verstehen und zu leisten. Im Gegensatz zu den pastoralen Diensten, die keine Lebensberatung umfassen, treffen sich pastorale Lebensberater zumeist über einen gewissen Zeitraum hinweg regelmäßig mit denen, die sie beraten. Dies verschafft ihnen die Möglichkeit zum Dialog, der im sonstigen pastoralen Dienst oft fehlt. Gegenüber christlichen Lebensberatern, die nicht aus einer Gemeinde heraus arbeiten, haben sie den Vorzug, auf die Ressourcen der christlichen Gemeinde zurückgreifen zu können, die Heilung und Unterstützung ermöglichen.

Dazu brauchen pastorale Lebensberater eine klare Vision für ihre Beratungstätigkeit – eine Vision, die ihre Beratung in das breitere Spektrum ihrer anderweitigen pastoralen Aufgaben einordnet und die ihnen die Richtung zu einer Form der Lebensberatung weist, in der die einzigartigen Vorzüge ihrer Ausbildung und ihrer Rolle voll zur Geltung kommen können. Ein solches Modell ist die auf kurze Zeiträume angelegte, strukturierte Herangehensweise, die ich selbst unter dem Namen «Strategic Pastoral Counseling» entwickelt habe.[135]

Seelenführung

Obwohl die Tradition der Seelenführung um Jahrhunderte älter ist als die Psychotherapie und die christliche und pastorale Lebensberatung, ist diese Form der Seelsorge immer noch weniger verbreitet und bei Weitem nicht so gut verstanden. Ob unter dem Namen Jüngerschaft, geistliches Mentoring, geistliche

Freundschaft, Seelenfreundschaft oder Hirtendienst auftretend, das allgemeine Ziel ist immer dasselbe – das geistliche Wachstum zu unterstützen. Dazu gehören meist solche Dinge, wie den Willen Gottes und die Führung seines Geistes erkennen lernen, Wachstum im Gebet und im geistlichen Leben, der Sünde absterben, die Erfahrung der Vergebung Gottes, die Entdeckung und Verwirklichung unseres einzigartigen Selbst in Christus und die Erfahrung der Vereinigung mit Gott. Kurz, christliche Seelenführung hilft Menschen, auf Gottes Ruf zu hören und mit einem Leben des Gebets, des Gehorsams, der Heiligung, des Dienens und der Liebe darauf zu antworten.

Bei der Seelenführung liegt das Hauptaugenmerk nicht auf Ideen, sondern auf Erfahrung. Das heißt, das Ziel ist die Gotteserfahrung selbst, nicht das Entwickeln eines bestimmten Verständnisses dieser Erfahrung. Überdies wird Gotteserfahrung im Sinne einer Beziehung zu Gott verstanden. Seelenführung will also anderen helfen, Gott persönlich zu kennen und ihm zu antworten. Sie will Menschen helfen, ihren Grund in Gott zu finden und von diesem Grund aus ihr Leben zu gestalten.

Da das Gebet ein integraler Bestandteil der christlichen Gotteserfahrung ist, bildet es meist auch einen integralen Bestandteil der Seelenführung. Der Seelenführer ist daran interessiert, die Gebetserfahrung des anderen zu verstehen und zu fördern. Beinhaltet das Gebet eine persönliche Begegnung mit Gott? Hat darin nicht nur das Reden, sondern auch das Zuhören einen Platz? Gibt es darin Ansätze zu dem schlichten, aber zutiefst verwandelnden Genießen der Gemeinschaft mit Gott – zu einem kontemplativen Schauen auf ihn und einer Zwiesprache mit ihm, die über verbale Kommunikation hinausgeht? Mit anderen Worten, schafft das Gebet den Weg vom Kopf zum Herzen?

Seelenführung hat einen einzigartigen Platz im Spektrum christlicher Seelsorgetätigkeiten. Im Gegensatz zur pastoralen Lebensberatung richtet sie das Augenmerk nicht auf einzelne Probleme, sondern auf Wachstum. Im Gegensatz zur christlichen Lebensberatung geht es ihr nicht so sehr ums Verhalten als vielmehr um das innere Leben. Und im Gegensatz zur christlichen Psychotherapie hat der Blick auf das innere Leben nicht in erster Linie psychopathologische Erscheinungen im Fokus, sondern die Gotteserfahrung. Im Kontrast zur pastoralen Lebensberatung und zur Psychotherapie soll Seelenführung als eine Lebensweise dienen, nicht als Problemlösungsressource. Und während Verständnis und Einsicht sowohl in der pastoralen Lebensberatung als auch in der Psychotherapie eine zentrale Rolle spielen, ist die Seelenführung mehr darauf ausgerichtet, den Glauben zu vertiefen, das Bewusstsein für die Gegenwart Gottes zu steigern und das geistliche Wachstum zu fördern.

Befürworter der Seelenführung vertreten die Auffassung, dass jeder Christ einen Seelenführer haben sollte. Seelenführung dient als Schutz vor den Gefahren des spirituellen Individualismus, indem sie eine Rechenschaftsbeziehung bildet. Thomas Merton betonte die Notwendigkeit der Seelenführung und warnte vor den Risiken einer einsamen Spiritualität:

> Der gefährlichste Mensch auf der Welt ist der kontemplative Mensch, der von niemandem geführt wird. Er vertraut auf seine eigenen Visionen. Er gehorcht den Lockungen einer inneren Stimme, will aber nicht auf andere Menschen hören. Er setzt den Willen Gottes mit allem gleich, was in ihm ... ein großes, warmes inneres Glühen verursacht. Je süßer und wärmer das Gefühl, desto überzeugter ist er von seiner eigenen Unfehlbarkeit. ... Die Welt ist übersät von Narben, die solche Visionäre auf ihrer Haut hinterlassen haben.[136]

Alle Christen, nicht nur die kontemplativen, brauchen Seelenführung. Darunter ist nicht die allgemeine, lose Beziehung zwischen Gemeindeglied und Pastor zu verstehen, obwohl natürlich der Pastor eines Gemeindegliedes durchaus sein Seelenführer sein könnte. Gemeint ist auch nicht die häufigere, aber oft etwas harmlose Beziehung der allgemeinen geistlichen Gemeinschaft. Nein, es geht um eine zielgerichtete, persönliche und individuelle Beziehung. Solche Beziehungen kommen meist nicht von selbst zustande. Sie müssen bewusst und mit viel Sorgfalt und Gebet herbeigeführt werden.

Bei der Gestaltung einer solchen Seelenführungsbeziehung besteht viel Raum für individuelle Präferenzen. Neben dem traditionellen Modell, bei dem eine geistlich weniger reife Person sich eine andere sucht, die sie als reifer einschätzt, gibt es auch andere Möglichkeiten, etwa die gegenseitige Führung (bei der zwei Menschen sich darin abwechseln, dem anderen als Führer zu dienen) oder auch die Seelenführung in einer Gruppe. Kleingruppen und Hauskreise, wie sie in christlichen Kreisen immer häufiger anzutreffen sind, können Aspekte einer solchen Seelenführung in der Gruppe beinhalten. Auch Gruppen, die sich zu dem Zweck gegenseitiger geistlicher Rechenschaft bilden, weisen gewisse Ähnlichkeiten damit auf. Allerdings ist der zentrale Aspekt der Seelenführung nicht Gemeinschaft, Bibelstudium oder Rechenschaft, sondern das Erkennen der Führung des Heiligen Geistes und die Förderung des geistlichen Wachstums und der Spiritualität.

Seelenführung ist eine ernsthaft unterentwickelte Komponente im Spektrum der heutigen christlichen Seelsorgeangebote. Viele Christen wissen nicht, was es damit auf sich hat, und diejenigen, die es wissen, haben oft keine Ahnung, wo sie einen qualifizierten Seelenführer finden können.[137] Es sollten viel mehr Christen, die sich auf eine seelsorgerliche Tätigkeit vorbereiten wollen, Seelenführung als mögliche Berufung in Betracht ziehen, und viel mehr Christen, die Seelsorge suchen, sollten sie als ein mögliches Mittel dazu erwägen. Seelenführung ist besonders hilfreich für Menschen, die Lebensberatung oder Psychotherapie in Anspruch nehmen, ohne dass dabei ausdrücklich die spirituellen Implikationen dieser Arbeit aus christlicher Perspektive beleuchtet werden. Ebenso hilfreich ist sie für diejenigen, die eine der anderen christlichen Seelsorgeformen leisten wollen.

Christliche Psychotherapie

Während sich der Begriff *Lebensberatung* auf kurzfristige und problem- oder lösungsorientierte Aktivitäten bezieht, ist mit *Psychotherapie* eine längere Tätigkeit gemeint, die stärker darauf ausgerichtet ist, die Wurzeln der jeweiligen Probleme zu ermitteln und zu behandeln. Zudem wird unter Lebensberatung meist eine vor allem auf Problemlinderung ausgerichtete Tätigkeit verstanden, während die Ziele der Psychotherapie erheblich breiter angelegt sind. Hier geht es darum, das Individuum in seiner emotionalen Freiheit zu stärken und seine seelische Gesundheit zu verbessern. Christliche Psychotherapie lässt sich definieren als Psychotherapie, die von einem Christen geleistet, von einem christlichen Menschenbild geprägt, vom Heiligen Geist geleitet und mit der Absicht durchgeführt wird, das psychospirituelle Wohlergehen und die psychospirituelle Reife des Hilfesuchenden zu steigern.

Christliche Psychotherapie besitzt ein großes Potenzial sowohl für die Seelsorge als auch für die Seelenheilung, vielleicht insbesondere für die Seelenheilung. Leider wird auch hier dieses Potenzial nicht immer ausgeschöpft. Allzu oft gehen christliche Psychotherapeuten bei ihrer Arbeit von einer dualistischen Sicht der Welt und der inneren Natur des Menschen aus. Ein gewisses Bewusstsein dafür, dass psychische und spirituelle Dinge miteinander zusammenhängen, mag bei ihnen vorhanden sein, aber sie konzentrieren sich dennoch oft auf die psychischen Aspekte ihrer Klienten, während die spirituellen nahezu auf der Strecke bleiben. Infolgedessen ist ihre Seelsorge sehr einseitig. Allzu häufig geben sie sich damit zufrieden, ihre Arbeit dadurch christlich zu machen, dass sie einfach selbst versuchen, als Christen zu leben. Sie glauben, viel mehr könnten sie nicht tun, um ihre Psychotherapie zu christianisieren, ohne sie auf christliche Lebensberatung oder auf das Erteilen guter Ratschläge zu reduzieren. Dabei übersehen sie jedoch die Natur der impliziten Spiritualität, die sie durch die intensive Arbeit der Psychotherapie unweigerlich prägen.

Psychotherapie ist viel zu wirkungsvoll, und die Beziehung, die sie beinhaltet, ist viel zu bedeutend, als dass man ihr je zubilligen könnte, spirituell neutral zu sein. Mit Ausnahme seltener präziser und auf ein sehr enges Ziel fokussierter Interventionen, etwa der Verhaltenstherapie eines Ticks, befasst sich Psychotherapie durchweg mit einem so großen Ausschnitt der Persönlichkeit, dass spirituelle Überlegungen dabei unweigerlich ins Spiel kommen. Wir sind immer entweder dabei, spirituell zu wachsen, also sensibler und empfänglicher für den spirituellen Ruf in unserem Leben zu werden, oder spirituell abzusterben. In Zeiten der Krisen oder Übergänge in unserem Leben sind die Möglichkeiten für eine spirituelle Bewegung in die eine oder andere Richtung besonders groß. Das ist umso mehr der Fall, wenn wir uns in diesen Zeiten von einem Psychotherapeuten unterstützen lassen und anfangen, auf die Botschaften aus unserem inneren Selbst zu hören. Darum ist Psychotherapie unweigerlich ein spiritueller Prozess. Die einzige Frage ist, ob die Spiritualität, von der er geprägt ist, christlich ist oder nicht.

Psychotherapie als einen spirituellen Prozess zu bezeichnen, bedeutet nicht, sie auf religiöse Unterweisung zu reduzieren oder mit Seelenführung gleichzusetzen. Psychotherapie setzt sich aus psychologischer Perspektive mit Dingen des inneren Lebens auseinander. Dasselbe gilt für christliche Psychotherapie, mit dem Unterschied, dass diese die spirituelle Bedeutung dieser Dinge erkennt und sich ihnen aus einer christlichen Perspektive nähert. Auch wenn in der Psychotherapie explizit spirituelle oder religiöse Dinge zur Sprache kommen, werden sie anders behandelt als in der pastoralen Lebensberatung oder in der Seelenführung. Der Fokus bleibt auf der Erfahrung der Person. Ist zum Beispiel Gott das Gesprächsthema, so sollte ein christlicher Psychotherapeut sein Augenmerk weiter auf die Gotteserfahrung seines Gegenübers richten. Wie wird Gott verstanden? Welche Gottesbilder liegen vor, und wie verhalten sich diese zu den inneren Repräsentanten der Eltern und anderer Bezugspersonen aus der Kindheit? Weil Menschen ganzheitliche psychospirituelle Wesen sind, werden ihre Beziehungen zu Gott, zu sich selbst und zu anderen Menschen alle durch dieselben inneren psychischen Prozesse vermittelt. Diese Prozesse sind das ureigenste Gebiet der Psychotherapie. Sie sind es demnach, womit christliche wie nicht christliche Psychotherapeuten sich befassen sollten.

Um die Unterschiede zwischen Psychotherapie und anderen Herangehensweisen an die Seelsorge zu verstehen, müssen wir uns auch die Grenzen der Psychotherapie bewusst machen. Psychotherapie kann Menschen zu einer Bereitschaft zum spirituellen Wachstum führen und ihnen sogar helfen, bedeutende Schritte auf Gott hin zu machen. Die Botschaft des christlichen Evangeliums jedoch ist, dass die Neugeburt auf dem Vertrauen in das Erlösungswerk Christi beruht, nicht auf irgendwelchen Einsichten oder auf einer verbesserten emotionalen Gesundheit. Ein christlicher Psychotherapeut drückt diesen Gedanken so aus:

> Während das Bedürfnis nach Endgültigkeit im Prozess der Psychotherapie zwar zutage treten kann, ... ist Rechtfertigung dort gewiss nicht impliziert. Die Reise durch die Tiefen bietet keine Garantie für die Errettung. Obwohl sie oft die paradoxe Wirkung hat, den Menschen zu einem Bewusstsein für Transzendenz und Endgültigkeit zu führen, ... identifiziert sie nicht die Beziehung zu Gott als das endgültige Bedürfnis des Menschen, und sie konfrontiert den Menschen auch nicht mit der Notwendigkeit des Sündenbekenntnisses oder der Annahme des Erlösungswerkes Christi.[138]

Im besten Fall kombiniert christliche Psychotherapie die spirituellen Ressourcen des christlichen Lebens mit den psychologischen Ressourcen der Tiefenpsychologie, um eine gründliche, tief greifende Wiederherstellung psychospirituell geschädigter Seelen zu bewirken. Solche Schäden zeigen sich grundsätzlich in einem Freiheitsverlust, also in irgendeiner Form von Gebundenheit der Emotionen, des Willens, der Erkenntnisfähigkeit oder des Verhaltens.

Ein Zeichen für einen solchen Freiheitsverlust ist es, wenn wir immer wieder etwas tun, was wir lieber nicht tun würden, oder unfähig sind, zu tun, was wir gern tun möchten. Andere Hinweise sind die Unfähigkeit zu tiefer Liebe oder Nähe, chronischer Zorn oder chronisches Misstrauen, die Neigung zu übermäßiger Kontrolle über sich selbst oder andere, die Unfähigkeit zu tiefen, dauerhaften Bindungen oder die Gebundenheit durch das irrationale Bedürfnis, anderen zu gefallen und von ihnen geliebt zu werden. Dies sind die Unfreiheiten des Geistes, für die die Psychotherapie auf einzigartige Weise zuständig ist.

Intensivseelsorge
In einem früheren Buch habe ich die Auffassung vertreten, christliche Psychotherapie und Seelenführung seien in ihren Rollenanforderungen und ihrem Fokus so unterschiedlich, dass sie sich nicht miteinander verbinden ließen.[139] In dieser Schlussfolgerung bestärkte mich auch die Tatsache, dass nur so wenige Leute in der Lage sind, beides anzubieten.

Seit jener Zeit bin ich Leuten begegnet, die diese beiden Formen der Seelsorge effektiv miteinander kombiniert haben, und ich habe auch selbst schon eine Kombination aus beiden angeboten. Infolge dieser Erfahrungen habe ich meine Meinung zu der Frage geändert, ob Psychotherapie und Seelenführung in einem inneren Widerspruch zueinander stehen oder ob uns lediglich Modelle und Erfahrungen mit ihrer Kombination fehlen. Heute bin ich überzeugt, dass Letzteres der Fall ist. Inzwischen existieren mindestens zwei Modelle: ein sehr ausführlich entwickeltes, das Bernard Tyrrell als *Christotherapie*[140] bezeichnet, *und ein weniger gut formuliertes, das ich angeboten und als eine* Intensivseelsorge-Einkehr *beschrieben habe.*

Intensivseelsorge geht davon aus, dass die Trennung der Aufgaben der Seelsorge und der Seelenheilung ebenso willkürlich wie unnötig ist, wenn man genügend Zeit, Intensität und Zielstrebigkeit in die Bemühungen investieren kann. Außerdem legt sie nahe, dass keine Notwendigkeit besteht, zwischen dem psychologischen Fokus der christlichen Psychotherapie und dem spirituellen Fokus der Seelenführung zu wählen. Bei einer Herangehensweise, die spirituelle Übungen und Ressourcen mit psychotherapeutischen Einsichten und Techniken verbindet, passen beide ganz natürlich zusammen. Ziel einer solchen Intensivseelsorge ist die Behebung psychospiritueller Kernprobleme, die die lebendige Begegnung mit anderen und mit Gott und das Gedeihen der christlichen Spiritualität beeinträchtigen.

Den Rahmen der Christotherapie Tyrrells bilden die Exerzitien des Ignatius. In Anlehnung an die vier Stadien oder Wochen dieser Exerzitien benennt Tyrrell vier Stadien der Christotherapie:

1. *Reformation* beinhaltet eine Demaskierung der psychospirituellen Deformierung der Person, die sich aus der Sünde ergibt, und die Schaffung des Bewusstseins, dass sie die erlösende Gnade Christi braucht. Nach Tyrrell sollten das Bewusstsein, wer wir vor Gott sind, und die Realität unserer Rebellion gegen ihn zur Buße führen. Dies ist der Beginn allen echten psychospirituellen Wachstums.
2. *Konformation* ist die aktive Hinwendung zu Christus, die auf die Abwendung von der Sünde folgen muss. Hier ist das Ziel, das Selbst dem Geist Christi konform zu machen und so eine neue Herzens- und Geisteshaltung herbeizuführen, die es einem Menschen ermöglicht, in der Liebe zu Gott zu wachsen.
3. *Konfirmation* bezeichnet die Bestätigung unseres Gestorbenseins für die Sünde und unseres Lebens als Neuschöpfung in Christus. Hier wird die ursprüngliche Abkehr von der Sünde dadurch bekräftigt, dass wir uns in den Tod Christi getauft und somit in ihm zum Leben erweckt wissen.
4. *Transformation* bezeichnet unsere Bewegung von der Identifikation mit Christus in seinem Tod hin zur Kontemplation

seiner selbst in seiner Herrlichkeit. Dadurch befähigt uns der Heilige Geist, uns noch vollständiger Christus zuzuwenden und so in sein Bild umgestaltet zu werden.

Innerhalb dieses übergreifenden Rahmens des geistlichen Wachstums verwendet Tyrrell eine Reihe psychotherapeutischer Techniken und geistlicher Übungen, um das Wachstum des Seelsorge-Suchenden zu unterstützen.

Die Intensivseelsorge-Einkehr, die ich entwickelt habe, bedient sich ebenfalls der Quellen und der Herangehensweise der klassischen spirituellen Einkehr und baut darin ausgewählte Techniken aus der psychotherapeutischen Arbeit ein. Einige Elemente sind auch aus dem Modell der intensiven existenziellen Psychotherapie entlehnt, die von John Finch entwickelt wurde und von der in Kapitel 4 kurz die Rede war.

Der übergreifende Rahmen, in dem die Intensivseelsorge-Einkehr stattfindet, ist das Modell der christlichen Spiritualität, das in Kapitel 5 entwickelt wurde. Die Komponenten, an denen am intensivsten gearbeitet wird, sind:

- die tiefe Erkenntnis Jesu und durch ihn des Vaters und des Heiligen Geistes
- die tiefe Erkenntnis des eigenen Selbst einschließlich der Identifizierung der falschen Selbstbilder, die unsere Reaktion auf Gott behindern und unsere Egozentrizität zementieren
- die Entdeckung und Verwirklichung unseres wahren Selbst in Christus

Je nach der Länge der Einkehr und der psychospirituellen Gesundheit des Individuums können all diese Ziele mit mehr oder weniger Fortschritt erreicht werden. Jede Einkehr jedoch wird durch die Arbeit an allen drei Hauptzielen strukturiert.

Eine Einkehr findet normalerweise auf individueller Basis statt, obwohl auch bei einer Gruppeneinkehr oft dieselben Ziele erreicht werden können. In beiden Fällen kann die Dauer von

9. Formen christlicher Seelsorge

einem Wochenende bis zu drei Wochen betragen. Zwei bis drei Wochen sind ideal; manchmal jedoch müssen sie in eine Reihe kürzerer Einkehrzeiten aufgeteilt werden. Der ersten Einkehr geht mindestens ein Monat voraus, in dem die Person unter Anleitung einen autobiografischen Essay verfasst, ein regelmäßiges Journal führt, Traumberichte festhält und eine Anzahl psychologischer Tests absolviert. Diese Materialien werden alle vor Beginn der Einkehrzeit eingereicht und bearbeitet. Die Einkehr selbst beginnt mit einer Identifizierung der wichtigen spirituellen und psychischen Bedürfnisse des Individuums und der Entwicklung eines vorläufigen Plans, wie die Zeit genutzt werden soll.

Während der Einkehr verzichtet die Person auf Dinge wie Drogen und Alkohol, Sex, Stimulation durch Fernsehen, Interaktionen oder Gespräche mit anderen Personen außer dem Einkehrleiter. Auch Ablenkungen durch Arbeit, Reisen, Telefonate und andere Alltagsaufgaben werden abgestellt. Von der Bibel und Andachtsliteratur abgesehen, beschränkt sich das Lesen auf Materialien, die die vorgenommene Seelenarbeit unterstützen. Die Lesevorschläge sind individuell verschieden und stammen aus der christlichen psychologischen und erbaulichen Literatur. Sie werden im Lauf der Einkehrzeit an passenden Punkten eingeführt.

Zur Routine der Einkehr gehören auch Anregungen für die Meditation und strukturierte Bibelarbeiten. Ein bis zwei Stunden am Tag verbringt man im Dialog mit dem Einkehrleiter. Bewegung, Mahlzeiten und Schlaf sind die einzigen Unterbrechungen im Tagesablauf, der ansonsten mit Meditation, Gebet, Reflexion und Journalschreiben angefüllt ist. Bei mehrwöchigen Einkehrzeiten stehen die Wochenenden dem Individuum zur freien Verfügung.

Es dürfte kaum überraschen, dass dieses Format eine einzigartige Möglichkeit zu psychospiritueller Heilung und psychospirituellem Wachstum bietet. Die Freiheit von Ablenkungen erlaubt es den Leuten, sich mit ihren Problemen auf eine Weise auseinanderzusetzen, wie es innerhalb der Routine und der Belastungen des Alltags nicht möglich wäre. Probleme, die bei vorherigen psychotherapeutischen Bemühungen nicht in den Griff zu bekommen waren, können in einem solchen Rahmen oft erfolgreich bearbeitet werden. Zudem bietet die tiefe Begegnung sowohl mit dem eigenen Selbst als auch mit Gott, die dabei zustande kommt, reichhaltige Möglichkeiten für deutliche Schritte in Richtung Heil-Sein.[141]

Intensivseelsorge-Einkehrzeiten sind kein Allheilmittel für alle Probleme. Sie bieten auch keine Garantie für psychospirituelle Gesundheit und Reife. Meist ist es am Ende der Einkehr so, dass die Zeit als nicht ausreichend beurteilt wird und die Zahl der verbleibenden Probleme immer noch weitaus größer ist als die der gelösten. Dennoch bieten solche Einkehrzeiten die Möglichkeit einer integrierten Seelenarbeit, die den spirituellen und psychischen Aspekten des Lebens die gleiche Aufmerksamkeit zuwendet. Zusammen mit den Bemühungen der wachsenden Zahl derer, die christliche Psychotherapie und Seelenführung miteinander zu verbinden versuchen, stellen sie eine wichtige Form christlicher Seelsorge dar.

Das Spektrum christlicher Seelsorge

Die heutige christliche Seelsorge befindet sich in einem fragmentierten Zustand. Vertreter der verschiedenen Richtungen reden selten miteinander, und über Möglichkeiten zur Zusammenarbeit denken sie im Allgemeinen nicht nach. Dass Klienten zwischen den einzelnen Gruppen weitervermittelt werden, kommt zwar vor, aber die Richtung ist meist aufwärts auf der Hierarchieleiter. So sind Psychotherapeuten es gewohnt, dass Leute von Geistlichen zu ihnen geschickt werden, aber sie verweisen selten ihre Klienten an Geistliche. Das ist sehr bedauerlich. Es scheint auf der fälschlichen Annahme zu beruhen, manche Formen der Seelsorge seien anderen von vornherein überlegen, so dass die Unterlegenen durch die Präsenz der Überlegenen überflüssig würden.

9. Formen christlicher Seelsorge

Dabei hat jede Form christlicher Seelsorge ihre charakteristischen Merkmale, Vorzüge und Grenzen. Während manche Beziehungen (insbesondere Lebensberatung und Psychotherapie) vor allem auf die Heilung geschädigter Seelen ausgerichtet sind, zielen andere (pastoraler Dienst und Seelenführung) darauf ab, Menschen zu geistlichem Wachstum zu verhelfen. Nur die Intensivseelsorge versucht regelmäßig, diese beiden Ziele miteinander zu verbinden, aber bisher wird sie nur von einer kleinen Zahl von Seelsorgern praktiziert.

Christliche Psychotherapeuten stehen zwar reichlich zur Verfügung, doch meist fordern sie Honorare, die für viele Menschen unerschwinglich sind. Seelenführer berechnen selten ein Entgelt für ihren Dienst, aber es gibt relativ wenige von ihnen, und sie sind oft schwer ausfindig zu machen. Christliche Lebensberater (Geistliche ebenso wie Laien) sind recht zahlreich und bilden das Rückgrat des größten Teils der professionellen christlichen Seelsorge, die angeboten wird. Pastorale Dienste stehen einer noch größeren Zahl von Menschen zur Verfügung, doch wegen ihres niedrigen Intensitätslevels sind diese Beziehungen eher auf Unterstützung als auf Veränderung ausgerichtet. Gegenseitige und familiäre Seelsorge sind fraglos die Seelsorgeformen mit der höchsten Verfügbarkeit. Freilich übersteigen die Bedürfnisse, die in diesen Beziehungen an Seelenfreunde herangetragen werden, oft deren Befähigung.

Die verschiedenen Formen christlicher Seelsorge ergänzen einander. Keine davon kann alles leisten, und keine ist den anderen überlegen. An die Stelle der Konkurrenz sollte die Kooperation treten. Jede Form sollte begrüßt und nutzbar gemacht werden, wenn Kirchen und Gemeinden der Seelsorge wieder den ihr gebührenden zentralen Platz in ihrem Leben und ihrer Mission geben wollen.

10. Herausforderungen christlicher Seelsorge

Es gibt keine höhere Berufung als die zur Seelsorge. Was könnte wichtiger sein, als dass Eltern die Förderung des inneren Lebens ihrer Kinder zu ihrem Lebensauftrag machen und ihnen helfen, zu starken, widerstandsfähigen und lebensfrohen Menschen heranzuwachsen? Oder was könnte wichtiger sein, als dass Freunde, Lehrer, Mediziner, und Geistliche die Fürsorge für das innere Leben derer, mit denen sie persönlich und beruflich zu tun haben, als Teil ihrer Berufung sehen?

Henrik Ibsen beweist sein Verständnis der gewaltigen Bedeutung der seelsorgerlichen Berufung durch die Worte des Solness, der Hauptfigur in seinem Stück *Baumeister Solness*. Im zweiten Akt spricht Solness mit seiner jungen Bekannten Hilde über seine Berufung als Baumeister. Dabei kommt er auf seine Frau Aline zu sprechen, von der Hilde und das Publikum bisher nicht geahnt haben, dass sie eine Berufung haben oder ihr Leben von einer Berufung geleitet sein könnte.

Solness: Aline – die hatte auch ihre Anlagen zum Bauen.
Hilde: Sie? Zum Bauen?
Solness: Keine Häuser und Türme und Pfeiler – nichts von dem, was ich selber treibe –
Hilde: Nun, aber *was* denn?
Solness: Kleine Kinderseelen aufzubauen, Hilde. Kinderseelen aufzubauen, so dass sie groß werden in Gleichgewicht und in schönen edlen Formen. Sodass sie sich erheben zu geraden erwachsenen Menschenseelen. *Das* war's, wozu Aline Anlagen hatte.[142]

Aline war eine Seelen-Baumeisterin. Während ihr Mann seine Berufung darin sah, Dinge zu machen, verstand sie ihre so, dass sie Seelen formte. Leider scheinen viel mehr Menschen die Berufung von Solness zu haben als die von Aline. Es ist ja auch viel leichter, Dinge zu bauen als Menschen. Es ist viel leichter, Fortschritte zu sehen und zu wissen, was funktioniert und was nicht, wenn wir die greifbare Aufgabe haben, Dinge zu machen. Dinge widersetzen sich nicht unserem hilfreichen Eingreifen, wie Menschen es oft tun. Mit Seelen umzugehen, ist fraglos eine viel schwierigere Aufgabe, als mit Dingen umzugehen.

Was aber ist wichtiger – Seelen oder Dinge? Hören Sie auf die bekannten Worte Jesu: «Was hülfe es dem Menschen, wenn er die ganze Welt gewönne und nähme doch Schaden an seiner Seele?» (Matthäus 16,26; Luther). In Gottes Ökonomie sind Menschen mehr wert als Dinge – unendlich viel mehr. In Gottes Reich kann es keine höhere Berufung geben, als sich um Menschen zu kümmern, deren Wert für immer darin festgeschrieben ist, dass sie nach seinem Bild erschaffen und durch den Tod seines einzigen Sohnes erlöst worden sind.

Qualifikationen für christliche Seelsorge

Wer ist für diese Berufung qualifiziert? Wer ist fähig, nicht nur für seine eigene Seele zu sorgen, sondern auch für die Seelen anderer? Streng genommen, kann nichts einen Menschen dafür qualifizieren, Gottes Ruf zu erhalten, außer dem Ruf selbst. Gott beruft, wen er will, und er rüstet aus, wen er beruft. Gott sieht das Herz an, nicht das Äußere, und deshalb ist sein Ruf oft überraschend. Niemand rechnete damit, dass Samuel David als Gottes gesalbten König auswählen würde, am wenigsten Davids eigene Familie, die ihn als möglichen Kandidaten völlig übersehen hatte. Genauso ist es mit der Berufung in die Seelsorge.

Dennoch lassen sich einige allgemeine Aussagen darüber machen, welche Art von Leuten sich Gedanken darüber machen sollte, ob Seelsorge Gottes Berufung für sie sein könnte. Die folgenden sieben Merkmale sind Ideale für diejenigen, die Gott als Seelsorger dienen wollen.

1. *Wer Seelsorge betreiben möchte, sollte eine tiefe, echte Liebe zu den Menschen haben.* Es ist ein schrecklicher Gedanke, dass jemand aus einem anderen Grund als einer tiefen Liebe zu den Menschen beschließen könnte, sich um die Seelen anderer zu kümmern. Aber es ist offensichtlich so, dass manche Leute, denen eigentlich nicht viel an Menschen liegt, sich dennoch einen Beruf aussuchen, in dem sie sich um Menschen kümmern müssen.

Sich um Menschen kümmern heißt, sich um ganz gewöhnliche Menschen kümmern. Ein Seelsorger sollte jemand sein, der seine Freude an den gewöhnlichen Menschen dieser Welt hat, nicht nur an denen, die intelligent oder interessant sind oder irgendetwas Besonderes an sich haben, weshalb es sich lohnen könnte, sich in sie zu investieren. Thomas Oden sagt dazu: «Weder analytisches Geschick noch theoretisches Wissen können etwas Positives ausrichten, wenn dahinter kein echtes, barmherziges Anliegen für andere steckt.»[143]

Sich um Seelen kümmern heißt lieben lernen. Diejenigen, die sich um die Seelen anderer kümmern, und diejenigen, die solche Fürsorge empfangen, begegnen einander in einer Liebesbeziehung. In seinem Buch *Soul Making* schreibt Alan Jones, Seelsorge heiße, Leuten zu helfen, menschlich zu werden, und der Kern dessen sei das Erlernen der Liebe. Weiter sagt er: «Wir sind insofern mehr oder weniger menschlich, als wir in der Schule der Liebe sind.»[144] Wenn Seelsorger in der Schule der Liebe unterrichten sollen, müssen sie selbst auch Schüler in dieser Schule sein. Das Vorhandensein tiefer Liebe zu gewöhnlichen Menschen und insbesondere das Vorhandensein des Verlangens, diese Liebe noch weiterzuentwickeln, kennzeichnen das erste Ideal des Seelsorgers.

Sich um Menschen kümmern heißt auch, sich um sie zu kümmern, so wie sie sind. Die Liebe zum anderen ist nicht echt, wenn es eine Liebe zu der Person ist, die der andere sein sollte. Das ist Liebe mit Vorbedingungen. Die Liebe, die in der christlichen Seelsorge erforderlich ist, ist eine Liebe, die nach nichts weniger als dem besten und erfülltesten Leben für den anderen verlangt und ihn gleichzeitig bedingungslos akzeptiert, so wie er ist, auch wenn er sich niemals auch nur im Geringsten ändert. Alles andere mag aussehen wie Liebe, ist aber nur Manipulation. Christliche Seelsorge sagt sich durch bedingungslose Liebe von all solcher Manipulation los.

2. *Seelsorger sollten Leute sein, die vertrauenswürdig und fähig sind, anderen zu vertrauen.* Es gibt keinen seelsorgerlichen Dialog ohne ein tiefes Mitteilen des eigenen Selbst, und das ist nur in einem Klima des Vertrauens möglich. Seelsorger sind Leute, die von anderen als vertrauenswürdig erkannt werden. Überdies werden sie erkannt als sichere, verlässliche Empfänger, denen man das Geschenk des eigenen Selbst anvertrauen kann. Ohne solches Vertrauen ist Seelsorge unmöglich.

Christen, die Seelsorge anbieten, brauchen Vertrauen sowohl zu Gott als auch zu denen, um die sie sich kümmern. Vertrauen zu Gott ist unerlässlich, weil alles Wachstum und alle Heilung von ihm kommen. Gottes Geist ist die höchste Quelle der Hilfe und der höchste Wegweiser zur Wahrheit. Ohne tiefes Vertrauen zu Gott kann der Seelsorger dieses Vertrauen nur in sich selbst setzen. Das ist eine Haltung der Arroganz und ein Vorbote des Burn-outs. Zudem muss der Seelsorger auch der Person vertrauen, die bei ihm Hilfe sucht. Er muss dieser Person zutrauen, dass ihre Suche aufrichtig ist, und er muss ihr als Gefährten auf der bevorstehenden Reise vertrauen.

Schließlich müssen Seelsorger auch selbst vertrauenswürdig sein. Das bedeutet unter anderem, dass sie über Vertrauliches Stillschweigen bewahren, dass sie der Versuchung widerstehen, die Beziehung zu eigennützigen Zwecken oder irgendwelchen anderen Zielen als dem Wohl des anderen auszunutzen, und dass sie keinerlei Manipulation oder Zwang anwenden, um diese Ziele zu erreichen.

3. *Seelsorger sollten geistlich und seelisch gereift sein.* Christen, die sich um die Seelen anderer kümmern, sollten Menschen mit hoher psychospiritueller Reife sein. Dazu gehört:

- dass sie keine Angst vor starken Emotionen haben und schmerzliche Erfahrungen bei sich selbst und anderen tolerieren können
- dass sie eine gut entwickelte Fähigkeit zur Empathie besitzen, die niemals die Erfahrung des anderen mit der eigenen Erfahrung verwechselt
- dass sie ein solides Selbstvertrauen haben
- dass sie relativ frei von dem Bedürfnis sind, von denen, denen sie zu helfen versuchen, geliebt (oder auch nur gemocht) zu werden
- dass sie in der Lage sind, aus ihrer eigenen Erfahrung ebenso wie aus der Erfahrung anderer zu lernen

Weitere persönliche Merkmale sollten sein:

- eine tiefe und immer tiefer werdende Erkenntnis sowohl Gottes als auch ihrer selbst
- persönliche Heiligung
- ein aus der Liebe Gottes entspringendes Verlangen danach, zu dienen
- die Fähigkeit zur produktiven Nutzung des Alleinseins
- gut entwickelte Gebetsgewohnheiten
- ein beständiges Bewusstsein der Gegenwart Gottes
- eine zunehmende Kenntnis der Bibel und die Orientierung daran als maßgeblicher Richtschnur für das Leben und Verhalten

Solche Reife erlangt man nicht über Nacht. Sie erwächst nur aus dem fruchtbaren Boden der Lebenserfahrung. Gereifte Menschen haben gute und schlechte Zeiten, Erfolge und Misserfolge, Mühelosigkeit und schwere Kämpfe, Sünde und Vergebung,

Hoffnung und Verzweiflung erlebt. Da sie all dem schon begegnet sind, sind psychospirituell gereifte Menschen mit sich selbst und mit dem Leben ziemlich im Reinen. Sie fürchten sich auch nicht sehr vor dem Leben, sondern akzeptieren es mit all seiner Dunkelheit, seinem Mysterium, seiner Vieldeutigkeit und seiner Unbeherrschbarkeit.

Seelsorger können andere nicht weiter als bis zu dem Grad psychospiritueller Reife führen, den sie selbst erlangt haben. Wo persönliche Gesundheit und Reife fehlen, kommt Seelsorge der Situation gleich, in der einer mit einem Balken im Auge einem anderen zu helfen versucht, einen Splitter aus dessen Auge herauszuholen. Wer das versuchen möchte, sollte sich an die ernüchternden Worte Jesu erinnern, der die Warnung aussprach: Wenn ein Blinder einen Blinden zu führen versucht, laufen beide Gefahr, in eine Grube zu fallen (Matthäus 15,14). Seelsorger können andere nur an Orte führen, an denen sie sich selbst regelmäßig aufhalten.

4. *Seelsorger sollten durch Echtheit, Ehrlichkeit, menschliche Zugänglichkeit, innere Stimmigkeit und Offenheit gekennzeichnet sein.* Sie sollten fähig sein, sich selbst den anderen auf unaffektierte, natürliche Weise zur Verfügung zu stellen und unverkrampft und freundlich mit ihnen umzugehen. Das bedeutet, dass sie auf andere zugänglich und präsent wirken. Sie machen einen «kraftvollen Eindruck persönlicher Verfügbarkeit», wie es einmal genannt wurde.[145] Sie bringen ihr Selbst in zwischenmenschliche Begegnungen ein und sind bereit, es auf ehrliche und unmittelbare Weise zu teilen, was zur offenen Begegnung und zum Dialog einlädt. Auf andere wirken sie authentisch – Verpackung und Inhalt stimmen überein.

Seelsorger müssen fähig sein, als echte Menschen auf andere zuzugehen, nicht wie Schauspieler, die sich hinter einer Rolle verstecken, oder Techniker, die sich hinter ihren Werkzeugen verschanzen. Das bedeutet, dass sie sich selbst in die Begegnung mit denen einbringen, um die sie sich kümmern, nicht nur ihre

Gedanken, ihre Weisheit, ihre Fähigkeit zum Zuhören oder ihren Wunsch zu helfen. Sie wissen, dass ihr eigenes Selbst das Wichtigste ist, was sie weiterzugeben haben. Wenn sie kein Selbst haben, das sie mit anderen teilen könnten, oder nicht bereit oder fähig dazu sind, haben sie gar nichts. Die Menschen, die am besten für die Seelsorgearbeit gerüstet sind, teilen sich selbst anderen regelmäßig auf einnehmende, direkte und ehrliche Weise mit. Darum wirken sie auf andere authentisch und zugänglich.

5. *Seelsorger sollten mit der Gnade Gottes aus Erfahrung zutiefst vertraut sein.* Ohne diese Vertrautheit mit der Gnade Gottes könnte ein Seelsorger seine Arbeit nur aus einer Position der Selbstrechtfertigung und Werkgerechtigkeit heraus tun. Außerdem wird er dazu neigen, unrealistische Erwartungen an andere zu haben und wenig vergebungsbereit und übermäßig starr zu sein. Nur wer die zentrale Rolle der Gnade im christlichen Glauben gründlich erfasst hat, kann hoffen, von diesen Dingen frei zu sein. Wer als Seelsorger dies nicht persönlich als wahr erfahren hat, wird unweigerlich versuchen, anderen seine eigene gnadenlose Spiritualität einzutrichtern.

Christen, die sich um die Seelen anderer kümmern, müssen Menschen sein, die eng vertraut sind mit dem Gott, der Sünder liebt, Versager erlöst und gern zweite Chancen und Neuanfänge schenkt. Dies ist der Gott, der nie müde wird, nach verlorenen Schafen zu suchen, auf verlorene Kinder zu warten oder denen zu helfen, die von der Welt zu Boden geschlagen und am Straßenrand liegen gelassen wurden. Wer diesem Gott nachfolgen möchte, indem er sich seiner Kinder annimmt, muss sich seine Herzenshaltung aneignen und seine Fürsorge durch seinen Geist betreiben.

6. *Seelsorger sollten von dem tiefen Glauben geprägt sein, dass das Licht die Finsternis überwinden wird.* Letzten Endes richtet sich der Glaube eines Seelsorgers natürlich auf Gott. Ein für die Seelsor-

gearbeitet wichtiger Aspekt dieses Glaubens ist aber die feste Zuversicht, dass am Ende das Licht die Finsternis überwinden wird.

Das bedeutet, dass christliche Seelsorger als Leute, die ihre eigenen dunklen Nächte der Seele durchlebt haben, ein stilles, aber stetiges Vertrauen haben, dass Gott auch andere durch ihre dunklen Nächte hindurchbringen wird. Nachdem sie selbst Ängste, Sorgen, Finsternis und Dämonen kennengelernt und die Befreiung von ihnen durch Gott erlebt haben, sind sie gewiss, dass Gott dasselbe auch für andere tun wird. Infolgedessen haben sie «weniger Angst vor wirklichen Menschen und vor den dunkleren Seiten wirklicher Menschen, weil sie einen Gott erlebt haben, der wirkliche Menschen wie sie selbst mit all ihren Ecken und Kanten liebt und errettet».[146]

Dieser Glaube, dass das Licht letzten Endes die Finsternis überwinden wird, gibt dem Seelsorger die Fähigkeit, sich auf den Schmerz, die Not oder die Ängste anderer einzulassen, ohne unbedingt alle Probleme reparieren zu müssen. Solche Leute sind bereit, Finsternis und Vieldeutigkeit auszuhalten, weil sie glauben, dass das höchste Gut nur aus Kämpfen inmitten von Ungewissheit und Verwirrung entsteht. Deshalb sind sie zufrieden damit, in solchen Situationen an der Seite anderer zu sein, ohne unbedingt die Person oder die Situation verändern zu müssen. Und genau das ist es natürlich, was vor allem nötig ist – die Gegenwart eines Menschen, der mitten in ihrer Situation bei ihnen ist und ihnen dadurch die Gnade Gottes vermittelt, der auch bei ihnen ist.

7. Seelsorger sollten über Weisheit und Demut verfügen. Wer Seelsorge anbieten will, sollte sowohl weise als auch demütig sein. Seine Weisheit wird sich in seiner Anpassungsfähigkeit, Flexibilität, Sensibilität und in der Fähigkeit zeigen, Worte zu sagen, die zu dem Bedürfnis und Anlass passen. Er muss bereit sein, einen Ratschlag zu geben, aber das tut er «sparsam, hauptsächlich auf Einladung und mit hohem Respekt vor dem Gewissen und der Fähigkeit der anderen Person, sich selbst zu leiten».[147] Er kann Schweigen aushalten und hört mehr zu, als dass er redet. Wenn er jedoch etwas sagt, spiegeln seine Worte gutes Urteilsvermögen und Weisheit wider.

Die Demut des Seelsorgers spiegelt sich in seiner Zurückhaltung, anderen zu sagen, wie sie ihr Leben führen sollen, oder davon auszugehen, dass das, was bei ihm selbst funktioniert hat, auch bei anderen funktionieren wird. Sie zeigt sich auch im Verzicht auf dogmatisches Festhalten an seinen Ideen und im Verzicht auf das Erzeugen von Schuldgefühlen, wenn die andere Person seinen Rat ignoriert oder ihr Leben nach einem anderen Plan führt.

Wer ist in der Lage, all das zu sein und zu tun? Die Antwort lautet: «Niemand, zumindest nicht aus eigener Kraft.» Thomas Oden ruft uns in Erinnerung: «Nur in der Gemeinschaft der Gnade, in der man Kräfte jenseits der eigenen Quellen anzapft, ist Weisheit für diese Aufgabe zu finden.»[148] Nur durch eine eingeübte Abhängigkeit vom Heiligen Geist, dem wahren und einzig qualifizierten Seelsorger, kann irgendein Mensch hoffen, auf den Ruf Gottes hin für andere Seelen sorgen zu können.

Diese Ideale bedeuten nicht, dass Seelsorger perfekte Menschen sind. Sie haben ihre blinden Flecken wie jeder andere auch. Bisweilen betrügen sie sich selbst und haben Hintergedanken. Ihre Selbsterkenntnis ist unvollkommen, und gelegentlich lassen eigene Interessen sie blind sein für die Bedürfnisse anderer. Mit anderen Worten, sie sind Menschen. Aber sie wachsen, und dieses Wachstum haben sie sich schon seit einiger Zeit zur Gewohnheit gemacht. Vor allem das ist es, woran zu erkennen ist, dass sie für die Aufgabe der Seelsorge bereit sind.

Anforderungen an christliche Seelsorge

Wenige Berufungen bringen so hohe Anforderungen mit sich wie die Seelsorge. Doch das ist, wenn überhaupt, nur den wenigsten klar, wenn sie erstmals eine solche Aufgabe übernehmen. Sie sind hoch motiviert durch die Aussicht auf die Befriedigung, sich intensiv auf andere und die wichtigen Fragen ihres Lebens einzulassen, doch das Bewusstsein für die enormen Anforderungen dieser Arbeit beschränkt sich oft auf solche Dinge wie die Schwierigkeit des Zuhörens. In Wirklichkeit gehen die Anforderungen an die Seelsorge weit darüber hinaus. Sie betreffen viel mehr unser Sein als unser Tun.

1. *Seelsorge verlangt Wahrhaftigkeit.* Oberflächlich betrachtet, scheint sich dahinter nur die schlichte Forderung zu verbergen, nicht zu lügen. Aber die Wahrheit sagen ist nur eine Form, in der sich die tiefe innere Verpflichtung ausdrückt, die Wahrheit zu suchen und zu leben, und diese ist es, die von einem Seelsorger gefordert wird. Ausgehend von der durchdringenden Weisheit der Worte Jesu, dass es die Wahrheit ist, die uns frei macht, versuchen christliche Seelsorger ein Leben zu führen, das in der Wahrheit zentriert und gegründet ist. Das bedeutet unter anderem, dass sie sich von jeder Täuschung gegenüber sich selbst oder anderen lossagen. Im Bewusstsein, wie leicht es ist, auf die Lügen unserer eigenen Rationalisierungen hereinzufallen, verpflichten sie sich zu einem Leben in Wahrheit.

Wer den enormen Erfindungsreichtum menschlicher Rationalisierungen und unsere anscheinend grenzenlose Fähigkeit zur Selbsttäuschung unterschätzt, kann allenfalls die ersten, unsicheren Schritte hin zu diesem Ziel eines Lebens in Wahrheit tun. Doch die Verpflichtung, in der Wahrheit zu leben, ist grundlegend für die Seelsorgearbeit, und wer nicht in der Wahrheit lebt, kann auch andere nicht wirklich zu einem Leben in Wahrheit führen. Natürlich gehen Christen davon aus, dass diese Wahrheit nur in Jesus Christus zu finden ist, der die menschgewordene Wahrheit ist. Es ist eine traurige, aber unübersehbare Tatsache, dass nicht alle Nachfolger Christi dadurch gekennzeichnet sind, dass sie Wahrheit suchen und leben.

Zum Leben in Wahrheit gehört auch die Anforderung, zu sein und nicht nur zu scheinen. Seelsorger, die die Ideale der Seelsorge verstehen, könnten in die Versuchung geraten, erst einmal «so zu tun als ob». Das heißt, sie begnügen sich mit dem äußeren Anschein der tiefen Liebe, der Empathie, der psychospirituellen Reife, des Glaubens und der Demut. Doch die Forderung, in der Wahrheit zu leben, überwiegt all die anderen Ideale. Wenn die Liebe begrenzt ist – ja selbst wenn überhaupt keine Sympathie vorhanden ist –, verlangt wahrhaftiges Leben, dass man nur das nach außen hin demonstriert, was man wirklich erfährt. Jede Lücke zwischen der inneren Wirklichkeit und dem äußeren Schein des Seelsorgers wird die Nützlichkeit seines Dienstes entsprechend einschränken.

2. *Seelsorger müssen beständig wachsen.* Die Verpflichtung zu einem Leben in Wahrheit ist eine Verpflichtung zu Wachstum und Entwicklung. Psychospirituelle Gesundheit ist ein Gebiet, auf dem wir nicht einfach das Erreichte bewahren können. Wir machen immer entweder Fortschritte oder Rückschritte. Im Gegensatz zum Altern ist Wachstum keine automatische Folge der verstreichenden Zeit. Wenn überhaupt, führt das Verstreichen der Zeit eher zu einem Verlust als zu einem Zugewinn an psychospiritueller Gesundheit und psychospirituellem Wohlergehen. In der Vergangenheit Gewonnenes lässt sich nur zu einem hohen persönlichen Preis erhalten. Dieser Preis ist die Verpflichtung, in der Wahrheit zu leben, sich selbst gründlich zu kennen und anderen echt und ehrlich zu begegnen.

Momente des Wachstums können sehr attraktiv wirken, besonders wenn wir sie hinter uns haben, aber beständig am Wachstum zu arbeiten kann leicht ermüdend sein. Darum ist es durchaus verständlich, wenn Seelsorger sich an der Forderung nach beständigem Wachstum zu reiben beginnen – zumal diese Forderung in dem Maße sonst niemandem auferlegt zu sein scheint. Buchhalter, Ärzte, Rechtsanwälte, Wissenschaftler und Lehrer – sie alle müssen beständig an ihren Fachkenntnissen arbeiten, aber keiner von ihnen steht unter der unerbittlichen, allgegenwärtigen Forderung, nicht nur im beruflichen, sondern auch im persönlichen Bereich beständig zu wachsen. Nur von den Seelsorgern wird das verlangt.

3. *Seelsorge verlangt außerdem, dass diejenigen, die sie praktizieren, innerhalb ihrer seelsorgerlichen Beziehungen nicht nach der Befriedigung persönlicher Bedürfnisse streben.* Bedürfnisse, die in anderen Beziehungen völlig berechtigt und harmlos sind, dürfen in der Seelsorge nicht befriedigt werden, ohne dass die Beziehung kontaminiert würde.

Wenn ein Seelsorger oder eine Seelsorgerin zum Beispiel das Bedürfnis hat, gemocht, respektiert oder auch nur als hilfreich angesehen zu werden, dann sind in der Beziehung seine oder ihre Bedürfnisse wirksam, nicht die der Person, die die Seelsorge empfängt. Noch schädlicher sind voyeuristische und exhibitionistische Bedürfnisse, das Bedürfnis nach Kontrolle, das Bedürfnis, als allmächtig betrachtet zu werden, und selbst das Bedürfnis, gebraucht zu werden. Die Ausnutzung einer seelsorgerlichen Beziehung für die Befriedigung sexueller Bedürfnisse ist selbstverständlich völlig unakzeptabel, ebenso ihre Ausnutzung zur Befriedung eines Bedürfnisses nach Nähe.

Christliche Seelsorge ist ein Geschenk aus aufopfernder Liebe. Darum müssen Seelsorger die Befriedigung ihrer eigenen Bedürfnisse in einer seelsorgerlichen Beziehung außer Acht lassen. Aus diesem Grund müssen wir auch bereit sein, uns von denen, um die wir uns kümmern, benutzen und manchmal sogar ausnutzen zu lassen. Während andere Helfer wachsam in ihre Dienstbeziehungen hineingehen, damit ihre Rechte oder Bedürfnisse nicht verletzt werden, nehmen sich christliche Seelsorger Christus zum Vorbild und gehen die Seelsorgearbeit mit der Bereitschaft an, zu akzeptieren, dass diese Arbeit sie oft persönlich etwas kosten kann.

Jesus spürte, wie eine Kraft von ihm ausging, als jemand den Saum seines Gewandes berührte. Ebenso gehen christliche Seelsorger in ihre Dienstbeziehungen mit der Bereitschaft, ausgenutzt, angezapft, verbraucht und ausgelaugt zu werden. Eigene Bedürfnisse und die Integrität der eigenen Persönlichkeit setzen gewisse äußere Grenzen, wie weit das gehen kann, aber diese persönlichen Bedürfnisse können viel weiter zurückgeschoben werden, als wir je ahnen würden, wenn wir uns die meisten professionellen Helfer anschauen.

Letzten Endes erweisen wir anderen keinen guten Dienst, wenn wir zulassen, dass sie uns beständig misshandeln oder ausnutzen, oder wenn die Anforderungen ihrer Bedürfnisse unser eigenes Selbst oder unsere wichtigen persönlichen Beziehungen zerstören. Doch es ist ein weiter Abstand zwischen dieser Extremsituation und einer Weigerung, sich in irgendeiner Weise benutzen oder ausnutzen zu lassen. Christliche Seelsorger folgen ihrem Herrn auf einem Weg der Aufopferung, der sie unweigerlich persönlich etwas kosten wird.

Sich anderen zur Verfügung zu stellen, um das Wachstum ihres inneren Lebens zu unterstützen, verlangt dem Seelsorger einiges ab. Neben den bereits genannten Punkten gibt es noch weitere Anforderungen an die seelsorgerliche Beziehung: Seelsorger müssen Grenzen setzen, Vertraulichkeit wahren, sie müssen sich auf echten Dialog einlassen und zulassen, dass Menschen über uns hinaus- und von uns wegwachsen. Dieses Bewusstsein, welch eine enorme Herausforderung Seelsorge ist, kann uns entweder lähmen oder in die Abhängigkeit von Gott führen. Die Zuversicht derer, die Gottes Ruf in die Seelsorgearbeit für sein Volk annehmen, sollte aus dem Wissen erwachsen, dass er alle, die er beruft, auch ausrüstet und unterstützt.

Herausforderungen für die christliche Seelsorge

An der Schwelle des neuen Jahrtausends spezifisch christliche Seelsorge anzubieten, ist eine große Herausforderung. Die Kirche ist in einer Gesellschaft, die sich auf einem raschen Weg von der Säkularisierung zur Resakralisierung befindet, in eine Randstellung geraten. Das Seelenleben hat für viele Menschen, die nach dem Bankrott des Materialismus Sinn und Ziel in einer

Wiederentdeckung des Heiligen und des Spirituellen suchen, große Bedeutung gewonnen. Leider gestalten sie ihre Suche oft so, dass sie für jede Spiritualität offen sind, nur nicht für die christliche. Während das Interesse an der Seele auf bestsellertaugliche Proportionen angeschwollen ist, schwindet – so will es die Ironie – die Offenheit für die christliche Antwort auf die tiefsten Bedürfnisse der Seele zusehends. Da das Christentum für die Übel der Moderne verantwortlich gemacht wird, begegnen postmoderne Menschen ihm und seinem seelsorgerlichen Ansatz häufig mit Misstrauen und Groll.

Auch das Angebot spezifisch christlicher Seelsorge an diejenigen, die sich nach wie vor mit der Kirche identifizieren, ist eine große Herausforderung. Aufgewachsen in der therapeutischen Kultur des Westens, sind Gemeindeglieder darauf getrimmt, Seelsorge durch eine klinische Brille zu betrachten. In dieser Perspektive erscheint Seelsorge als eine therapeutische Maßnahme, die eine Person mit entsprechenden Fachkompetenzen einer Person mit Problemen anbietet. Nicht professionelle Seelsorge wird aus dieser Sicht oft als unzulänglich eingestuft, und eine Seelsorge, die sich darum bemüht, spezifisch christlich zu sein, wird leicht als naive Frömmigkeit abgetan. Von Profis erwartet man, dass sie die Normen und Formen der klinischen Psychotherapien übernehmen.

Trotz all dieser Herausforderungen jedoch gibt es sowohl einen Hunger nach als auch einen großen Bedarf an Seelsorge, die auf authentisch christliche Weise praktiziert wird, sich auf das traditionelle christliche Verständnis spiritueller Bedürfnisse und Ressourcen gründet und von der Vision der psychospirituellen Dynamik durchdrungen ist, die sich aus den besten Einsichten der Tiefenpsychologie ergibt. Solche Seelsorge hat das Potenzial, den Dienst der Kirchen und Gemeinden an spirituellen Suchern innerhalb wie außerhalb ihrer Mauern neu zu beleben.

Christen, die auf diese Weise Seelsorge praktizieren wollen, müssen sich sieben Herausforderungen stellen. Sie müssen:

1. auf der Hut vor der Erosion des Persönlichen in der Seelsorge sein;
2. einen integren inneren Kern entwickeln;
3. ihre eigenen inneren, psychospirituellen Kraftquellen ständig erneuern;
4. darauf achten, dass ihr Bewusstsein einer geistlichen Berufung nicht durch Professionalismus verwässert wird;
5. die prägende und verändernde Kraft der Geschichten wiederentdecken;
6. die spezifisch christlichen Ressourcen der Seelsorge zurückgewinnen;
7. es vermeiden, das *Sein* auf dem Altar des *Tuns* zu opfern.

1. *Auf der Hut vor der Erosion des Persönlichen sein.* Wir haben festgestellt, dass Seelsorge eine Beziehung zwischen zwei oder mehr Leuten beinhaltet, die in einer Ich-Du-Begegnung miteinander umgehen, wie Martin Buber es nannte. Diese zutiefst persönliche Begegnung ist die Grundlage jedes echten Dialogs. Sie ist auch der dynamische Motor der seelsorgerlichen Beziehung.

Trotz dieser offensichtlich grundlegenden Rolle des Persönlichen in der Seelsorge gibt es jedoch Kräfte, die ständig Persönliches durch Unpersönliches zu verdrängen drohen. Eine solche Kraft, die wir bereits erwähnt haben, ist der Professionalismus. Eine professionelle Einstellung kann lobenswerte Qualitätsstandards für den Dienst mit sich bringen, aber sie betont auch das Tun stärker als das Sein und Fachkompetenz stärker als Selbsthingabe. Außerdem bringt eine professionelle Haltung den Seelsorger dazu, die Beziehung als von Grund auf asymmetrisch zu sehen. Aus dieser Sicht ist eine Seite klar als die gebende, die andere als die empfangende gekennzeichnet. Wo aber gegenseitige Seelsorge *a priori* ausgeschlossen ist, kann es auch nicht zu einem echten Dialog kommen. Es müssen zwar nicht alle seelsorgerlichen Beziehungen in ihrer Gegenseitigkeit vollkommen ausgewogen sein, aber die Einnahme einer professionellen Haltung führt häufig dazu, dass man ein weniger persönliches Selbst in die Beziehung einbringt. Professionalismus ist eine so starke depersonalisierende Kraft, dass das Selbst des Professionellen oft völlig aus der Beziehung ausgeschlossen bleibt – die Person versteckt sich hinter einer Rolle, statt ihr Selbst darzubringen.

Auch die klinische Schwerpunktsetzung der therapeutischen Seelsorge droht das Persönliche zu erodieren. Wo Diagnose, Pathologie (sei es spirituelle oder psychische Pathologie) oder auch Theorien betont werden, kann das dazu führen, dass man keine Personen mehr vor sich sieht, sondern nur noch Konstrukte. Mit der gebotenen Vorsicht gehandhabt, können theoretische Modelle der psychospirituellen Dynamik sehr gute Orientierungshilfen sein. Die Herausforderung besteht aber darin, nie aus den Augen zu verlieren, wie grob diese Landkarten in Wirklichkeit sind.

Eine weitere Herausforderung besteht darin, der Versuchung zu widerstehen, die Seelsorge auf die geschickte Anwendung von Techniken zu reduzieren. Wo Techniken als disziplinierte Methoden betrachtet werden, sein Selbst darzubringen, können sie die Seelsorge sehr bereichern. Doch wenn sie zu Mitteln werden, mit denen der Seelsorger es vermeidet, dem anderen als echtes Selbst zu begegnen, wirken sie sich depersonalisierend auf die Beziehung aus und machen sie zu einer Ich-Es-Begegnung.

2. *Einen integren inneren Kern entwickeln.* Seelsorger müssen in der Tiefe ihres Wesens integer sein. Das ist es zum Teil, was sich hinter dem Charakterideal der Integrität verbirgt. Doch zur Integrität gehört noch mehr als moralische Makellosigkeit. Sie beinhaltet auch, dass man ein vollständiges, integrales Ganzes ist, und diese Ganzheit basiert auf einer psychospirituellen Integration und Reife.

Seelsorger sollten Leute sein, die sowohl psychisch als auch spirituell reif sind und in denen dieser integre Kern psychospiritueller Gesundheit die Grundlage für eine zunehmende Integration ihres gesamten Erlebens und Seins bildet. Ein integrer innerer Kern bedeutet, dass es möglichst wenige isolierte Erfahrungsnischen gibt, die vom gesamten Gewebe der Persönlichkeit abgetrennt sind. Das heißt, solche Leute haben nicht eine Abteilung für spirituelle Erfahrungen mit Gott und eine andere Abteilung für psychische Erfahrungen mit anderen Menschen. Ihre Erfahrung mit Gott berührt und verwandelt ihr gesamtes Wesen und wird zu dem Kern, um den sich alles andere integriert und von dem es seinen Sinn und seine Richtung empfängt.

Menschen mit integrem inneren Kern wachsen sowohl psychisch als auch spirituell. Ihre Entschlossenheit, ein integres, authentisches Leben zu führen, verlangt von ihnen, dass sie mit reinem Herzen leben. Diese Reinheit, mit Kierkegaard gesprochen, besteht darin, eine einzige Sache zu lieben. Eine solche «Einfalt des Herzens» kann nur aus einem inneren Kern entspringen, der um eine einzige, alles beherrschende Zuneigung integriert ist. Für den Christen ist das die Liebe zu Gott.

3. *Innere, psychospirituelle Kraftquellen ständig erneuern.* Christen, die sich in der Seelsorge engagieren, müssen in Beziehungen leben, in denen ihre eigenen Bedürfnisse beständig und verlässlich befriedigt werden. Nur so können sie in der Lage sein, diese Bedürfnisse in einer seelsorgerlichen Beziehung beiseitezulassen.

Zur Erneuerung ihrer persönlichen psychospirituellen Kraftquellen müssen Seelsorger in einer beständigen, engen Beziehung sowohl zu Gott als auch zu anderen Menschen leben. Die Entwicklung und Erhaltung der psychospirituellen Gesundheit und Reife verlangt, dass sie menschliche Nähe und Authentizität in diesen Beziehungen pflegen. Wenn sie anderen etwas zu geben haben wollen, müssen diese Beziehungen überdies Orte sein, an denen sie sich so geben können und akzeptiert und bestätigt werden, wie sie sind. Mit anderen Worten, Seelsorger müssen in einem Netz fester, von Gnade geprägter Beziehungen leben, wenn sie fähig sein wollen, diese Gnade an andere weiterzugeben.

Die Alternative zum Leben in Beziehungen, in denen eigene innere Bedürfnisse befriedigt und Kraftquellen erneuert werden, wäre, entweder nichts vom eigenen Selbst preiszugeben oder im Kern des eigenen Wesens immer mehr zu verdorren. Eine solche innere Verdorrung zwingt einen dazu, statt aus der Tiefe des eigenen Selbst nur aus der Peripherie zu leben. Es gibt zwar viele, die so leben, aber das kann keine Grundlage sein für die tiefe Begegnung und den Dialog, welche für echte christliche Seelsorge unverzichtbar sind. Erst wenn das Leben aus dem tiefsten Innern fließt, kann man anderen helfen, dem überfließenden Leben näher zu kommen, das uns in Christus verheißen ist. Doch um aus dem tiefsten Innern leben zu können, ist es nötig, dass die eigenen tiefsten Bedürfnisse beständig befriedigt und die Kraftquellen erneuert werden.

4. *Das Bewusstsein der geistlichen Berufung nicht durch Professionalismus verwässern lassen.* Während ihrer langen Geschichte wurde Seelsorge vorwiegend als geistliche Berufung verstanden. Das bedeutete sowohl, dass sie als ein geistliches Werk aufgefasst wurde, als auch, dass dieses Werk aufgrund des Rufes Gottes in den Dienst aufgenommen wurde. Das ist der Kern des christlichen Berufungsverständnisses.

Der Professionalismus begann dieses Bewusstsein der geistlichen Berufung zu erodieren, als im achtzehnten Jahrhundert eine spezielle Seelsorgeausbildung an die Stelle des traditionellen Vorrangs der geistlichen Reife zu treten begann. Diese Entwicklung, die wir im achtzehnten und neunzehnten Jahrhundert im Embryonalstadium sehen, griff im zwanzigsten Jahrhundert mit dem Aufstieg der therapeutischen Seelsorge immer mehr um sich. Die Professionalisierung der Seelsorge bedeutete, dass man, statt passiv auf einen Ruf Gottes zu warten, sich aktiv auf diese Arbeit vorbereiten konnte, indem man die erforderlichen Ausbildungen absolvierte und die entsprechenden Qualifikationen erwarb. Geistliche können sich klinisch fortbilden, während Lebensberater und Psychotherapeuten sich therapeutische Kenntnisse aneignen. Selbst Seelenführer können sich jetzt durch spezielle Schulungen und Qualifikationen auf ihre Arbeit vorbereiten.

Eine derartige Vorbereitung widerspricht zwar nicht dem Verständnis der Seelsorge als Berufung, aber sie kann dieses Verständnis leicht vernebeln. Der Professionalismus führt leicht zu einer verminderten Betonung der wichtigsten Grundlage jeder geistlichen Berufung, nämlich des Rufes Gottes in Dienst und Knechtschaft in seinem Reich. Ohne diesen Ruf ist Seelsorge nicht mehr als ein Job. Leider scheint das bei vielen Seelsorgern der Fall zu sein. Wenn dagegen Seelsorger ihre Arbeit als Antwort auf einen Ruf Gottes deuten können, so kann ihr Dienst aus einem Herzen voller Liebe strömen, und Knechtschaft kann einen zentralen Platz in ihrer Identität und ihren Beziehungen bekommen. Genau das ist in der Seelsorge notwendig.

Kirchen und Gemeinden müssen dieses starke Berufungsbewusstsein zurückgewinnen – nicht nur Gottes Ruf in den geistlichen Dienst, sondern seinen Ruf zu allem, was wir nach seinem Willen mit unserem Leben anfangen sollen. Seelsorge ist nicht die einzige wichtige geistliche Berufung. Aber sie ist ein wichtiger Dienstbereich – so wichtig, dass sie nur als Antwort auf Gottes Ruf praktiziert werden sollte, niemals bloß als gewählter Beruf.

5. *Die prägende und verändernde Kraft der Geschichten wiederentdecken.* Nachdem wir zuvor festgestellt haben, dass der Dialog der dynamische Kern der seelsorgerlichen Beziehung ist, ist es nun auch wichtig zu beachten, welche Rolle Geschichten in diesem Dialog spielen. Im Christentum nimmt das Erzählen von Geschichten einen wichtigen Platz ein. Das hat seine Wurzeln im Judentum, wo durch das Erzählen von Geschichten die Vergangenheit lebendig und ihre Lektionen in Erinnerung bleiben. Jesus machte es genauso. Das Erzählen von Geschichten ist viel-

leicht sogar das wichtigste Merkmal seiner seelsorgerlichen Beziehungen.

Vertreter der narrativen Psychologie betonen, dass die Erschaffung von Geschichten eines der wesentlichen Mittel ist, mit denen Menschen sich einen Reim auf ihre Erfahrungen machen. Nach ihrer Auffassung ist das Erzählen dieser Geschichten sowohl für die Identitätsbildung als auch für die Heilung emotionaler Wunden entscheidend.[149] Menschen scheinen das Bedürfnis zu haben, ihren Erfahrungen einen gewissen Zusammenhang zu geben. Das erreichen wir, indem wir uns Geschichten über die Dinge einfallen lassen, die wir erleben. Diese Geschichten werden dann zu dem Mittel, mit dem wir uns selbst definieren und unser Leben sortieren.

Weil unsere Selbsterzählungen so grundlegend für unsere Identität sind und wir uns mit ihrer Hilfe einen Reim auf unsere Erfahrung machen, ist das Erzählen unserer Geschichten entscheidend für unser Wachstum und unsere Heilung. Zur Seelsorge gehört, den anderen seine Geschichte erzählen zu lassen und dieser Person dann zu helfen, darüber nachzudenken, welche Konsequenzen es hat, dass sie diese Geschichte so und nicht anders zusammengestellt hat.

Es gehören bestimmte Fertigkeiten dazu, Geschichten zu hören, mit ihnen zu interagieren und sie zu erzählen. Aber das ist mehr als eine Fertigkeit; es ist eine Haltung. Sie steht im Gegensatz zu der üblichen klinischen Haltung des Experten, der fachlich-therapeutische Hilfe anbieten will, und ebenso zu der häufigen religiösen Haltung, gerade lange genug zuzuhören, um der Höflichkeit Genüge zu tun, ehe man mit dem Predigen anfängt. Dagegen passt es perfekt zu einer Beziehung, die auf die Maximierung des Dialogs angelegt ist. In einer solchen Beziehung sollte der Seelsorger sich bemühen, weder in die Falle der klinischen Effizienz noch in die der religiösen Indoktrination oder Bekehrungswut zu tappen. Geschichten lassen sich nicht beschleunigen, und sie müssen ernst genommen werden. Seelsorger müssen sich durch die Geschichte ihres Gegenübers auf dessen Wirklichkeit einlassen. Wie Alistair Campbell äußerte, macht kreatives und teilnehmendes Zuhören aus einem Durcheinander von Einzelheiten ein lebendiges Drama, in dem Hoffnung gefunden, Wachstum ermöglicht und Heilung erreicht werden kann.[150] Das ist die Herausforderung der christlichen Seelsorge als eines Dialogs.

6. *Die spezifisch christlichen Ressourcen der Seelsorge zurückgewinnen.* Diese Ressourcen, die die Seelsorge über Jahrhunderte genährt und unterstützt haben, sind im letzten Jahrhundert aus der Mode und in Verruf geraten. Indem die Seelsorge sich als klinische Therapie positionierte, wurde vieles aufgegeben, was nun wieder zurückgewonnen werden muss.

Dieser Rückgewinnungsprozess könnte bei der theologischen Sprache beginnen. Es ist bemerkenswert, in welchem Ausmaß diese Sprache aus der zeitgenössischen Literatur über pastoralen Dienst, Lebensberatung und Seelenführung verschwunden ist. Der Begriff der Sünde wurde weitgehend durch Pathologie ersetzt, Vergebung durch Einsicht, Gnade durch bedingungslose Annahme, Heilung durch Wachstum und Heiligkeit durch Heil-Sein. Diese und andere psycholinguistische Übersetzungen haben zwar durchaus ihren Wert, aber die theologischen Begriffe haben eine Bedeutungsfülle, die bei ihren psychologischen, angeblichen Entsprechungen verloren geht. Christliche Seelsorge muss nicht auf psychologische Sprache und Begriffe verzichten. Sie muss lediglich die traditionellen theologischen Begriffe wiederentdecken und nutzbar machen, die ihr so lange Zeit die Richtung gegeben haben.

Noch wichtiger ist die Rückgewinnung religiöser Handlungen, die lange Zeit einen wichtigen Platz in der christlichen Seelsorge hatten. Gebet, Meditation, der Gebrauch der Sakramente, Handauflegung, Salbung mit Öl, das Lesen und Studieren der Heiligen Schrift und der Gebrauch von Andachtsliteratur haben alle in authentischer christlicher Seelsorge eine wichtige Rolle zu spielen. Natürlich kommt es darauf an, sie umsichtig einzusetzen und nie so zu gebrauchen, dass der Dialog dadurch blockiert wird.

Ein christlicher Seelsorger kann sich auch hinter religiösen Handlungen verstecken und sie als Mittel nutzen, um einer tiefen persönlichen Begegnung aus dem Weg zu gehen. Missbraucht werden religiöse Ressourcen auch dann, wenn sie auf eine mechanische, gesetzliche oder magische Weise gebraucht werden. Das Wesen dieser Ressourcen ist die dynamische Verbindung, die sie zwischen Gott und dem Empfänger der Seelsorge schaffen können. Bei einfühlsamem Gebrauch können sie dieser Person auf einzigartige Weise helfen, in den direkten Kontakt mit der fürsorglichen, heilenden und tragenden Gegenwart eines persönlichen Gottes zu kommen. Solange sie diesen persönlichen Kontakt zu Gott fördern, sind sie ein unverzichtbarer Beitrag zur christlichen Seelsorge.

Eine letzte einzigartig christliche Ressource, die für die Seelsorge zurückgewonnen werden sollte, ist die christliche Gemeinschaft. Unter dem Einfluss der therapeutischen Kultur hat sich immer mehr das Bild der Seelsorge als einer Hilfeleistung verfestigt, die ein Individuum einem anderen anbietet. Auch die christliche Lebensberatung hat zumeist diesen individualistischen Charakter behalten. Richtig verstanden jedoch, ist christliche Seelsorge nie die Aktivität eines einzelnen Christen. Sie ist ein Dienst der Kirche oder Gemeinde. Einzelne können Seelsorge anbieten, aber die Absicht der christlichen Seelsorge ist, dass sie dies als Beauftragte oder Vertreter der Gemeinde tun. Wenn Seelsorge eine geistliche Berufung sein soll, muss sie ein Dienst im Reich Gottes sein. Sie sollte als ein Prozess verstanden werden, der innerhalb einer Gemeinschaft füreinander sorgender Christen stattfindet und die Ressourcen dieser Gemeinschaft nutzt.

7. Das Sein nicht auf dem Altar des Tuns opfern. Christliche Seelsorger müssen sehr sorgfältig darauf achten, dass sie nicht nur schlaue Dinge für andere Leute tun, sondern stattdessen sich selbst so hingeben, dass die Empfänger der Seelsorge in einen engeren Kontakt mit Christus kommen. Insofern könnte man christliche Seelsorger als Hebammen der Gnade bezeichnen.[151] Nicht die guten Ratschläge eines Menschen, sondern die Gnade Gottes ist der Wirkstoff der Seelsorge, und wenn es dabei zu psychospirituellem Wachstum und psychospiritueller Heilung kommt, dann ist dies die direkte Folge dieser Gnade. Somit ist der Seelsorger die Hebamme dieser Gnade.

Darum ist das *Sein* im Leben christlicher Seelsorger wichtiger als das *Tun*. Zwanghafter Aktivismus ist der Feind der psychospirituellen Tiefe und Substanz. Seelsorger müssen lernen, die Einsamkeit zu begrüßen. Wichtiger noch, sie müssen eine Einsamkeit des Herzens entwickeln. Oder, anders gesagt, wer anderen Seelsorge bieten will, muss einen stillen, ruhigen inneren Raum haben, um einem anderen Menschen einen Ort der Zuflucht und Stille anbieten zu können. Jemand hat das einmal wunderbar ausgedrückt: «Wir können unseren Geist so gut in ein stilles Wasser verwandeln, dass die Wesen, die sich um uns scharen, vielleicht ihr eigenes Spiegelbild erkennen und so, dank unserer Stille, einen Augenblick lang klarer und sogar intensiver leben.»[152] Ohne einen solchen Ort der inneren Stille können wir anderen nicht viel bieten. Mit ihm jedoch, besonders wenn er vom Geist Christi geprägt und erfüllt ist, ist schon das Zusammensein mit einem anderen Menschen ein Geschenk der Gnade. Das ist das Ziel christlicher Seelsorge.

11. Seelsorge empfangen

Bis hierhin haben wir das Augenmerk vor allem auf die gebende Seite der Seelsorge gerichtet. In diesem letzten Kapitel wenden wir uns der Empfängerseite zu. Wer braucht Seelsorge? Wie trifft man eine Wahl zwischen den verschiedenen Formen der Seelsorge, und wie findet man den richtigen Anbieter? Wie sollte man sich darauf vorbereiten, Seelsorge zu empfangen? Dies sind einige der praktischen Fragen, die wir betrachten wollen, wenn wir nun den Fokus auf das Empfangen von Seelsorge richten.

Wer braucht Seelsorge?

Die kurze Antwort auf diese Frage lautet: jeder. Menschen sind soziale Geschöpfe. Das bedeutet, wir brauchen andere Menschen zum Leben, und vor allem brauchen wir andere, wenn wir aus unserer Tiefe heraus leben wollen. Was immer wir unabhängig von Beziehungen an Identität, Ziel, Sinn oder Spiritualität zu entdecken glauben, sollte mit Argwohn betrachtet werden. Die Entdeckung dieser inneren Kompasse und die beständige Aufgabe, unser Leben von ihnen leiten zu lassen, wird durch den Dialog mit anderen auf eine völlig andere Ebene gehoben.

Niemand sollte versuchen, seine spirituelle Straße allein entlang zu ziehen. Jeder Reisegefährte kann uns dabei unterstützen und ermutigen, doch diese Gefährten können uns dabei nur in begrenztem Maße helfen, wenn sie auf ihrer Pilgerfahrt nicht schon weiter vorangeschritten sind als wir. Was wir wirklich brauchen, sind Gefährten, die schon mehr Erfahrungen auf der christlichen spirituellen Reise haben als wir. Solche Menschen können uns helfen, falsche Wege zu erkennen, Gefahren vorauszusehen und die Wegweisungen zu erkennen, die uns der Meisterseelsorger gibt. Im Idealfall sollte jeder solche Seelengefährten haben, die ihn in den verschiedenen Stadien der Lebensreise begleiten.

Manche Leute haben das Glück, Seelengefährten zu haben, die sie fast durch ihr ganzes Erwachsenenalter hindurch begleiten. Wenn in einer Ehe das Ideal der Seelenfreundschaft verwirklicht werden kann, ist durch die gegenseitige Seelsorge der Partner die Möglichkeit zu einer beständigen Seelsorge gegeben, die in anderen menschlichen Beziehungen selten erreicht wird. Doch selbst da, wo das der Fall ist, müssen andere enge Freundschaften die Beziehung zum Ehepartner ergänzen. Wo sie fehlen, werden die Schaltkreise der Ehe überladen. Es ist eine Überforderung. Enge Freundschaften außerhalb der Ehe bieten ebenfalls die Möglichkeit zu tiefer und beständiger Seelengemeinschaft. Doch auch wenn jemand das Glück hat, solch eine Freundin oder solch einen Freund zu haben, können zeitweise andere seelsorgerliche Beziehungen notwendig werden.

Freundschaften (sowohl zwischen Ehepartnern als auch außerhalb der Ehe) bieten einen vielversprechenden Rahmen für gegenseitige Seelsorge. Wie wir oben festgestellt haben, ist das die Grundlage für jede weitere Seelsorge. Alle Menschen brauchen Beziehungen, in denen gegenseitige Seelsorge stattfindet, doch an manchen Punkten ihres Lebens brauchen die meisten Leute auch eine der spezielleren Formen der Seelsorge. Insbesondere vier Gruppen von Menschen sollten sich bewusst machen, dass sie diese Hilfe brauchen:

1. diejenigen, die selbst Seelsorge praktizieren wollen
2. diejenigen, die von inneren Gebundenheiten befreit werden möchten
3. diejenigen, die eine tiefere psychospirituelle Reife und Lebendigkeit erreichen möchten
4. diejenigen, die Hilfe suchen, um eine moralische Perspektive auf ihr Leben zu gewinnen

1. *Diejenigen, die selbst Seelsorge praktizieren wollen.* Es ist unerlässlich, selbst Seelsorge in Anspruch zu nehmen, bevor Sie anderen Seelsorge anbieten. Das betrifft alle Geistlichen, die predigen

oder Menschen beraten, alle Lebensberater und Psychotherapeuten, alle Seelenführer, alle Lehrer und Leiter, alle, die Einfluss auf andere ausüben oder Verantwortung für andere tragen, und alle Eltern, die das innere Leben ihrer Kinder fördern wollen. Diese Menschen, die alle danach streben, andere zu einem Zustand des Heil-Seins und Wohlergehens zu führen, müssen selbst in ihrer inneren Persönlichkeit wachsen. Dieses Wachstum wird enorm erleichtert, wenn man auf der Empfängerseite einer seelsorgerlichen Beziehung steht.

2. *Diejenigen, die von inneren Gebundenheiten befreit werden möchten.* Alles, was einen daran hindert, vollkommen frei und in der Gegenwart lebendig zu sein, sei es eine Gebundenheit an die Vergangenheit oder eine ängstliche Fixierung auf die Zukunft, sollte Gegenstand seelsorgerlicher Arbeit sein. Ursachen solcher inneren Gebundenheiten können unverheilte emotionale Wunden sein, Süchte oder zwanghafte Verhaltensmuster, eine Unfähigkeit, die Liebe oder die gnädige Gegenwart Gottes zu erleben, Selbstbezogenheit oder andere Hindernisse für Liebe oder Empathie oder eine Unfähigkeit, Vergebung zu schenken oder zu empfangen. Alle intensiveren Seelsorgeformen bieten einzigartige Möglichkeiten, Freiheit von solchen Ursachen innerer Gebundenheit zu finden. Wer Freiheit in seinem Leben vermisst, sollte ernsthaft über eine der therapeutischen Seelsorgeformen nachdenken.

3. *Diejenigen, die eine tiefere psychospirituelle Reife und Lebendigkeit erreichen möchten.* Manche Menschen sind zwar frei von erheblichen Hindernissen für ein tieferes, kraftvolleres Leben, aber sie haben einfach nicht getan, was nötig ist, um die Tür zu einem solchen Leben zu durchschreiten. Solche Leute mögen von ernsthaften Problemen verschont geblieben sein und allem Anschein nach ein zufriedenes, erfülltes Leben führen. Es kann sogar sein, dass andere sie als Urbilder psychischer und spiritueller Gesundheit wahrnehmen. Dennoch spüren sie einen inneren

Ruf zu etwas, was darüber hinausgeht. Sie empfinden sich vielleicht bis zu einem gewissen Grad als geistlich tot, haben keine Klarheit über ihre Berufung, wünschen sich eine tiefere Erfahrung der Gegenwart Gottes, haben das Verlangen, heiler oder heiliger zu sein, oder sehnen sich danach, sich selbst gründlicher kennenzulernen. Dies sind nur einige Möglichkeiten, wie sich die spirituelle Suche äußern kann – der Ruf des Geistes Gottes an unseren Geist, der uns zu einem tieferen, erfüllteren und überfließenderen Leben einlädt. Alle diejenigen, die nach einer tieferen psychospirituellen Reife und Vitalität streben, können ebenfalls von einer seelsorgerlichen Beziehung profitieren.

4. *Diejenigen, die Hilfe suchen, um eine moralische Perspektive auf ihr Leben zu gewinnen.* Manchmal befinden sich Menschen in Situationen, in denen sie ein Bedürfnis nach ethischer Reflexion oder moralischer Neuorientierung verspüren. Vielleicht sind sie in ein ethisch fragwürdiges Verhalten abgeglitten und fragen sich, wie ihr moralischer Kompass so fehlerhaft arbeiten konnte, dass er sie dorthin geraten ließ. Andere haben vielleicht gegen ein moralisches Prinzip verstoßen, von dem sie eigentlich zutiefst überzeugt sind, und haben das Bedürfnis, ihre persönliche moralische Philosophie zu überprüfen. Wieder andere haben vielleicht einfach nur das Bedürfnis nach einer moralischen Inventur oder einer Möglichkeit, über die Haushalterschaft des Lebens nachzudenken. Wo könnten solche Leute einen besseren Rahmen für die Reflexion finden als in einer seelsorgerlichen Beziehung?

An dieser oder jener Stelle ihres Lebens finden sich die meisten Menschen in mindestens einer dieser Gruppen wieder. Die Mehrzahl von uns gehört häufig zu mehr als einer. Aus diesem Grund brauchen wir alle beständige gegenseitige Seelsorge, und die meisten von uns brauchen hin und wieder speziellere Seelsorgeangebote. Gegenseitige Seelsorge bildet die tragende Grundlage unseres psychospirituellen Wachstums, doch von

Zeit zu Zeit muss diese durch intensivere Seelsorgeformen ergänzt werden. Wie findet man in solchen Zeiten die beste Form?

Die beste Seelsorgeform finden

Welche Form die beste ist, hängt natürlich von den Bedürfnissen und Umständen des Seelsorge-Suchenden ab. Es gibt jedoch einige allgemeine Grundsätze, die die Wahl erleichtern können:

1. *Diejenigen, die Seelsorge leisten, sollten selbst die Form der Seelsorge erleben, die sie anbieten.* Wer könnte sich anmaßen, andere auf einem Weg zu führen, den er nicht zuvor selbst beschritten hat? Doch genau das versuchen viele Seelsorger zu tun. Daher sollten zum Beispiel Psychotherapeuten Psychotherapie in Anspruch nehmen, Seelenführer sollten Seelenführung empfangen, und pastorale und andere christliche Lebensberater sollten die entsprechenden Formen der Lebensberatung nutzen.

2. *Diejenigen, die Seelsorge leisten, sollten darüber hinaus eine Form der Seelsorge erleben, die den hauptsächlichen Fokus der von ihnen angebotenen Form ergänzt.* Christliche Lebensberater und Psychotherapeuten sollten also Seelenführung erleben, während pastorale Lebensberater und Seelenführer Erfahrungen mit christlicher Lebensberatung oder Psychotherapie sammeln sollten. Wenn möglich, sollten Mitglieder jeder dieser Gruppen auch eine Intensivseelsorge-Erfahrung in Betracht ziehen, die einen spirituellen und einen psychologischen Schwerpunkt miteinander verbindet.

3. *Je größer der eigene Einflussbereich ist, desto notwendiger ist eine Form und Intensität der Seelsorge, die eine tiefe, echte Selbsterkenntnis und Gotteserkenntnis gewährleistet.* Würden alle Geistlichen, Gemeindeleiter und Gemeindelehrer Seelenführung und christliche Psychotherapie erfahren, so hätten sie ein Maß an psychospiritueller Gesundheit und Reife, das ihrem Dienst im Reich

Gottes enorm zugutekäme. Zudem würden sie sich selbst so gut kennen, dass die Gefahr eines katastrophalen Missbrauchs ihrer Verantwortung, wie er hin und wieder vorkommt, erheblich geringer wäre.

4. *Wo eine erhebliche Not empfunden wird, ist die Wahl einer Seelsorgeform mit therapeutischem Fokus angebracht.* Irgendeine Form von Lebensberatung oder Psychotherapie ist ideal, wenn man Probleme wahrnimmt, die die Freiheit einschränken oder mit emotionalem Schmerz verbunden sind.

5. *Wo der Wunsch nach geistlichem Wachstum besteht, sollte eine Seelenführungsbeziehung in Betracht gezogen werden.* Die Sehnsucht, Gott tiefer kennenzulernen, seinen Willen besser zu erkennen und auszuleben oder empfänglicher für seine Gegenwart zu werden, passt ideal zu dieser Form der Seelsorge. Seelenführung ist für jeden da, der auf Gottes Ruf achten und mit einem Leben des Gebets, des Gehorsams, der Heiligung, des Dienens und der Liebe darauf antworten möchte.

6. *Wer frühere Erfahrungen mit einer Seelsorgeform hat, sollte, wenn sich ein neuer Bedarf zeigt, eine andere Form in Betracht ziehen.* Jede Seelsorgeform hat einen anderen Schwerpunkt und Fokus, und alle ergänzen einander. Aus diesem Grund sollte man nach Möglichkeit Erfahrungen mit mehreren Formen machen, wenn sich in verschiedenen Stadien des Lebens das Bedürfnis nach Seelsorge zeigt.

7. *Im Allgemeinen sollte man sich nicht gleichzeitig in mehrere therapeutische Seelsorgebeziehungen begeben.* Man sollte also nicht zu zwei Lebensberatern oder Psychotherapeuten oder zu einem Lebensberater und einem Psychotherapeuten gleichzeitig gehen. Dagegen werden sowohl eine Lebensberatung als auch eine Psychotherapie durch eine gleichzeitige Seelenführung sinnvoll ergänzt. Das ist besonders nützlich, wenn der Lebens-

berater oder Psychotherapeut kein Christ ist oder man sich über die geistlichen Implikationen der therapeutischen Arbeit unsicher ist. Seelenführung ist auch eine gute Ergänzung zur pastoralen Lebensberatung, wenn die Letztere einen eher therapeutischen, auf Problemlösung gerichteten Fokus hat.

Die Wahl des Seelsorgers

Die Wahl der Person, deren Seelsorge man in Anspruch nehmen möchte, ist mindestens ebenso wichtig wie die Wahl der Seelsorgeform. Bei der Wahl der Form kommt durch Überschneidungen zwischen den verschiedenen Seelsorgeformen und den großen gemeinsamen Kern, der alle verbindet, ein gewisser Zufallsfaktor ins Spiel. Doch die Person, die letztlich die Seelsorge leistet, wird stets die Gestaltung der Seelsorgebeziehung stärker prägen als irgendein anderer Einzelfaktor.

Häufig ist es nicht einfach, den richtigen Seelsorger zu finden. Manchmal ist die Auswahl begrenzt, so dass vielleicht nur der eigene Pastor und ein christlicher Lebensberater aus der eigenen Gemeinde zur Verfügung stehen. Es kann zwar manche Unsicherheit ausräumen, wenn man sich jemanden sucht, den man bereits kennt, aber dieser Person nun in einem anderen Kontext zu begegnen, kann zu Peinlichkeiten im sonstigen Umgang miteinander führen. Zusätzlich erschwert wird die Wahl des Seelsorgers manchmal dadurch, dass man nicht genau weiß, was man erwartet, sei es von der Erfahrung selbst oder von der anderen Person. Oft fällt es leichter, zu wissen, was man nicht will, als zu wissen, was man will.

Die Suche nach einem Seelsorger beginnt oft mit der Empfehlung eines Freundes, der jemanden nennt, der ihm selbst geholfen hat. Das ist ein guter Anfang. Es bedeutet jedoch nicht, dass die empfohlene Person für Sie die richtige ist. Um das herauszufinden, müssen Sie mit ihr reden, im Idealfall persönlich oder zur Not am Telefon. Wenn Sie dieses Gespräch vereinbaren, sagen Sie deutlich, dass Sie zunächst lediglich auf Informationen aus sind, die Ihnen helfen sollen zu entscheiden, wessen Hilfe

Sie in Anspruch nehmen wollen. Seien Sie bereit, für dieses Beratungsgespräch zu bezahlen, falls die Person, auf die Sie zugehen, ihre Dienste normalerweise gegen ein Honorar anbietet und falls Sie eine persönliche Begegnung vereinbaren. Lassen Sie sich nicht entmutigen, wenn jemand sich unter diesen Vorzeichen nicht mit Ihnen treffen möchte, sondern Sie stattdessen bittet, ihm einen Vertrauensvorschuss zu geben und direkt mit der gemeinsamen Arbeit zu beginnen. Durch eine solche Reaktion disqualifizieren ungeeignete Seelsorger sich selbst und machen Ihnen die Entscheidung leichter.

Bei diesem Vorgespräch mit Ihrem potenziellen Seelsorger sollten Sie versuchen, seinen seelsorgerlichen Ansatz zu verstehen und einen Eindruck von ihm als Person zu gewinnen. Schließlich versuchen Sie ja herauszufinden, ob Sie Ihre Seelsorge dieser Person anvertrauen wollen. Das hat viel mit deren Vorstellungen von Seelsorge zu tun, aber es sollte Ihnen mindestens ebenso wichtig sein, wie sie als Person auf Sie wirkt.

Auf Ihre Frage nach der Art der Seelsorge, die sie anbieten, werden manche Leute jederzeit in der Lage sein, eine theoretische Orientierung zu benennen, die sie leitet, oder ihre persönliche Seelsorgephilosophie zu artikulieren. Andere werden sich eher unbestimmt und vage äußern. Manche Psychotherapeuten sind von Berufs wegen dahingehend geprägt, Fragen über ihre Methoden als Widerstand gegen die therapeutische Begegnung zu deuten, und beantworten deshalb nur die einfachsten Fragen zu ihrer Methodik. Dies macht es offensichtlich schwierig, viel über ihre Arbeit oder sie selbst als Personen in Erfahrung zu bringen, aber immerhin ist es ein Grund zur Vorsicht, denn es weist deutlich auf eine mangelnde Bereitschaft hin, das eigene Selbst in die seelsorgerliche Beziehung einzubringen. Was immer eine solche Beziehung ansonsten leisten mag, eine tiefe, persönliche, dialogische Begegnung, wie sie in Kapitel 7 beschrieben wurde, wird sie wohl kaum erbringen.

Meistens jedoch wird die Frage nach der Art der Hilfe, die eine Person anbietet, eine offene, direkte Antwort nach sich ziehen, die Ihnen helfen wird zu erkennen, ob dieses Angebot für Sie zum gegebenen Zeitpunkt das Richtige ist. Während Sie sich anhören, wie Ihr potenzieller Seelsorger seine Herangehensweise beschreibt, achten Sie besonders darauf, zu verstehen, wie er sich seine und Ihre Rolle vorstellt. Ergibt die Beschreibung für Sie einen Sinn? Wenn nicht, zögern Sie nicht, Rückfragen zu stellen. Weckt die Schilderung dessen, was die Person zu bieten hat, Ihr Vertrauen und Ihren Wunsch, mit ihr zusammenzuarbeiten? Achten Sie auch darauf, wie viel Mühe sie sich gibt, auf Ihre Fragen zu hören und sie zu beantworten. Werden Sie als aktiver Teilnehmer in den Prozess einbezogen oder wie ein passives Objekt der Wohltätigkeit behandelt? Wer Ihre Fragen mit Respekt behandelt, wird es auch mit Ihnen tun. Wer dagegen herablassend mit ihnen umgeht, wird Ihnen ebenso begegnen.

Im Rahmen dieses Gesprächs ist es auch angebracht, den potenziellen Seelsorger nach seinen Qualifikationen und Erfahrungen zu fragen. Diese Fragen werden umso wichtiger, je weiter aufwärts man sich in der Hierarchie der Seelenheilkunde bewegt, wie sie in Kapitel 9 beschrieben wurde. Lebensberater und Psychotherapeuten sollten in anerkannten Institutionen und Programmen ausgebildet worden sein und sich Qualifikationen der relevanten Berufsverbände erworben haben. Da es Schulungsprogramme für Seelenführer noch nicht sehr lange gibt, haben Leute, die diese Form der Seelsorge anbieten, nicht immer eine formelle Ausbildung durchlaufen. Dennoch sollten sie in der Lage sein, darzulegen, wie sie sich auf ihre Arbeit vorbereitet haben. Dazu sollten normalerweise die persönliche Erfahrung einer Seelenführung sowie Lektüre und Teilnahme an Workshops gehören. Auch die Frage danach, wie der potenzielle Seelsorger für sein eigenes beständiges persönliches Wachstum und seine Weiterentwicklung sorgt, kann oft hilfreich sein. Nimmt er oder sie selbst regelmäßig Seelsorge in Anspruch? Zeigt er oder sie ein Bewusstsein dafür, dass der Befähigung zur Seelsorge Grenzen gesetzt sind, wenn die eigenen Kraftquellen nicht beständig wieder aufgefüllt werden?

Stellen Sie sich nach der Begegnung die Frage, ob Sie die Person, mit der Sie gesprochen haben, mögen und respektieren. Beides sind wichtige Faktoren für eine erfolgreiche Seelsorge. Es ist schwer, in einer Seelsorgebeziehung mit jemandem zusammenzuarbeiten, den Sie einfach nicht mögen, und es wäre widersinnig, dies mit jemandem zu tun, den Sie nicht respektieren. Stellen Sie sich vor, dass Ihre gemeinsame Arbeit im Resultat dazu führen wird, dass Sie so werden wie diese Person. Das trifft bis zu einem gewissen Grad immer zu, besonders dann, wenn Sie beide die Arbeit hinterher als erfolgreich beurteilen. Insofern haben Sie also einen sehr anschaulichen Hinweis auf das potenzielle Ergebnis Ihrer Arbeit vor sich. Gefällt Ihnen, was Sie sehen?

Menschen, die ängstlich, starr, dogmatisch oder humorlos sind, werden Ihnen kaum helfen können, einen Zustand größerer Freiheit und Gesundheit zu erreichen, als sie selbst ihn erleben. Diejenigen aber, die authentisch, empathisch, kraftvoll und integer auf Sie wirken, sind auch in der Lage, Ihnen zu helfen, Schritte in dieselbe Richtung zu tun. Verpackung und Inhalt stimmen überein. Beobachten Sie also genau, seien Sie neugierig und bilden Sie sich Ihr Urteil.

Wen Sie am Ende auch wählen, betrachten Sie die Entscheidung zur Zusammenarbeit als jederzeit überprüfbar. Das heißt nicht, dass Sie die Beziehung beenden sollten, sobald Sie mit irgendetwas an dem Seelsorger oder an dem Prozess unzufrieden sind. Aber falls Sie feststellen, dass Sie nicht die Hilfe bekommen, die Sie sich wünschen, sollten Sie das der Person, mit der Sie zusammenarbeiten, deutlich sagen. Brechen Sie eine unbefriedigende seelsorgerliche Beziehung nicht ab, ohne mit dem Seelsorger über Ihre Unzufriedenheit zu sprechen. Seien Sie auf Kämpfe, dunkle Nächte der Seele und Rückschritte gefasst, die mit allen Fortschritten unweigerlich einhergehen, aber wenn Sie dauerhaft das Gefühl haben, nicht die Hilfe zu bekommen, die Sie brauchen und sich wünschen, scheuen Sie sich nicht, die Beziehung zu beenden und sich anderswo Hilfe zu suchen.

Vorbereitung auf die Seelsorge

Christliche Seelsorge ist eine tiefe Begegnung mit dem eigenen Selbst, mit Gott und mit einem anderen Menschen. Zur Vorbereitung auf diese Begegnung sollte man darum jede dieser Beziehungssphären gründlich reflektieren.

Selbstreflexion wird durch eine Reihe von Disziplinen unterstützt. Die erste und wichtigste davon ist die Disziplin des Alleinseins. Es wird sich für die Nützlichkeit einer seelsorgerlichen Beziehung sehr auszahlen, wenn man sich vor ihrem Beginn Zeit für innere Stille nimmt. Die Praxis des kontemplativen Gebets – durch die wir lernen, still in Gottes Gegenwart zu sitzen, ihn anzuschauen und unser Bewusstsein von ihm statt von unseren Worten erfüllen zu lassen – ist eine umwälzende Disziplin für Christen, die mehr an das Kopfgebet gewöhnt sind als an das Herzensgebet. Um zu Menschen zu werden, die nicht bloß ein volles Leben haben, sondern auch ein heiles Selbst, müssen wir bereit sein, in uns selbst und vor unserem Gott still zu sein. Solche betende Einsamkeit ist der Schoß des psychospirituellen Wachstums. Sie schafft Raum für die Geburt eines verwandelten Selbst. Zudem lernt man dadurch eine Disziplin, die nicht nur Vorteile für die anschließende Seelsorgearbeit bringt, sondern von nun an das innere Leben tragen wird.

Auch die Disziplin des Journalschreibens ist eine äußerst nützliche Vorbereitung auf das Empfangen der Seelsorge. Dieses Schreiben unterstützt auch die Disziplin der betenden Reflexion des eigenen Lebens einschließlich unserer Handlungen und Reaktionen, Stimmungen und Gedanken. Oft lohnt es sich sehr, vor einer bedeutenden seelsorgerlichen Reise mit Träumen zu arbeiten, besonders wenn dies begleitet wird von Gebeten und der Bitte an Gott, die Träume zu benutzen, um einem Dinge vor Augen zu führen, mit denen man sich befassen sollte, um das Wachstum zu unterstützen.

Auch die Disziplin, eine Autobiografie zu schreiben, ist äußerst hilfreich, um sich vor dem Empfang der Seelsorge zu fokussieren. Die Formulierung der eigenen Geschichte sollte sich auf die Dinge im inneren Leben konzentrieren, die man in Angriff nehmen möchte. Wenn Ihr Anliegen zum Beispiel mit dem Erkennen der Gegenwart Gottes zu tun hat, sollte die Geschichte um Ihre Gotteserfahrung kreisen – sowohl die Erfahrung seiner Gegenwart als auch seiner Abwesenheit. Oder wenn Zorn Ihr Problem ist, sollte die Geschichte darum kreisen, wo Sie Anspruchsdenken an den Tag gelegt haben, wo Sie auf Frusterlebnisse mit Groll reagiert haben und wie gut oder schlecht es Ihnen gelungen ist, diesen Groll oder diese Wut dann wieder loszulassen. Ebenso sollte, wenn Ihr Hauptanliegen mit Fragen der Integrität zu tun hat, dieser historische Rückblick sich vor allem auf die Integration Ihres inneren Selbst und die Übereinstimmung dieser inneren Wirklichkeit mit Ihrem äußeren Verhalten richten. Diese Merkmale werden zwar nie die gesamte Biografie ausmachen, aber sie sollten den Rahmen für ihre Niederschrift vorgeben.

Eine seelsorgerliche Autobiografie unterscheidet sich von einer für die Veröffentlichung bestimmten Autobiografie insofern, als sie nicht für andere, sondern nur für einen selbst geschrieben ist. Wenn Sie sie schreiben, gibt es keinen Grund für irgendetwas anderes als rücksichtslose Ehrlichkeit. Beten Sie dabei um Gottes Hilfe, Ihre Geschichte und sich selbst klar sehen zu können. Meiden Sie falsche Demut und Selbstschmeichelei gleichermaßen; denken Sie daran: Sie selbst sind Ihr einziger Leser. Das Ergebnis sollte ein besseres Verständnis Ihrer Reaktion auf Gottes Ruf sein, ihn zu kennen und Ihr wahres Selbst in der liebenden Hingabe an ihn zu finden. Die Reflexion über Ihre Fortschritte auf der spirituellen Reise sollte Ihnen zeigen, an welchen Punkten Sie noch arbeiten müssen. Das ist der Zweck der seelsorgerlichen Autobiografie.

Das Schreiben einer solchen Autobiografie ist meist eine zutiefst lohnende Erfahrung. Nach dem ersten Mal nehmen sich viele Leute vor, diese Autobiografie regelmäßig zu aktualisieren, oft im Rahmen einer jährlichen Seelenrückschau. Eine seelsorgerliche Autobiografie ist ein Weg, eine Gesamtperspektive auf das ganze Leben zu gewinnen, und sie ist ein Weg, die eigene Geschichte kennenzulernen. Hat man diese Geschichte einmal sich selbst erzählt, fällt es meist leichter, sie anderen zu erzählen und sie mit anderen zu leben.

Charakteristische Selbsttäuschungsmuster sind ein weiterer möglicherweise fruchtbarer Gegenstand betender Reflexion. Wer nennenswert wachsen will, muss das trügerische Wesen seines Herzens nicht nur als theologische Aussage, sondern als erfahrene Wahrheit kennen. Wenn wir uns selbst wirklich kennen wollen, ist es entscheidend wichtig, zu durchschauen, auf welche typische Weise wir die Wahrheit verbiegen und die Wirklichkeit umzuformen versuchen. Durch Rationalisierungen (plausible, aber nicht tatsächliche Begründungen unseres Verhaltens), Repression bzw. Verleugnung (die Weigerung, etwas Unerfreuliches zu akzeptieren) oder Projektion (die Übertragung von Motiven und Gefühlen, die wir bei uns selbst nicht akzeptieren, auf andere) weigern wir uns alle bis zu einem gewissen Grad, in der Wahrheit zu leben, und entscheiden uns stattdessen für ein Leben in der Lüge. Indem wir vor dem Beginn einer seelsorgerlichen Beziehung unsere bevorzugten Selbsttäuschungsmuster identifizieren, erleichtern wir uns die Arbeit in dieser Beziehung erheblich.

Dasselbe gilt für die Reflexion unserer Symptome. Zwänge, Süchte, Ängste, Depressionen und Zorn sind die Stimme der Seele, die uns sagt, dass in unserer inneren Welt nicht alles zum Besten steht. Solche Symptome lassen sich oft therapeutisch beheben, aber sie sind viel zu wichtig, um sie einfach zum Schweigen zu bringen. Stattdessen müssen wir ihre Botschaft erkennen und das psychospirituelle Übel, das sich dahinter verbirgt, korrigieren. Dazu sind wir jedoch häufig erst dann in der Lage, wenn das Symptom in seiner Stärke reduziert worden ist. Die Gnade Gottes zeigt sich auch in der Verfügbarkeit medikamentöser und psychologischer Behandlungsmöglichkeiten, die für eine Linderung dieser Symptome sorgen. Doch wenn sie dann gedämpft sind, ist es immer noch entscheidend, dass wir ihnen als der Stimme unserer Seele unsere Aufmerksamkeit zuwenden.

Die Reflexion über Ängste und Sorgen ist eine besonders nützliche Vorbereitung auf die Seelsorgearbeit. Unsere Ängste geben uns entscheidenden Aufschluss darüber, wie wir uns selbst wahrnehmen und was wir zu benötigen glauben, um heil zu sein. Wir könnten zum Beispiel entdecken, dass hinter unserer Angst vor Versagen eine noch tiefere Angst steckt, als Schwindler entlarvt zu werden. Das impliziert natürlich, dass wir uns selbst als Schwindler wahrnehmen. Darin steckt sehr ergiebiges Material für weitere Reflexionen. Ebenso verraten uns unsere Ängste vor dem Verlust von Respekt, vor Schmerz oder Leid oder vor finanziellem Ruin eine Menge darüber, was wir zu benötigen glauben und welche Bedeutung wir diesen Bedürfnissen zumessen. Über beides lohnt es sich nachzudenken.

Manche Leute leiden kaum unter bewussten Ängsten. Diese sollten sich stattdessen auf die Dinge konzentrieren, die sie tun, um Ängste zu vermeiden. Hinter unseren Zwanghaftigkeiten und Überreaktionen stecken Angstvermeidungsstrategien, die dazu da sind, der unangenehmen seelischen Not der Angst aus dem Weg zu gehen. Solche Strategien finden sich oft auch in den Taktiken, mit denen wir Einsamkeit vermeiden und uns die bedrohlichen Aspekte menschlicher Nähe vom Leib halten. Angst ist ein unvermeidlicher Teil des menschlichen Daseins. Ihr Vorhandensein ist eines der Dinge, die uns sagen, dass wir lebendig sind. Wenn sie völlig fehlt, verrät uns das, dass wir in unserem Leben zu viel in Angstvermeidung und Angstvertreibung investieren. Es wird immer sehr aufschlussreich für unser Wachstum sein, wenn wir uns bewusst machen, auf welche Weise wir das erreichen.

Zur Vorbereitung auf die christliche Seelsorge gehört auch die Reflexion unseres geistlichen Lebens. Sowohl vor dem Seelsorgeprozess als auch währenddessen sollten wir darauf achten, den Fokus auf unserem Selbst mit dem Fokus auf Gott in der Waage zu halten. Ein möglicher Rahmen für die geistliche Reflexion ist das Modell christlicher Spiritualität, das wir in Kapitel 5 entwickelt haben. Anhand dieses Bezugsrahmens können wir unsere spirituelle Gesundheit einschätzen und Bereiche erkennen, in denen wir Schwächen, Mängel oder pathologische Erscheinungen haben.

Zum Beispiel könnte es sein, dass wir feststellen, dass der Ruf des Geistes Gottes an unseren Geist nur äußerst schwach zu hören ist. Dann ist es nützlich, zu erkunden, was wir tun, um unsere spirituelle Empfänglichkeit zu betäuben. Oder wir stellen fest, dass wir nicht viel mit den Gnadenmitteln anzufangen wissen und es uns infolgedessen an geistlichem Wachstum mangelt oder dass es in unserer tiefen Selbsterkenntnis und Gotteserkenntnis ein Ungleichgewicht gibt. Oder wir beobachten, dass wir unsere Spiritualität zu sehr zur Privatsache machen und sie losgelöst von christlicher Gemeinschaft und vom Engagement für das Reich Gottes in der Welt ausleben.

Eine solche geistliche Selbsteinschätzung können wir auch dadurch vornehmen, dass wir die neutestamentlichen Beschreibungen der Früchte des Geistes (Galater 5,22–23) oder der Liebe (1. Korinther 13) studieren und darüber nachdenken, wie wir angesichts dieser Maßstäbe abschneiden. Dabei ist jedoch unbedingt zu beachten, dass wir das im klaren Bewusstsein der Gnade Gottes tun müssen. Ohne sie würden die Maßstäbe der christlichen Spiritualität uns nur unter Druck setzen, statt uns zu motivieren und auszurichten.

Darüber hinaus sollte die Reflexion unseres geistlichen Lebens auch eine Reflexion unserer Gotteserfahrung beinhalten. Wie passen meine Vorstellungen von Gott und meine unmittelbare Gotteserfahrung zusammen? Wie erlebe ich seine Liebe? Wie gut kenne ich seinen Willen für mein Leben? Hatte ich zu einem früheren Zeitpunkt meines Lebens mehr Klarheit über diese Dinge, und wenn ja, woran liegt das? Wie sicher bin ich mir, dass Gott meine Gebete hört? Was verraten mir mein Gebetsverhalten und meine Gebetsgewohnheiten? Diese und ähnliche Fragen bieten reichlich Anhaltspunkte für eine geistliche

Inventur, die immer eine hervorragende Vorbereitung auf die christliche Seelsorge ist.

Schließlich sollte die Vorbereitung auf die Seelsorge auch die Reflexion unserer Beziehungen beinhalten. Was lerne ich aus meinem Verhältnis zu den Menschen, die mir nahestehen, über mich selbst? Was zieht mich an anderen am meisten an? Was irritiert mich am meisten? Wovor habe ich am meisten Angst? Wie frei fühle ich mich, in meinen Beziehungen mein wahres, tiefes Selbst zu sein? Wenn ich nicht dieses wahre Selbst bin, welche falschen Selbstbilder erschaffe ich, um meine Ängste zu beschwichtigen? Auf welche Weise versuche ich, andere zu kontrollieren, und unter welchen Umständen ist die Wahrscheinlichkeit am höchsten, dass ich das versuche? Wie gehe ich mit Konflikten, Sexualität, Nähe, Zorn oder Groll und Enttäuschungen in meinen Beziehungen um? Das sind einige der Fragen, die uns als Ausgangspunkte für die Reflexion unserer Beziehungen dienen können.

Die Reflexion der verschiedenen Gesichter unseres Selbst, die wir in unterschiedlichen Beziehungen zeigen, bietet ebenfalls eine Möglichkeit, die verschiedenen Teile unseres Selbst besser kennenzulernen und anzunehmen. Jeder von uns ist mehr als ein einziges, einheitliches Selbst. Manche Teile unseres Selbst, die noch nicht integriert sind, sind uns bewusst, während andere wirksam sind, ohne dass wir es merken. Doch es ist sehr wertvoll, diese Teile des Selbst, die sich in unseren Beziehungen manifestieren, zu benennen und uns zu ihnen zu bekennen.

Zum Beispiel entdecken wir vielleicht, dass wir in einer Beziehung ein spielerisches Selbst präsentieren, während wir in einer anderen ein vorsichtiges, exhibitionistisches, wetteiferndes oder furchtsames Selbst zeigen. Dies sind nicht unbedingt falsche Selbstbilder, also keine eigenwilligen, egozentrischen Konstruktionen, die wir erschaffen, um unser Leben unabhängig vom Willen Gottes und außerhalb unseres wahren Selbst zu leben, das in Christus zu finden ist. Oft sind es einfach Fragmente unseres wahren Selbst, die wir wieder zurückgewinnen müssen.

11. Seelsorge empfangen

Durch die starke Prägung in unserer Kindheit, die darauf hinausläuft, nur die besonders akzeptablen Teile unseres Selbst anzuerkennen, lernen die meisten von uns, das Vorhandensein dieser Fragmente zu leugnen. Leider hindert uns das aber daran, die verwandelnde Freundschaft Christi in unserem tiefsten Innern zu erfahren. Psychospirituelle Gesundheit entsteht dadurch, dass wir die Teile unseres Selbst anerkennen und sie ins Licht der Liebe Gottes stellen. In einem Kommentar zu Lukas 14,16–24, wo Jesus das Reich Gottes mit einem Festmahl vergleicht, beschreibt Trevor Hudson, wie sich das Reich Gottes in uns zu Gottes Prozess der inneren Bekehrung verhält:

Der göttliche Gastgeber sitzt dem Festmahl im tiefen Zentrum unseres Wesens vor. … [Er] lädt uns ein, die armen, verkrüppelten, blinden und lahmen Aspekte unseres eigenen inneren Lebens aufzusuchen und sie in den Festsaal zu bringen. Dort empfängt der lebendige Christus sie mit offenen Armen und beginnt damit, sie in die neue Persönlichkeit einzubeziehen, die er mit viel Geduld gestaltet.[153]

Ein Rückblick auf die Geschichte unserer wichtigsten Beziehungen einschließlich unserer Bindungen und Verluste ist ebenfalls fast immer ein ergiebiger Bestandteil einer solchen Reflexion. Manches davon ist vielleicht schon bei der Arbeit an der Autobiografie geschehen. Wenn nicht, sollten wir uns Zeit nehmen, unsere wichtigsten Beziehungen zu benennen, darüber zu reflektieren und zu überlegen, was wir aus ihnen lernen können. Sind Menschen heute wichtiger für Sie, als es in früheren Zeiten Ihres Lebens der Fall war? Waren Sie Ihren Freunden gegenüber loyal, auch dann, wenn diese es nie hätten erfahren können? Wie würden Ihre Freunde die Tiefe und Qualität Ihrer Liebe einschätzen, und was würden sie als die wesentlichen Behinderungen dieser Liebe bezeichnen?

Das bringt uns zur letzten Disziplin bei der Vorbereitung auf die Seelsorge. Sie besteht darin, mit unseren engsten Freunden darüber zu reden, welche Probleme wir angehen sollten. Das erfordert zwar eine Menge Mut, aber diese Offenheit birgt auch ein enormes Wachstumspotenzial. Ehepartner, Kinder, Mitbewohner und enge Freunde sehen Gesichter Ihres Selbst, die niemand sonst zu sehen bekommt. Darum sind sie meist in der Lage, Ihnen Feedback über die wichtigen Punkte für Ihr psychospirituelles Wachstum und Wohlergehen zu geben. Sie müssen Sie nur dazu einladen.

Die Erfahrung der Seelsorge

Den richtigen Seelsorger zu finden und sich auf die gemeinsame Arbeit mit ihm vorzubereiten ist natürlich nur der Anfang des Prozesses. Danach kommt die Herausforderung, sich die Ehrlichkeit, den Mut, die Verwundbarkeit und die Verpflichtung zu Wahrheit und Wachstum zu bewahren, die nötig sind, damit der Dialog sich lohnt und die Erfahrung zu einem Erfolg wird.

Wie viel Nutzen man aus einer seelsorgerlichen Beziehung zieht, hängt von der Person des Seelsorgers ab, aber mindestens ebenso sehr von demjenigen, der die Seelsorge empfängt. Die zentralen persönlichen Eigenschaften, die den Nutzen bestimmen, sind Motivation und Ehrlichkeit. Wer mit dem dringenden Verlangen, sich selbst und Gott tiefer kennenzulernen, und mit der unerschütterlichen Entschlossenheit, in der Wahrheit zu leben, in eine seelsorgerliche Beziehung hineingeht, wird infolge der empfangenen Seelsorge unweigerlich erhebliches Wachstum erleben. Hartnäckige Ehrlichkeit und der brennende Wunsch, das wahre Selbst tiefer auszuleben, lassen sich auch von dem ungeschicktesten Seelsorger nicht erschüttern. Wenn ein solcher Mensch auf einen fürsorglichen Christen trifft, der sich mit der psychospirituellen Dynamik auskennt und ein erfahrener Pilger auf der christlichen Reise ist, dann sind die Wachstumsmöglichkeiten grenzenlos.

Die Erfahrung einer seelsorgerlichen Beziehung kann das ganze Leben verändern. Sie enthält die Verheißung, unseren Verstand zu stimulieren, unseren Geist zu nähren und unsere

Seele wiederherzustellen. Manchmal ist das schon nach einer kurzen Begegnung der Fall. Häufiger jedoch geht es nur langsam und in kleinen Schritten voran, und meist wird, wie schon gesagt, der Fortschritt auch von Rückschritten begleitet sein.

Statt mit der Hoffnung und Erwartung in die Seelsorgeerfahrung hineinzugehen, dass sie eine einmalige Angelegenheit sein wird, sollten Sie damit rechnen, dass Sie im Lauf Ihres Lebens immer wieder Seelsorge in der einen oder anderen Form in Anspruch nehmen werden. Nehmen Sie aus der Erfahrung mit, was Sie im Moment brauchen und umsetzen können, und kommen Sie dann später zurück, wenn Sie mehr brauchen oder umsetzen können. Gerade Leute, die eine therapeutische Seelsorgebeziehung beginnen, neigen dazu, ihr Problem lösen und geheilt sein zu wollen, um dann nie wieder Hilfe zu brauchen. Doch das ist meistens unrealistisch, und es ist so gut wie nie der ratsamste Weg, in die Erfahrung hineinzugehen. Seelsorge sollte nach Bedürfnis und Interesse in Angriff genommen und als Teil der beständigen psychospirituellen Reise betrachtet werden.

Die Erfahrung, Seelsorge zu empfangen, sollte unsere Fähigkeit steigern, sowohl für unsere eigenen Seelen als auch für die anderer zu sorgen. Zwischen dem Geben und dem Empfangen von Seelsorge für sich selbst und für andere besteht ein reichhaltiges und multidirektionales Wechselspiel. Indem wir Seelsorge geben, empfangen wir sie, und indem wir sie empfangen, können wir oft auch etwas zurückgeben. Dadurch, dass wir für unsere eigenen Seelen sorgen, sind wir besser in der Lage, für die anderer zu sorgen, und dadurch, dass wir für andere sorgen, lernen wir, besser für uns selbst zu sorgen. Seelsorge ist ein Kernelement im Prozess der christlichen Persönlichkeitsbildung. Indem wir sie geben und empfangen, werden wir heiler, und wir werden dadurch gesegnet, dass wir am Wachstum anderer teilhaben können.

Anmerkungen

[1] Jeffrey Boyd, *Reclaiming the Soul: The Search for Meaning in a Self-Centered Culture* (Cleveland: Pilgrim Press, 1996), bietet eine hilfreiche Erörterung des Beitrags, den Theologen zum Verlust der Seele geleistet haben. Dieses faszinierende und wichtige Buch, auf das ich erst nach der Fertigstellung des vorliegenden Manuskripts aufmerksam wurde, tritt für die Wiederherstellung der traditionellen christlichen Sicht der Seele ein und enthält wichtige Hinweise, wie diese Wiederherstellung einen dringend benötigten Paradigmenwechsel für Anbieter seelsorgerlicher Dienste bewirken könnte.

[2] Robert Woodworth fasste diese Haltung in seinem Buch *Psychology: A Study of Mental Life* (London: Methuen, 1923) zusammen, wenn er feststellte (Seite 1), «die Psychologie mag es nicht, sich die Wissenschaft von der Seele zu nennen, weil das einen theologischen Beigeschmack hat und auf Probleme verweist, die bisher als der wissenschaftlichen Forschung nicht zugänglich angesehen wurden».

[3] Thomas Moore, *Care of the Soul: A Guide for Cultivating Depth and Sacredness in Everyday Life* (New York: HarperCollins, 1992); dt. *Der Seele Raum geben* (München: Claudius, 2010).

[4] George Eldon Ladd, *A Theology of the New Testament* (Grand Rapids: Eerdmans, 1974), Seite 457. Ein ähnliches Verständnis findet sich bei Hugh McDonald, *The Christian View of Man* (Westchester, Il.: Good News, 1981) und G.C. Berkouwer, *Man: The Image of God* (Grand Rapids: Eerdmans, 1962).

[5] Festzuhalten ist auch, dass die Sicht des Menschen als einig und ganz nicht gleichbedeutend mit einer Zustimmung zur monistischen Philosophie ist. Dies wird klargestellt bei John Cooper, *Body, Soul, and Life Everlasting: Biblical Anthropology and the Monism-Dualism Debate* (Grand Rapids: Eerdmans,

1989), der sich für einen «ganzheitlichen Dualismus» ausspricht.
6 Thomas Oden, *Pastoral Theology* (San Francisco: Harper & Row, 1983), Seite 187. Eine fast identische Definition formulierte im 4. Jahrhundert Gregor von Nyssa, *Pastoral Care* (Westminster, Md.: Newman, 1950), 13:210.
7 Pedro Laín Entralgo, *The Therapy of the Word in Classical Antiquity* (New York: Basic Books, 1970).
8 Plato, «Apology», in: *Great Books of the Western World*, hrsg. v. Robert Maynard Hutchings (Chicago: Encyclopedia Britannica, 1952), Seite 7:206.
9 John McNeill, *A History of the Cure of Souls* (New York: Harper & Row, 1951), Seite vii.
10 Diese Erörterung jüdischer Seelsorge schöpft vor allem aus John McNeill, *A History of the Cure of Souls*. Eine ausgezeichnete Diskussion der Implikationen der jüdischen Seelsorge für die christliche Seelsorge ist Don Browning, *The Moral Context of Pastoral Care* (Philadelphia: Westminster Press, 1976).
11 McNeill, *Cure of Souls*, Seite 7.
12 Ebenda, Seite 77.
13 Martin Luther, *Three Treatises* (Philadelphia: Fortress Press, 1960), Seite 210.
14 Kenneth Leech, *Soul Friend* (San Francisco: Harper & Row, 1977), Seite 44.
15 Ausführlicher zu diesem Motiv der Inkarnation in der christlichen Seelsorge siehe David G. Benner, «The Incarnation as a Metaphor for Psychotherapy», *Journal of Psychology and Theology* 11 (1983), Seite 287–294.
16 T. Tapert (Hrsg. u. Übers.), *Luther: Letters of Spiritual Counsel* (Philadelphia: Westminster Press, 1955).
17 Tilden Edwards, *Spiritual Friend* (New York: Paulist, 1980). Für Leech siehe Anm. 14.
18 William Clebsch und Charles Jaekle, *Pastoral Care in Historical Perspective* (New York: Aronson, 1964).

[19] Stephen Pattison, *A Critique of Pastoral Care* (London: SCM, 1988), Seite 13.
[20] Browning, *Pastoral Care*, Seite 59.
[21] McNeill, *Cure of Souls*, Seite 178.
[22] Leech, *Soul Friend*, Seite 77.
[23] E. Brooks Holifield, *A History of Pastoral Care in America* (Nashville: Abingdon Press, 1983), Seite 201.
[24] Ebenda, Seite 356.
[25] Jan Ehrenwald, *Psychotherapy: Myth and Method* (New York: Grune & Stratton, 1966), Seite 10.
[26] Ebenda, Seite 16.
[27] Jacob Needleman, *A Sense of the Cosmos* (Garden City, N.Y.: Doubleday, 1975), Seite 107.
[28] Zum Fehlen des Begriffs *Seele* im Vokabular zeitgenössischer Psychotherapeuten merkt Jeffrey Boyd an, dass diese zwar das Wort nicht gebrauchen, aber nicht umhinkönnen, über die Realität zu reden und sich mit ihr auseinanderzusetzen. Er argumentiert: «Psychotherapeuten haben mehr Namen für die Seele als Eskimos für Schnee: Ich, Du, Selbst, Psyche, ganze Person, Geist, Herz, Bewusstsein, Persönlichkeit, psychische Energie, Libido, subjektive Erfahrung, Subjektivität, Identität, Essenz, Gefühle, Emotionen, kognitiver Prozess, Gedanken, inneres Selbst, menschliche Natur, Sein, inneres Sein, ‹Wer ich bin›, ‹Wer du bist› – das alles sind Namen für die Seele. Und es gibt noch Dutzende mehr» (*Reclaiming the Soul*, Seite 53).
[29] Thomas Oden, *Care of Souls in the Classic Tradition* (Philadelphia: Fortress Press, 1984), Seite 33.
[30] Thomas Szasz, *The Myth of Psychotherapy* (Garden City, N.Y.: Anchor, 1978), Seite 188.
[31] Ebenda, Seite 27–28.
[32] Thomas Oden, *The Intensive Group Experience: The New Pietism* (Philadelphia: Westminster Press, 1972).
[33] Paul Vitz, *Psychology as Religion* (Grand Rapids: Eerdmans, 1977).

[34] Lucy Bregman, *The Rediscovery of Inner Experience* (Chicago: Nelson-Hall, 1985), Seite 1.
[35] E. Mansell Pattison, «Psychosocial Interpretations of Exorcism», *Journal of Operational Psychiatry* 8 (1977), Seite 18.
[36] Ehrenwald, *Psychotherapy*, Seite 10.
[37] Vitz, *Psychology as Religion*.
[38] Phillip Rieff, *The Triumph of the Therapeutic* (New York: Harper & Row, 1966).
[39] Perry London, *The Modes and Morals of Psychotherapy*, 2. Aufl. (Washington, D.C.: Hemisphere, 1986). Siehe auch Stanton Jones, «A Constructive Relationship for Religion with the Science and Profession of Psychology», *American Psychologist* 49 (1994), Seite 184–199.
[40] C.G. Jung, *Modern Man in Search of a Soul* (New York: Harcourt, Brace & Co., 1933), Seite 238.
[41] Don Browning, *Religious Thought and the Modern Psychologies* (Philadelphia: Fortress Press, 1987).
[42] Brock Kilbourne und James Richardson, «Psychotherapy and New Religions in a Pluralistic Society», *American Psychologist* 39 (1984), Seite 237–251.
[43] Rieff, *Triumph of the Therapeutic*.
[44] Browning, *Religious Thought*, Seite 120.
[45] Ebenda. Siehe insbesondere des Autors Erörterung der durch die humanistischen Psychologien implizierten Ethik in Kapitel 4, Seite 61–93.
[46] Glen Whitlock, «The Structure of Personality in Hebrew Psychology», *Interpretations* (Januar 1960), Seite 10–11.
[47] Berkouwer, *Man,* Seite 200.
[48] Laidlaw, *Doctrine of Man,* Seite 55.
[49] Leech, *Soul Friend*, Seite 106.
[50] Arnold DeGraaff, *Views of Man and Psychology in Christian Perspective* (Toronto: Association for the Advancement of Christian Scholarship, 1977), Seite 164.
[51] John Watson, *Introduction to Behaviorism* (Chicago: University of Chicago Press, 1930), Seite v.

⁵² Calvin Hall und Lindzey Gardner, *Theories of Personality*, 3. Aufl. (New York: Wiley, 1978), Seite 270–271.
⁵³ Eine knappe und hilfreiche Erörterung von Freuds Sicht der Religion findet sich bei Edwin Wallace, «Freud and Religion: A History and Reappraisal», in: *The Psychoanalytic Study of Society*, Bd. 10, hrsg. v. L. Bryce Boyer, Werner Muensterberger und Simon Grolnick (Hillsdale, N.J.: Erlbaum, 1983).
⁵⁴ C.G. Jung, «Modern Man in Search of a Soul», in: *The Collected Works of C.G. Jung,* Bd. 11, hrsg. v. Herbert Read und Michael Fordham (New York: Harcourt, Brace & Co. 1933), Seite 164.
⁵⁵ Moore, *Care of the Soul*, besonders Kapitel 10 und 11.
⁵⁶ Siehe zum Beispiel David G. Benner und C. Stephen Evans, «Unity and Multiplicity in Hypnosis, Commissurotomy, and Multiple Personality», *The Journal of Mind and Behavior* 5 (1984), Seite 423–432.
⁵⁷ Robert Ader (Hrsg.), *Psychoneuroimmunology* (New York: Academic Press, 1981).
⁵⁸ So einschüchternd der Ausdruck *Psychoneuroimmunologie* auch sein mag – manche Wissenschaftler fordern inzwischen, das endokrine System in die PNI-Forschung mit einzubeziehen. Wo dies geschieht, entsteht als neuer Begriff für dieses Forschungsgebiet das Wort *Psychoneuroendokrinoimmunologie*, meist abgekürzt als PNEI.
⁵⁹ Gute, allgemein verständliche Überblicke über PNI-Forschung gibt es bei Kenneth Pelletier, *Mind as Healer, Mind as Slayer* (New York: Dell Publishing, 1992); Steven Locke und Douglas Colligan, *The Healer Within* (New York: Dutton, 1986); Joan Borysenko, *Mending the Mind, Minding the Body* (Reading, Mass.: Addison-Wesley, 1987); Bernie Siegel, *Love, Medicine and Miracles* (New York: Harper, 1986). Weiteres Material für diesen Abschnitt wurde geschöpft aus Ulrich Kropiunigg, «Basics in Psychoneuroimmunology», *Annals of Medicine* 25 (Februar 1993), Seite 473–478.
⁶⁰ Siegel, *Love, Medicine and Miracles*, Seite 148.

⁶¹ C.B. Thomas u. a., «Cancer in Families of Former Medical Students Followed to Mid-Life», *Johns Hopkins Medicine* 151 (1982), Seite 193–202.
⁶² Siegel, *Love, Medicine and Miracles*, Seite 178.
⁶³ Paul Tillich, *Systematic Theology* (Chicago: University of Chicago Press, 1951).
⁶⁴ Robert Doran, «Jungian Psychology and Christian Spirituality: III», *Review for Religious* 38 (1979), Seite 857–866.
⁶⁵ Sigmund Freud, «Totem and Taboo», in: *The Standard Edition of the Complete Psychological Works of Sigmund Freud*, Bd. 13, übers. und hrsg. v. James Strachey (London: Hogarth Press, 1913), Seite 157.
⁶⁶ Sigmund Freud, «The Future of an Illusion», in: *Complete Psychological Works*, Bd. 21, übers. und hrsg. v. Strachey, Seite 31.
⁶⁷ Verda Heisler, «The Transpersonal in Jungian Theory and Therapy», *Journal of Religion and Health* 12 (1973), Seite 337–338.
⁶⁸ Michael Fordham und Herbert Read (Hrsg.), *The Collected Works of C.G. Jung*, Bd. 11 (Princeton, N.J.: Princeton University Press, 1985).
⁶⁹ Browning, *Religious Thought*, Seite 168.
⁷⁰ Doran, «Jungian Psychology», Seite 861.
⁷¹ John Sanford (Hrsg.), *Fritz Kunkel: Selected Writings* (New York: Paulist Press, 1984), Seite 54–55.
⁷² Ebenda, Seite 140, 149.
⁷³ Ebenda, Seite 154.
⁷⁴ Søren Kierkegaard, *Fear and Trembling and the Sickness unto Death* (Princeton, N.J.: Princeton University Press, 1954), Seite 146.
⁷⁵ Kresten Nordentoft, *Kierkegaard's Psychology* (Pittsburgh: Dusquesne University Press, 1972), Seite 89–90.
⁷⁶ Kierkegaard, *Fear and Trembling*, Seite 211.
⁷⁷ H. Newton Malony (Hrsg.), *A Christian Existential Psychology:*

The Contributions of John G. Finch (Washington, D.C.: University Press of America, 1980), Seite 207.
[78] Ebenda, Seite 377.
[79] Ebenda, Seite 183.
[80] Adrian van Kaam, *On Being Yourself: Reflections on Spirituality and Originality* (Denville, N.J.: Dimension Books, 1972).
[81] Ebenda, Seite 7.
[82] Ebenda, Seite 54.
[83] Gerald May, *Will and Spirit: A Contemplative Psychology* (San Francisco: Harper & Row, 1982), Seite 30.
[84] Ebenda, Seite 6.
[85] Ebenda, Seite 32–33.
[86] Ebenda, Seite 30.
[87] Ebenda.
[88] William McNamara, «Psychology and the Christian Mystical Tradition», in: *Transpersonal Psychologies*, hrsg. v. Charles Tart (New York: Harper & Row, 1975), Seite 405.
[89] May, *Will and Spirit*, Seite 33.
[90] Ebenda.
[91] Urban Holmes, *A History of Christian Spirituality* (New York: Seabury, 1980), Seite 4.
[92] Wayne Oates (Hrsg. und Übers.), *Basic Writings of Saint Augustine* (Grand Rapids: Baker, 1980), Seite 1:3.
[93] John Calvin, *Institutes of the Christian Religion*, hrsg. v. John T. McNeill (Philadelphia: Westminster Press, 1960).
[94] James Finley, *Merton's Palace of Nowhere: A Search for God through Awareness of the True Self* (Notre Dame, Ind.: Ave Marie Press, 1978), Seite 31.
[95] Thomas Merton, *New Seeds of Contemplation* (New York: New Directions, 1961), Seite 32.
[96] van Kaam, *On Being Yourself*, Seite 8.
[97] Dag Hammarskjöld, *Markings* (New York: Knopf, 1969), Seite 19; dt. *Zeichen am Weg* (München: Droemer Knaur 1965), Seite 22.
[98] Christopher Levan, *The Dancing Steward: Exploring Christian*

Stewardship Lifestyles (Toronto: United Church Publishing House, 1993), Seite 129.

[99] Alistair Campbell, *Paid to Care* (London: SPCK, 1985), Seite 20.

[100] Dallas Willard, *The Spirit of the Disciplines* (San Francisco: Harper & Row, 1988), Seite 31.

[101] Victor Frankl, *Man's Search for Meaning: An Introduction to Logotherapy* (New York: Simon & Schuster, 1962).

[102] Dorothy Sayers, *The Mind of the Maker* (San Francisco: Harper & Row, 1941).

[103] Abraham Maslow, *Motivation and Personality* (New York: Harper & Row, 1970).

[104] Henri Nouwen, *Reaching Out* (Garden City, N.Y.: Doubleday, 1966), Seite 26.

[105] Rudolf Otto, *The Idea of the Holy* (London: Oxford University Press, 1923); dt. *Das Heilige*, 4. Aufl. (Breslau: Trewendt und Granier, 1920).

[106] Ebenda, Seite 8–9; dt. ebenda, Seite 13–14.

[107] Weiteres zur Dynamik der psychospirituellen Gesundheit bei David G. Benner, *Free at Last* (Belleville, Ontario: Essence Publishing, 1998).

[108] Howard Clinebell, *Mental Health Through Christian Community* (Nashville: Abingdon Press, 1965), Seite 20.

[109] David Bohm, *Unfolding Meaning* (Loveland, Col.: Foundation House, 1985).

[110] Auf diesen Punkt machte mich Peter Senge aufmerksam, der für den Einsatz des Dialogs im organisationsinternen Diskurs eintritt. Die folgende Unterscheidung zwischen Dialog und Diskussion spiegelt einige seiner Gedanken wider, zu finden in Peter Senge, *The Fifth Discipline: The Art and Practice of the Learning Organization* (New York: Doubleday, 1994).

[111] Martin Buber, *The Knowledge of Man* (London: George Allen & Unwin, 1965).

[112] Ebenda.

[113] Sigmund Freud, «Fragment of an Analysis of a Case of Hysteria», in: *Complete Psychological Works*, Bd. 7, übers. und hrsg. v. Strachey, Seite 77; dt. «Bruchstück einer Hysterie-Analyse» (1905), zitiert nach: http://www.psychanalyse.lu/articles/FreudDora.pdf, Seite 44–45.

[114] Sigmund Freud, «Recommendations to Physicians Practicing Psycho-analysis», in: *Complete Psychological Works, Bd. 11*, übers. und hrsg. v. Strachey, Seite 111; dt. «Ratschläge für den Arzt bei der psychoanalytischen Behandlung» (1912), zitiert nach: http://www.textlog.de/freud-psychoanalyse-ratschlaege-arzt-psychoanalytischen-behandlung.html.

[115] Carl Rogers, «A Theory of Therapy, Personality, and Interpersonal Relationships, as Developed in the Client-Centered Framework», in *Psychology: A Study of a Science*, Bd. 3, hrsg. v. S. Koch (New York: McGraw-Hill, 1959), Seite 184–256.

[116] Harry Stack Sullivan, *The Psychiatric Interview* (New York: Norton, 1954).

[117] Theodore Reik, *Listening with the Third Ear: The Inner Experience of a Psychoanalyst* (New York: Noonday Press, 1983).

[118] Maurice Friedman, *Dialogue and the Human Image: Beyond Humanistic Psychology* (Newbury Park, Calif.: Sage Publications, 1992), Seite 60, 4.

[119] François Fénelon, *Spiritual Letters to Women* (New Canaan, Conn.: Keats, 1980), Seite 24.

[120] Dietrich Bonhoeffer, *Life Together* (New York: Harper, 1959), Seite 97–98; dt. *Gemeinsames Leben. Das Gebetbuch der Bibel* (München: Kaiser, 1987), Seite 83.

[121] C.S. Lewis, *Mere Christianity* (New York: Macmillan, 1943).

[122] Browning, *Pastoral Care,* Seite 77–79.

[123] James Mundackal, *Man in Dialogue* (Alwaye, India: Pontifical Institute Publications, 1977), Seite 106.

[124] John Sanford, *Dreams and Healing: A Succinct and Lively Interpretation of Dreams* (New York: Paulist Press, 1978), Seite 12.

[125] Ebenda, Seite 101.

[126] Ebenda, Seite 109.

[127] Einige Bücher über die Theorie der Traumdeutung sind: Sigmund Freud, *Die Traumdeutung* (Hamburg: Nikol Verlag, 2011); James Hilman, *The Dream and the Underworld* (New York: Harper & Row, 1979); C.G. Jung, *Traum und Traumdeutung* (München: dtv, 2011). Bücher zu Techniken der Traumdeutung sind: Mary Mattoon, *Applied Dream Analysis: A Jungian Approach* (Washington, D.C.: Wiley, 1978); Jeremy Taylor, *Dream Work: Techniques for Discovering the Creative Power in Dreams* (Ramsey, N.Y.: Paulist Press, 1983); Strephon Williams, *Jungian-Senoi Dreamwork Manual* (Berkeley: Journey Press, 1980).

[128] Morton Kelsey, *Dreams: A Way to Listen to God* (New York: Paulist Press, 1978); Louis Savary, Patricia Berne und Strephon Williams, *Dreams and Spiritual Growth: A Judeo-Christian Way of Dreamwork* (New York: Paulist Press, 1984); Sanford, *Dreams and Healing*.

[129] Sanford, *Dreams and Healing*, Seite 21.

[130] Zitiert in: Kelsey, *Dreams*, Seite 11–12.

[131] Siehe z. B. W.R.D. Fairbairn, *An Object Relations Theory of Personality* (New York: Basic Books, 1952); Otto Kernberg, *Object Relations Theory and Clinical Psychoanalysis* (New York: Aronson, 1976).

[132] Das folgende Material schöpft hauptsächlich aus Savary, Berne und Williams, *Dreams and Spiritual Growth*. In diesem Buch werden 37 Techniken der Traumarbeit erörtert, die für die christliche Seelsorge geeignet sind.

[133] Ebenda, Seite 23.

[134] Ebenda, Seite 60.

[135] David G. Benner, *Strategic Pastoral Counseling* (Grand Rapids: Baker, 1992), Seite 199.

[136] Merton, *New Seeds of Contemplation*, Seite 194–195.

[137] Die meisten Seelenführer sind mit Einkehrzentren assoziiert, aber einige sind für Gemeinden oder Zentren für pastorale Lebensberatung tätig. Da die Flamme der Seelenführung vor allem von den Katholiken am Leben erhalten wurde, ist

die Mehrzahl der Einkehrzentren in Nordamerika katholisch. In den letzten Jahren wurden mehrere protestantische Schulungsprogramme für Seelenführung entwickelt, die inzwischen die ersten Absolventen hervorgebracht haben. Dadurch kommt allmählich die Entwicklung überkonfessioneller geistlicher Einkehrzentren in Gang.
[138] Hendrika Vande Kemp, «Spirit and Soul in No-Man's Land: Reflections on Haule's ‹Care of Souls›», *Journal of Psychology and Theology* 11 (1983), Seite 119.
[139] David G. Benner, *Psychotherapy and the Spiritual Quest* (Grand Rapids: Baker, 1988).
[140] Bernard Tyrrell, *Christotherapy II* (New York: Paulist Press, 1982).
[141] Weitere Informationen über Intensivseelsorge-Einkehrzeiten sind erhältlich auf der Website des Institute for Psychospiritual, per E-Mail vom Verfasser unter iph@redeemer.on.ca oder über den Originalverlag Baker Books.
[142] Henrik Ibsen, Baumeister Solness. Dt. zitiert nach: http://www.gutenberg.org/files/23679/23679-h/23679-h.htm.
[143] Thomas Oden, *Pastoral Theology* (New York: Harper & Row, 1983), Seite 189.
[144] Alan Jones, *Soul Making: The Desert Way of Spirituality* (San Francisco: Harper & Row, 1985), Seite 1.
[145] Ebenda, Seite 189.
[146] William Barry und William Connolly, *The Practice of Spiritual Direction* (San Francisco: Harper & Row, 1982), Seite 125.
[147] Oden, *Pastoral Theology*, Seite 189.
[148] Ebenda, Seite 195.
[149] Siehe z. B. Theodore Sarbin (Hrsg.), *Narrative Psychology: The Storied Nature of Human Conduct* (New York: Praeger, 1986); dort findet sich eine gute Einführung in diese fruchtbare und zunehmend wichtige neue Perspektive. Eine christliche Perspektive, die sich besonders auf die Rolle von Geschichten in der Lebensberatung konzentriert, findet sich bei Paul

Vitz, «Narratives and Counseling, Part 1: From Analysis of the Past to Stories about It», *Journal of Psychology and Theology* 20 (1992), Seite 11–19, und Paul Vitz, «Narratives and Counseling, Part 2: From Stories of the Past to Stories for the Future», *Journal of Psychology and Theology* 20 (1992), Seite 20–27.

[150] Campbell, *Paid to Care*, Seite 68.

[151] Dieser Gedanke des Seelsorgers als Hebamme der Gnade stammt von E. Glenn Hinson, «Recovering the Pastor's Role as Spiritual Guide», in: *Spiritual Dimensions of Pastoral Care*, hrsg. v. G. Borchert und A. Lester (Philadelphia: Westminster Press, 1985), Seite 27–41.

[152] W.B. Yeats, *Irlands Königreich der Schatten,* Salzburg/Wien: Jung und Jung Verlag, 2008, Seite 94.

[153] Trevor Hudson, *Christ-Following: Ten Signposts to Spirituality* (Grand Rapids: Revell, 1996), Seite 81.